普通高等院校“十三五”规划教材

市场营销学

SHICHANG YINGXIAOXUE

（第二版）

主　编　刘金文　董莎　王珊

西南财经大学出版社
Southwestern University of Finance & Economics Press
中国·成都

图书在版编目(CIP)数据

市场营销学/刘金文,董莎,王珊主编.—2版.—成都:西南财经大学出版社,2019.12(2021.1重印)
ISBN 978-7-5504-4258-0

Ⅰ.①市… Ⅱ.①刘…②董…③王… Ⅲ.①市场营销学—教材
Ⅳ.①F713.50

中国版本图书馆CIP数据核字(2019)第275460号

市场营销学(第二版)
主编:刘金文 董莎 王珊

责任编辑:王琳 廖韧
责任校对:王琴
封面设计:张姗姗
责任印制:朱曼丽

出版发行	西南财经大学出版社(四川省成都市光华村街55号)
网　址	http://www.bookcj.com
电子邮件	bookcj@foxmail.com
邮政编码	610074
电　话	028-87353785
照　排	四川胜翔数码印务设计有限公司
印　刷	郫县犀浦印刷厂
成品尺寸	185mm×260mm
印　张	17.5
字　数	404千字
版　次	2019年12月第2版
印　次	2021年1月第2次印刷
印　数	2001—4000册
书　号	ISBN 978-7-5504-4258-0
定　价	49.80元

第二版前言

市场营销学是一门建立在经济学、管理学、心理学等理论基础上的应用学科，是高等学校经济管理类专业的核心课程。在这个机遇与风险并存的时代，系统地学习和掌握现代市场营销学的理论和方法，培养营销的核心思维，对于营销人员和经济管理类专业的大学生来说，至关重要。

随着经济全球化程度日益加深，以及“互联网+”信息时代的到来，市场营销学的应用与实践特性要求日益凸显，为了满足市场对高校本科应用型人才的需求，本书定位于应用型教材，在内容与形式上努力创新，力求突出以下五个特色：

第一，理论逻辑清晰。本书较为全面和系统地阐述市场营销学的基本理论，主要分成营销概述、营销环境分析、营销战略设计、营销策略制定以及营销领域创新五大模块。

第二，内容生动新颖。本书每章开篇用名人名言引入，以激发学生的好奇心。在理论知识的撰写过程中，采用了大量的营销案例、营销情景、营销视野和营销故事对相关知识点进行了分析，以增强学生对实际营销工作的认知。

第三，课后习题针对性强。为提升学生对理论知识的运用能力，本书每章都设置了丰富的课后习题，包括单选题、多选题、简答题、案例分析题，让学生学练结合，以学促练，以练促学。

第四，应用主题突出。为提高学生运用营销理论分析和解决实际问题的能力，每章都根据相应的营销技能，编写了营销实训题，从而提升学生的营销职业能力。

第五，数字化特色明显。为突出本书的数字化教材特色，部分延伸知识内容采用了二维码的形式呈现，以激发读者的学习兴趣，拓展其知识面。

本书是在第一版的基础上修订完成的，编者根据国内外市场营销理论与实践的新发展，对各章的理论阐述和概念表达进行了认真打磨，并做了必要的修改，对书中的案例也进行了更新。

本书的编写和修订借鉴了国内外营销学者的最新研究成果，广泛吸取了国内外高校教学同仁的经验。本书的编写工作由武汉晴川学院商学院的刘金文、董莎，会计学院的王珊共同完成，具体分工如下：第一章、第二章、第四章、第五章、第七章、第九章、第十章、第十一章、第十二章、第十三章由刘金文编写，第三章、第八章由董莎编写，第六章由王珊编写。刘金文负责教材编写的总体设计、组织作者撰写及全书的统稿工作，董莎和王珊参与了统稿工作。

本书的顺利出版，首先要感谢武汉晴川学院各位领导和同事的大力支持，同时，还要感谢西南财经大学出版社编辑老师耐心、细致的工作。在编写过程中，本书借鉴了国内外营销学者大量最新研究成果，在此一并致谢。

由于编者水平所限，书中的不足与不当之处，敬请读者批评指正。

编者

2019 年 10 月

目 录

第一模块　营销概述

第二模块　营销环境分析

第三模块　营销战略的设计

第四模块　营销策略的制定

第五模块　营销领域的创新

第一模块
营销概述

第一章　市场营销概述

大商之经商，有如伊尹、姜子牙之治国，孙子、吴起之用兵，商鞅之变法。其学问之精深，道法之玄奥，意气之宏远，境界之高明，岂是空想妄论之辈、俚谚俗语所能达到的。

——《一代大商孟洛川》

营销并不是以精明的方式兜售自己的产品或服务，而是一门真正创造顾客价值的艺术。

——菲利普·科特勒（Philip Kotler）

❖学习目标

知识目标

（1）理解市场的定义和构成要素。

（2）掌握市场营销的定义及相关概念。

（3）了解市场营销学的发展及其理论知识体系。

技能目标

（1）具备分析市场营销活动基本要点的能力。

（2）具备通过营销案例和营销情境分析市场的能力。

❖走进营销

年销售20亿的“馒头大王”是怎么炼成的?

2 100家门店，年销售额20亿元，这个馒头界隐形大王的商业逻辑是：

谁拥有渠道谁牛，而门店就是实体企业打通“任督二脉”的最好渠道。

让顾客在哪都能看到你：广开门店，每6平方千米布局一家

对于华东地区，尤其是上海地区的人们来说，巴比馒头并不陌生。

成立于2003年的巴比馒头，2016年年底已经在全国拥有2 100家门店。其中，仅上海的门店就超过了1 000家。1 000家是什么概念？以上海面积6 400平方千米计算，相当于平均不到7平方千米就有一家店。由规模产生的品牌力，不言而喻。刘会平为巴比馒头定的目标是，未来用几十年乃至更长的时间开10万家店。

让顾客相信你：14年老店，靠的是产品够硬

“巴比馒头2003年在上海创立以来，十几年来天天排队。”巴比馒头位于上海郊区的中央工厂，蔬菜每天7点采摘后送到工厂加工，再到门店售卖，不超过24小时；肉类，除了对猪的品种和屠宰时间严格要求，还要求屠宰加工工艺必须用蒸汽脱毛法，因为这种方法比传统的水育法环保……“这一块会做得越来越细致，将来会让顾客通过手机实时看到每家门店和中央工厂的运作情况。”刘会平说。

让顾客离不开你：把门店升级成便利店，不同商圈用不同产品组合

在巴比馒头最新升级的三代门店，内参君看到，一个60多平方米的门店，可以购买的产品达到30多种，不仅有即买即食的包子、馒头、馄饨等面食，也有薯条、鸡排等小吃，还有各种饮品。除此之外，门店的冷冻柜里还放着可以买回家加工食用的预包装速冻食品。很显然，这样的产品布局种类丰富，消费体验感和便利性更强。

“后期开店，针对不同的商圈，不同的物业条件，会有不同的产品组合，但是都是以面食为主。”刘会平说。

让顾客爱上你：试水顺丰老板没干成的事

在刘会平的“10万家店”规划中，他还有一个想法，就是做生鲜，打造第二个品牌“鲜食1号”。“因为鸡蛋放在一个篮子里风险太大”，不过，这件事于他完全是顺势而为。

目前巴比馒头门店每天有大量客户，通过巴比馒头线上信息化系统点餐的客人每天达到百万人次。当线上客户达到一定规模以后，巴比馒头线上商城将逐渐增加各种预包装的食品，当各种面点做透以后，再做各种生鲜。

刘会平说：“我们是从线下往线上转。这都是一个概念，其实就是渠道为王。”

让两代人抗拒不了你：营销从孩子抓起，投1亿拍动漫

在巴比馒头的中央工厂所在地，整个办公大楼的二楼被设计成儿童体验区。刘会平说，最高明的营销是从孩子抓起。很多次他在门店里遇到这样的情景——小孩子想要吃，父母不得不买。所以，抓住儿童，是他们做好营销的关键。就像“一加一”天然面粉的广告语：家有小孩，用“一加一”天然面粉。

除此之外，公司未来还计划投资拍动漫来做营销。刘会平还有一个更宏大的百年计划：在公司成立110年的时候，也就是2112年，实现营业额2 112亿美元。

问题：

1. 你看好巴比馒头的营销模式吗？你觉得这个百年计划能成功吗？
2. 从本案例中找出巴比馒头的营销任务。

（资料来源：纪爱玲. 年销售20亿的“馒头大王”是怎么炼成的［EB/OL］.［2017-03-28］. http：www. shichangbu. com/article-29253-1. html.）

市场营销学是建立在经济学、管理学、行为学和现代科学技术基础之上的应用学科。市场营销不仅是企业在激烈的市场竞争中寻求发展的利器，还是一种核心思维方式，极大地“激发了律师、医生、管理人员、博物馆馆长、政府官员以及经济发展专家的丰富想象力”①。它在社会经济生活的各个领域得到了广泛应用。随着社会经济的

① 邝鸿. 现代市场营销大全［M］. 北京：经济管理出版社，1990：923.

发展，市场营销理论和实践正在不断创新。在这个充满机会和竞争风险的时代，全面系统地学习和掌握现代市场营销的理论和方法，对于营销人员及经济与管理类专业的在校学生来说，至关重要。

第一节　市场与市场营销

市场营销在一般意义上可理解为与市场有关的人类活动。任何一个企业，无论其规模、实力如何，它的生产经营活动都离不开市场。正是通过市场，大大小小的企业不断上演“几家欢喜几家愁”的悲喜剧。特别是国际经济日趋融为一体，市场的地域界限越来越模糊的今天，企业要想求生存、图发展，就必须认识市场、了解市场、分析市场。

一、市场的内涵

（一）市场的定义

中国人从事市场经济活动的历史源远流长，经商文化博大精深，在漫长的营销历史中逐渐培育出中国经营者们“秘而不宣”的经营谋略。我国的古典名著《史记·货殖列传》《汉书》等书中记载，在中国古代历史上曾经出现过许多成功的商人，他们在实践中积累了一套成功的经商办法，如春秋战国时期的范蠡以及商祖白圭，早已总结了至今脍炙人口的“旱则资舟，水则资车”“知斗则修备，时用则知物”及“论其有余不足，则知贵贱”等理论，而范蠡的经商十八法，更是被企业经营者们奉为经商的宝典。

❖营销视野

《陶朱公经商十八法》

扫一扫

“市场”起源于古时人类对于固定时段或地点进行交易的场所的称呼。《易系·辞下》中记载的“日中为市，致天下之民，聚天下之货，交易而退，各得其所”，就是对在一定时间和地点进行商品交易的市场的描述。现在，在日常生活中，人们也习惯将市场看作商品交换的地点，如商场、超市、批发市场等。

经济学家认为，市场是商品交换关系的总和。他们认为市场是指商品和劳务从生产领域向消费领域转移过程中所发生的一切交换和职能的总和，是各种错综复杂交换关系的总体。它包括供给和需求两个相互联系、相互制约的方面，是两者的统一体。

管理学家认为，市场是一种交换及其运行规律。在他们看来，市场是供需双方在共同认可的条件下所进行的商品或劳务的交换活动。

营销学家则认为，市场是指某种商品的现实购买者和潜在购买者需求的总和。一般而言，他们往往把卖方的集合看成行业，把买方的集合看作市场。

综合不同的研究者的观点，我们认为：市场是商品经济中生产者和消费者之间为实现产品或服务的价值，所进行的满足需求的交换关系、交换条件和交换过程的统称。

❖营销情境

假如你有一个水杯，成本是1元，应该怎么卖，能够卖多少钱？

启示：杯子外面的世界永远大于杯子里面的世界。卖什么，如何卖，怎样卖才能取得理想的结果，这些就是市场营销学所要研究的内容。

（二）市场三要素

从营销的角度来看市场，市场包含三个主要因素，即人口、购买力和购买欲望。用公式表示就是：

市场=人口+购买力+购买欲望

这三个要素互相制约，缺一不可。只有当这三个要素一个不少地有机结合时，才能使观念上的市场变成现实的市场。

市场的发展本质上是一个由消费者（买方）决定，而由生产者（卖方）推动的动态过程。它们之间的关系如图1-1所示。卖方向市场提供产品和服务，并将相关信息传递给买方。买方收集相关市场信息，并用货币及商誉换回产品或服务。一般来说，在组成市场的双方中，买方需求是决定性的。

在现实经济中，由于有多种劳动分工，特定商品生产者之间又存在着各类交换活动，市场形成了相互连接的复杂体系。整个市场体系是由各类基本市场，如资源市场、制造商市场、中间商市场、政府市场、消费者市场等组成。

随着市场经济的发展和社会交往的网络虚拟化，市场不一定是真实的场所和地点。当今许多买卖都是通过计算机网络来实现的。因此，市场涉及两个概念：市场地点和市场空间。市场地点（market place）是一个物理概念，如超市、商店等；而市场空间（market space）是一个数字概念，如网上购物。事实上，网上购物的数量每年都在不断增长。

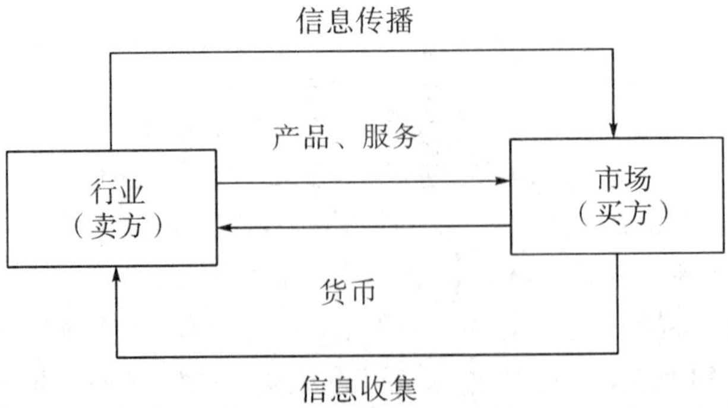

图1-1　简单的市场营销系统

❖**营销视野**

历年双十一淘宝天猫交易额增长可视化
（视频）

扫一扫

二、市场营销的定义

伴随着营销理论与实践的不断创新，营销的概念在不同时期有不同的主流表达。国外学者对市场营销下过上百种定义，企业界的理解更是各有千秋。美国学者基恩·凯洛斯曾将各种市场营销定义分为三类：一是将市场营销看作一种为消费者服务的理论；二是强调市场营销是对社会现象的一种认识；三是认为市场营销是通过销售渠道把生产企业同市场联系起来的过程。这从一个侧面反映了市场营销的复杂性。

本书采用著名营销学家菲利普·科特勒教授的定义：市场营销是个人和群体通过创造并同他人交换产品和价值，以满足需求和欲望的一种社会和管理过程。从这个定义中，可以归纳出市场营销概念的三个要点：

（1）市场营销的最终目标是“满足需求和欲望”。

（2）市场营销的核心是“交换”。交换过程是一个主动、积极地寻找机会，满足双方需求和欲望的社会过程和管理过程。

（3）交换过程能否顺利进行，取决于企业创造的产品和价值满足顾客需求的程度和交换过程的管理水平。

❖**营销情境**

一天，临近下班时，一位先生走进了唐邦专卖店（麻将机），他本来想买雀友的（性能好，价格太贵）……

问题：如果你是店长，你将如何接待这名客户，完成产品的交换？

唐邦专卖店的示范对话

三、市场营销的相关概念

（一）需要、欲望和需求

（1）需要（needs）。市场营销学中最基本的概念就是需要。市场营销学中所讲的需要是指人类的需要。人类需要是指个人感到没有得到某些满足的状态，是人类与生俱来的。

（2）欲望（wants）。欲望是指对满足上述基本需要的物品的祈求，是个人受不同文化及社会环境影响表现出来的对基本需要的特定追求。

❖营销情境一

1. 美国人在饥饿时，会选择什么食物？
2. 中国人在饥饿时，会选择什么食物？

（3）需求（demands）。需求是指人们有能力并愿意购买某种产品的欲望。当一个人有能力且愿意购买他所期望的产品时，欲望就变成了需求。需求实际上是对某种特定产品及服务的市场需求。

❖营销情境二

在工作与生活中人们需要汽车，很多人想要宝马汽车，他们一定会买宝马汽车吗？

总的来说，要想准确地了解顾客的需要和欲望，并不是一件简单的事情。一方面，顾客的需要是在变化的；另一方面，有些顾客并不知道自己真正需要什么。当顾客自己说需要更宽敞的居室、高档的化妆品或一次短期旅行时，他们到底是什么意思，营销者必须深入研究。

❖营销情境三

一名顾客走进4S店说“我想买一辆便宜点的车”，那么他（她）真实的需要是什么？

菲利普·科特勒5种需要模型

如果营销人员只对消费者明确表述的需要做出了反应，可能会误导消费者。事实上，大多数消费者都不知道自己到底需要什么样的产品。当手机产品刚刚投放市场的时候，消费者对手机的了解相对较少。此时，手机厂商竭力使消费者了解自己的产品，并对其产品和品牌形成一定的感知。那么，简单地向顾客提供其想要的东西已经远远不够了，企业应该帮助顾客学习，使他们认识到自己真正需要什么。优秀的公司总是通过各种恰当的方式深入地了解顾客的需要、欲望和需求，并据此制定自己的营销策略。

将需要、欲望、需求加以区分，其重要意义就在于阐述这样一个事实，即市场营销者并不能创造需要，需要早就存在于市场营销活动出现之前；市场营销者连同社会上的其他因素，只能影响消费者的欲望，并试图向消费者指出何种特定的产品可以满足其特定需要，进而通过使产品富有吸引力、匹配消费者的支付能力且使之容易被消费者得到，来影响需求。

❖营销情境四

（1）雀巢（Nestle）公司为什么会发明口味纯正、方便食用的速溶咖啡？

（2）宜家（IKEA）为什么会创造可拆卸与组装的家具产品？

（二）产品（product）

市场营销学中所讲的产品，一般是指广义的产品。广义的产品是指能够满足人们的某种需要和欲望的任何东西。

产品既可能是有形的实体，也可能是无形的服务，甚至是一个想法、一项活动。产品的形式并不重要，关键是它必须具备满足顾客的需要和欲望的能力。人们购买轿车不是为了得到四个轮胎和一部车身，而是要得到它所提供的交通服务。

实际上，营销界的人们涉及十种概念：商品（goods）、服务（service）、体验（experience）、事件（events）、人物（person）、地点（places）、财产权（properties）、组织（organizations）、信息（information）、观念（ideas）。

❖营销案例

《婚礼傲客》是前些年一部票房很高的美国喜剧片。制片方在对电影进行宣传时，在官方网站上提供了很多婚礼剧照，并提供技术让人们可以将自己的照片贴上来，使自己能出现在《婚礼傲客》的婚礼中。结果有至少300万人主动参与设计婚礼剧照，而且纷纷将自己改造后的剧照发给朋友。这一创意至少吸引了千万人。

❖营销视野

在工厂里，我们制造化妆品；在商店里，我们出售希望。

——露华浓（Revlon）公司

我们不生产水。我们只是大自然的搬运工。

——农夫山泉

用培养孩子的观念养育奶牛。

——伊利牛奶

（三）效用、费用和满足

市场需求是通过产品来满足的。事实上，能够满足某种需要的产品很多，人们要从中进行选择。选择的标准主要是产品的价值和效用。产品的价值是一个理论上的概念，在实际中，消费者最为关心的是产品的效用。效用是消费者对产品满足其需要的整体能力的评价，消费者通常根据这种对产品价值的主观评价和支付的费用做出购买决策。在消费者心目中，一种产品越接近其理想的产品，其效用就越大，一种产品比另一种产品提供的效用越多，其价值也就越高。产品的价值和效用直接关系到消费者的选择。因此，这两个概念对于营销管理来说是十分重要的。

在可能满足某一需要的一组产品中，消费者将如何进行选择呢？

❖营销情境

如果你家离公司有三千米的路程，你可以用以下措施满足交通需求：步行、自行车、摩托车、汽车、出租车和公共汽车。

问题：

(1) 你准备选择哪种方式？

(2) 你需要满足哪些目标？

上述每一种措施都具有不同效用和可以满足消费者的不同目标。消费者必须设法决定最满意的产品。因此，他将全面衡量产品的费用和效用，选择能带来最大效用的产品。

❖营销案例

聪明的米商

扫一扫

(四) 交换、交易和关系

人们有需要和欲望，以及能够对产品做出价值判断的事实，对定义市场营销是必要的但并非充分的。当人们决定以某种我们称为交换的方式来满足需要或欲望时，营销就产生了。

❖营销情境

一个饿汉可以通过哪几种方式获得他所需要的产品？

(1) 交换是指通过提供某种东西作回报，从别人那里取得所需物品的行为。交换是市场营销的核心概念。它是一个过程，而不是一个事件。必须满足五个条件：

第一，至少要有买卖双方；

第二，每一方都有被对方认为有价值的东西；

第三，每一方都能沟通信息和传送货物；

第四，每一方都可以自由接受或拒绝对方产品；

第五，每一方都认为与另一方进行交易是适当的或称心如意的。

具备了上述条件，就有可能发生交换行为。最终是否产生交换还要取决于双方能否找到交换条件，只有当双方都认为自己在交换以后会得到更大利益，交换行为才会真正产生。

(2) 交易是交换的基本组成单位，是交换双方之间的价值交换。交换是一种过程。在这个过程中，如果双方达成一项协议，我们就视为发生了交易。

(3) 关系营销 (relationship marketing)。交易是关系营销的一个组成部分。关系营销的目的在于赢得或保持与本企业的重要伙伴之间的长期偏好与业务。与顾客建立长期合作关系是关系营销的核心内容。

❖营销视野

激进营销的十条原则

扫一扫

总之，要深入地研究市场营销，就必须先分析其相关概念，包括需要、欲望和需求，产品，效用、费用和满足，交换、交易和关系等。具体如图 1-2 所示。

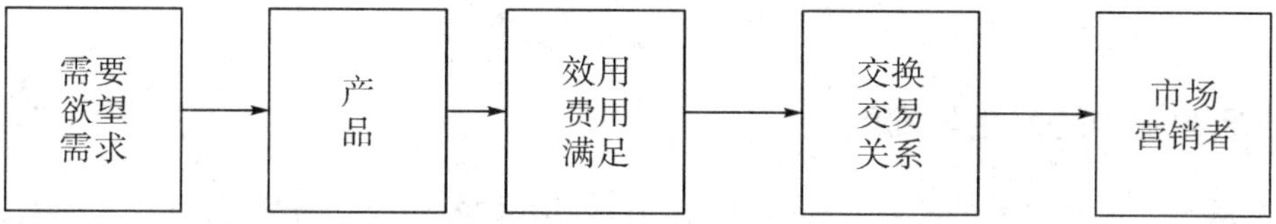

图 1-2　市场营销的核心概念

四、市场营销与企业职能

管理大师彼得·德鲁克指出：“企业的职能只有两个：创新和营销。”其中，“营销是企业与众不同的、独一无二的职能”。企业的其他职能，如生产、财务、采购、技术、人力资源等，只有在实现市场营销职能的情况下，才会有意义。因此，市场营销不仅是立足于顾客需求的满足，而且还应促使企业将营销观念灌输给每一个部门。

在现实中，许多企业尽管对市场营销及其方法颇为重视，但并未真正把它作为企业核心职能进行全面贯彻。有些企业管理人员甚至认为，市场营销就等于销售。事实上，销售只是市场营销的一部分，尽管企业也需要做销售工作，但市场营销的目标是要减少推销工作，甚至使推销行为变得多余。企业市场营销的功能以了解消费者需求为起点，通过市场营销指导企业开拓市场、生产产品，以满足消费者的需求为终点，如图 1-3 所示。

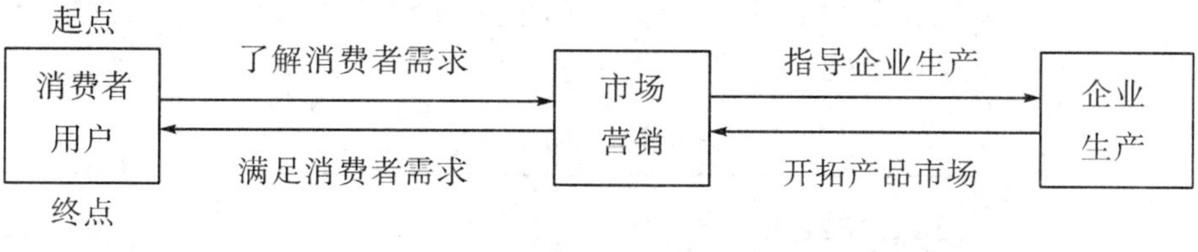

图 1-3　企业市场营销的功能

❖**营销视野**

让销售变得多余——营销大师科特勒谈营销

扫一扫

第二节　市场营销学

一、市场营销学的产生与发展

“营销学”一词译自英文“marketing”，是20世纪初起源于美国的一门新兴学科，是在资本主义向垄断阶段过渡时产生的。市场营销学的发展，一般可分为初创、应用、形成与发展三个时期。

（一）初创期（19世纪末—20世纪20年代）

1902—1903年，美国密歇根大学、加利福尼亚大学和伊利诺伊大学正式设置市场营销学课程。哈佛大学的赫杰特齐（J. E. Hegertg）教授于1912年出版了第一本以《市场营销学》命名的教科书。那时市场营销学的内容仅限于销售和广告方面，现代市场营销学的原理和市场营销概念尚未形成。

（二）应用期（20世纪20年代—20世纪40年代）

1915年美国全国广告协会成立，1926年改组为全美市场营销学和广告学教师协会，1931年又成立专门讲授和研究市场营销学的美国市场营运社，1937年上述两个组织合并。

（三）形成与发展期（20世纪50年代至今）

从20世纪50年代至今，是现代市场营销学的形成和发展时期，市场营销学的理论和概念发生了重大变革，如表1-1所示。

表1-1　**市场营销学新概念**

年代	新概念	提出者
20世纪50年代	市场营销组合（1950年）	尼尔·鲍顿
	产品生命周期（1950年）	齐尔·迪安
	品牌形象（1955年）	西德尼·莱维
	市场细分（1956年）	温德尔·史密斯
	市场营销观念（1957年）	约翰·麦克金特里克
	营销审计（1959年）	艾贝·肖克曼

表1-1(续)

年代	新概念	提出者
20世纪60年代	“4P”组合（1960年）	杰罗姆·麦卡锡
	营销近视症（1960年）	西奥多·莱维特
	生活方式（1963年）	威廉·莱泽
	买方行为理论（1967年）	约翰·霍华德；杰克逊·西斯
	扩大营销概念（1969年）	西德尼·莱维；菲利普·科特勒
20世纪70年代	社会营销（1971年）	杰拉尔德·泽尔曼；菲利普·科特勒
	低营销（1971年）	西德尼·莱维；菲利普·科特勒
	定位（1972年）	阿尔·赖斯
	战略营销（早期）	波士顿咨询公司
	服务营销（1977年）	林恩·休斯塔克
20世纪80年代	营销战（1981年）	雷维·辛格
	内部营销（1981年）	克里斯琴·格罗路斯
	全球营销（1983年）	西奥多·莱维特
	关系营销（1985年）	巴巴拉·本德·杰克
	大市场营销（1986年）	菲利普·科特勒
20世纪90年代	4C营销（1990年）	罗伯特劳·特伯恩
	整合营销传播（1993年）	唐·E. 舒尔茨 史丹利·田纳本 罗伯特·劳特伯恩
	4R营销	唐·E. 舒尔茨
	差异化营销	葛斯·哈伯
	绿色营销	肯·毕提

（资料来源：菲利普·科特勒. 市场营销思想的新领域［M］//邝鸿. 现代市场营销大全. 北京：经济管理出版社，1990：921-924.）

在上述所有概念中，1960年美国密歇根州立大学麦卡锡教授提出的“4P”组合理论是市场营销学较为完整的营销策略理论。麦卡锡教授把各种影响销售的因素归结为四大类：产品（product）、价格（price）、渠道（place）和促销（promotion），即当今称之为“4P”。这就为市场营销学提出了较为完整的营销策略理论。这一理论认为，如果一个营销组合中包括合适的产品、合适的价格、合适的分销渠道和合适的促销策略，那么这将是一个成功的营销组合。

在国际市场营销理论中，除了运用一般的营销战略和营销策略外，还要加上两个“P”：第一个“P”是权力（power），第二个“P”是公共关系（public relation）。权力是一个“推”的策略，公共关系是一个“拉”的策略，舆论需要较长时间的努力才能起作用，然而一旦舆论的力量加强了，它就能帮助企业占领市场。

二、市场营销学的基本内容

作为一门应用性的经营管理学科，市场营销学在其发展过程中，将经济学、管理学、社会学、心理学等多门学科的相关理论融入其中，形成了自己的理论体系。市场营销学主要研究企业如何确定市场需求，使提供的商品或服务诱发并满足消费者的需求，其研究对象是以满足消费者需求为中心的企业营销活动过程及其规律，具有综合性、实践性和应用性的特点。

市场营销学从微观（企业）开始，逐步形成了微观和宏观两个分支。微观市场营销主要研究企业市场营销活动及其规律；宏观市场营销主要研究整个社会的经济活动及其规律。

当代市场营销的主流仍然是微观市场营销学。为了适应企业产品经营与销售业务的需要，本书的构架是结合企业营销决策与管理的程序而形成的，共包括营销概述、营销环境分析、营销战略设计、营销策略制定、营销领域创新五个模块。如图 1-4 所示。

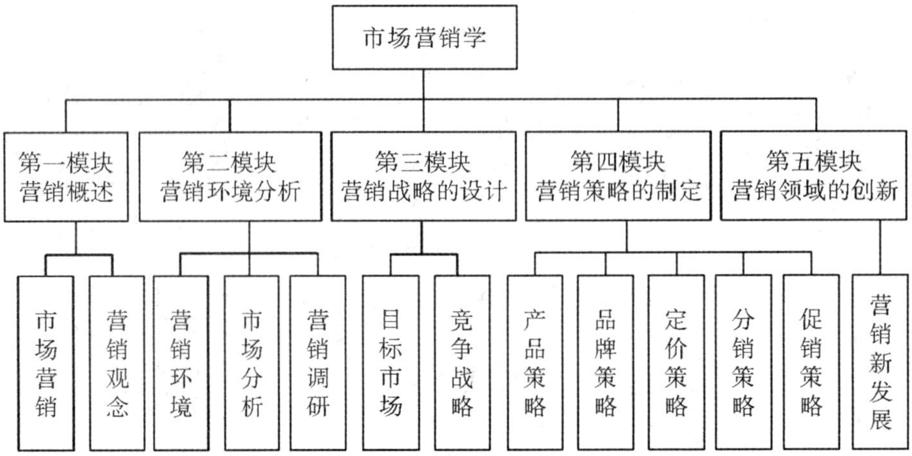

图 1-4　市场营销学构架

❖本章小结

（1）市场是商品经济中生产者和消费者之间为实现产品或服务的价值，所进行的满足需要的交换关系、交换条件和交换过程的统称。从营销的角度来看市场，市场包含三个主要因素，即人口、购买力和购买欲望。

（2）市场营销是个人和群体通过创造并同他人交换产品和价值，以满足需求和欲望的一种社会和管理过程。市场营销的最终目标是“满足需求和欲望”，市场营销的核心是“交换”。交换过程能否顺利进行，取决于企业创造的产品和价值满足顾客需求的程度和交换过程的管理水平。

（3）市场营销是企业的核心职能。要深入地研究市场营销，就必须先分析其相关概念，包括了需要、欲望和需求；产品；效用、费用和满足；交换、交易和关系等。

（4）市场营销学在20世纪初起源于美国。市场营销学的发展，一般可分为初创、应用、形成与发展三个时期。作为一门应用性的经营管理学科，市场营销学在其发展过程中，将经济学、管理学、社会学、心理学等多门学科的相关理论融入其中，形成了自己的理论体系。

❖趣味阅读

古城的玩家

扫一扫

❖课后练习

一、单选题

1. 市场营销的核心是（　　）。
   A. 销售　　B. 满足需求和欲望
   C. 交换　　D. 促销
2. 市场营销者，连同社会上的其他因素，只是影响了人们的（　　）。
   A. 效用　　B. 需要
   C. 欲望　　D. 收入
3. 从营销理论的角度而言，企业市场营销的最终目标是（　　）。
   A. 满足消费者的需求和欲望　　B. 获取利润
   C. 求得生存和发展　　D. 把商品推销给消费者
4. （　　）是消费者对产品满足其需要的整体能力的评价。
   A. 满意　　B. 服务
   C. 效用　　D. 费用
5. 在营销中，买卖双方在交换的过程中达成一项协议，我们就称之为（　　）。
   A. 市场　　B. 交换
   C. 交易　　D. 关系
6. 作为一门应用性的经营管理学科，市场营销学起源于（　　）。
   A. 中国　　B. 美国
   C. 法国　　D. 英国

二、多选题

1. 市场包含三个主要因素，即（　　）。
   A. 人口　　B. 购买力
   C. 购买欲望　　D. 产品

2. 广义的产品包括了（　　）。

A. 产品　　B. 服务

C. 地点　　D. 观念

E. 体验

3. 1960 年，杰瑞·麦卡锡将市场营销组合概括为四个基本变量。在市场营销学中通常称之为 4P 的变量是指（　　）。

A. 产品　　B. 包装

C. 价格　　D. 促销

E. 渠道

4. 以下说法中，对市场营销描述正确的是（　　）。

A. 市场营销等于销售

B. 市场营销的目标是要减少推销工作

C. 企业最显著最独特的功能是市场营销

D. 营销等于推销

E. 营销观念应贯彻于企业的每一个部门

三、简答题

1. 市场的三要素是什么?
2. 从管理学角度来讲，市场营销的要点包括哪三方面?
3. 论述市场营销与企业职能的关系。

四、案例分析题

达瑞的故事

达瑞出生于美国的一个中产阶级家庭。父母对他生活上要求很严，平时很少给他零花钱。达瑞 8 岁的时候，有一天他想去看电影。因为没有钱，他面临一个基本的问题：是向爸妈要钱还是自己挣钱。最后他选择了后者。他自己调制了一种汽水，把它放在街边，向过路的行人出售。可那时正是寒冷的冬天，没有人前来购买，只有两个人例外——他的爸爸和妈妈。

他偶然得到了和一个非常成功的商人谈话的机会。当他对商人讲述了自己的“破产史”后，商人给了他两个重要的建议：尝试为别人解决一个难题，那么你就能赚到许多钱；把精力集中在你知道的、你会的和你拥有的东西上。

这两个建议是关键。因为对于一个 8 岁的男孩而言，他不会做的事情还有很多。于是他穿过大街小巷，不停地思考人们会有什么难题，他又如何利用这个机会，为他们解决难题。

这其实很不容易。好点子似乎都躲起来了，他什么办法都想不出来。但是有一天，父亲无意中给他指出了一条正路。吃早饭时，他让达瑞取报纸。这里必须补充一点，美国的送报员总是把报纸从花园篱笆的一个特制的管子里塞进来。假如你想穿着睡衣舒舒服服地吃早饭和看报的话，就必须离开温暖的房间，冒着寒风到房子的入口处去取，不管天气如何都是如此。虽然有时候只需要走二三十米的路，但也是件非常麻烦的事情。

达瑞给父亲取报纸的时候，一个主意便诞生了。当天他就挨个按响邻居的门铃，对他们说，每个月只需付给他 1 美元，他就每天早上把报纸塞到他们的房门底下。大多数人都同意了，达瑞有了 70 多个顾客。当他在一个月后赚到了自己的第一桶金的时候，他觉得简直是飞上了天。

高兴的同时他并没有满足于现状，他还在寻找新的机会。成功了一次之后，他很快就找到了其他的机会。他让他的顾客每天把垃圾袋放在门前，然后由他早上运到垃圾桶里，每个月加 1 美元。他喂宠物、看房子、给植物浇水。但是他从来不以小时计费，因为用其他方法计费挣的钱更多。

9 岁时，他学习使用父亲的电脑。他学着写广告，而且他开始把孩子能够挣钱的方法写下来。因为他不断有新的主意，所以很快就有了丰厚的积蓄。他母亲帮他记账，好让他知道什么时候该向谁收钱。

他也雇孩子们帮他的忙，然后把收入的一半付给他们。如此一来，钱如潮水般地涌进了他的钱包。

一个出版商注意到了他，并说服他为此写了一本书，书名为《儿童挣钱的 250 个主意》。因此，达瑞 12 岁的时候就已经成为一名畅销书作家。

后来电视台发现了他，邀请他参加儿童谈话类节目。人们发现，他在电视上表现得非常自然，受到许多观众的喜爱。15 岁的时候他有了自己的谈话节目。现在，他通过做电视节目以及广告收入挣的钱真是多得让人难以置信。

达瑞 17 岁的时候已经拥有了几百万美元。

讨论：达瑞是如何发现市场商机并进行市场营销的？

❖营销技能实训

实训项目：认识市场营销

【实训目标】

1. 引导学生初步认识市场营销，激发学生的学习兴趣。

2. 培养学生团队合作精神和资料收集能力。

3. 锻炼学生的沟通能力和社会活动能力。

【实训内容与要求】

1. 将学生划分成若干组，以小组为单位深入学校周边企业，调查了解企业市场营销的基本情况，包括：①企业性质。②经营产品的类型。③生产规模。④企业的发展历史及各阶段的经营理念。⑤企业营销组织的职责及人员分工等。

2. 撰写考察报告，并分析：①所调查企业各阶段经营理念及特点。②现阶段企业经营理念是否符合市场经济发展的要求。③企业营销组织在企业中的地位和作用。

3. 以小组为单位宣讲考察报告，并进行评价。

第二章　市场营销管理哲学

现今，每个人都在谈论着创意，坦白讲，我害怕我们会借创意之名犯下一切过失。

——比尔·伯恩巴克

什么是最糟糕的营销？营销本质上是一种理念，它对于理解、服务和满足客户需要的重要性坚定不移。营销的大敌是“赚了就跑”的销售思维，其目标就是不惜一切代价把产品卖出去，而不是创建长期的客户。诱饵调包的手法、夸张性广告、欺骗性定价等做法都歪曲了大众和企业对营销的理解。

——菲利浦·科特勒

❖学习目标

知识目标

（1）掌握需求管理的本质。

（2）了解菲利浦·科特勒八种需求及营销任务。

（3）理解市场营销管理哲学的演进过程。

技能目标

（1）具备通过营销案例分析企业营销观念的能力。

（2）具备运用市场营销观念指导企业进行市场营销活动的能力。

❖走进营销

道德营销：基业长青的关键

伦敦奥运会金牌争夺如火如荼，但羽毛球赛场女双“消极比赛”事件持续发酵，焦点落在道德争议：为了长远的胜利而故意输掉眼前的比赛，这种做法能否被接受？

当事件的讨论扩大到商业范畴，《企业不败》一书的作者柯林斯和波拉斯鲜明地指出，单纯将企业目标定义在“最大限度地增加股东财富”或“牟取最大利润”只会得不偿失，唯有执行“道德型营销战略”才能使公司在追求理想的同时又获得最大利润。

战略还是罪恶？

消极比赛从而为夺取更大胜利创造有利条件，这是长期以来困扰足球等大型体育赛事的一种诱惑。然而，当体坛对“战略还是罪恶”的讨论仍硝烟弥漫之际，商界对于企业发展与道德间的权衡似乎早已了然于心。

两百多年前，亚当·斯密提出“经济人”的观点之际，便在其著作《道德情操论》中指出“市场经济就是道德经济”，因而作为“经济人”的企业追逐利润、讲求回报自是无可厚非，但其行为得遵循最起码的社会道德。

在中国历史上，如“童叟无欺”“黄金有价、店誉无价”“诚招天下客，信获万人心”等俗语数不胜数。正所谓“人，无德不立；企业，无德不获”，商业道德之所以被引入繁华喧嚣的商业世界，由隐性存在发挥显性作用，不无道理。

而知名企业基业长青的关键在于，商业道德常常被摆在首位。比如索尼公司一直坚持“体验发展最优的产品和服务，贡献人类社会”的理念，联想集团的“服务社会文明进步，使人们的生活和工作更加丰富多彩”口号，无不揭示其重要性。

道德营销战略

当下，商战如同武侠高手的巅峰对决，细节决定成败，而商业道德更被视为竞争中“一剑封喉”的利器。美国学者大卫·凯琴在对数百家企业进行调查后，提出名为“道德型营销战略”的营销手段，称其起到融洽内外部关系、激励员工、培育企业家的作用。

所谓道德营销战略，是指企业在营销活动中，处处遵循较高的道德标准，并把道德作为自己的价值传递给消费者。消费心理学指出，时代的发展使得消费者的需求层次也在发生变化。如今，消费者的需求不仅仅是过往的重“质”和“量”，还需要“情感”，因而消费者在消费时既希望有个性、有品位，又希望能迎合潮流趋势。

西方谚语“人如其食”，用在商业社会便是“物显品性”。有道德的消费者用道德产品，这是新生代消费者的普遍共识。难怪希德玛芝设计的“我不是个塑料包”手袋能引起一时轰动，像屋顶上发电的涡轮和车库里的混合动力汽车等产品大卖也是这个道理。针对加拿大消费者的一项问卷调查指出，当产品本身附加“道德信息”时，其对消费者产生的影响为“无道德信息”产品的两倍。

利他与利己的博弈

然而，在实际运用时，许多企业经营者过分强调产品的道德效应，仿佛商业道德仅仅只是战略管理过程中的一个工具，以至于“一招出错，满盘皆输”。比如眼下许多企业在营销之际，太着眼于产品销售量与慈善捐献的关系，却浑然不知只有标语没有结果的慈善营销只会令消费者反感。其实，柯林斯和波拉斯早已警示：人们向来不会为商业道德的华丽辞藻和缥缈的操守买单！

因而，在企业的经营过程中，不要过分地依赖或过分地吹嘘企业的商业道德行为，这样非但无助于企业利润目标的达成，还会损害企业经营基础和发展前景，因为诚信基础已被破坏殆尽。

诺贝尔经济学奖得主弗里德曼曾言，不读《国富论》，不知道怎样才叫“利己”；读了《道德情操论》才知晓，“利他”才是问心无愧的“利己”。同样的，企业发展，在“利他”与“利己”之间，须谨记商业道德并非舆论噱头，战略制定也不单是利润排头。

因此，懂得道德与战略的终结博弈，才能掌握全局从而战无不胜。

（资料来源：曾君蔚. 道德营销：基业长青关键［N］. 佛山日报，2012-08-06.）

第一节 市场营销管理的本质及任务

一、市场营销管理的本质

市场营销管理是指企业为实现其目标，创造、建立并保持与目标市场之间的互利交换关系而进行的分析、计划、执行与控制过程。为了保证营销管理任务的实现，营销管理者必须对目标市场、市场定位、产品开发、定价、分销、信息沟通与促销做出系统决策。

市场营销管理的本质是需求管理。企业在开展市场营销的过程中，一般要设定一个在目标市场上预期要实现的交易水平。然而，在现实生活中，实际需求水平可能低于、等于或高于这个预期的需求水平。企业市场营销管理的任务会随目标市场的不同需求状况而有所不同。

二、市场营销管理的任务

菲利浦·科特勒教授根据市场的情况，提出了八种常见的需求状况。营销者通常需要应付各种不同的需求状况，调整相应的营销管理任务。

1. 转变市场营销：负需求→正需求

负需求是指市场上绝大多数消费者对产品不喜欢的一种需求状况。在这种需求状况下，市场营销管理的任务是转变市场营销，即分析市场上消费者为什么不喜欢该产品，并采取适当的营销措施，如重新设计新产品或完善老产品、改变价格、加大促销力度等，改变消费者对该产品的态度或信念，变负需求为正需求。

2. 激发市场营销：无需求→有需求

无需求是指消费者对某种产品毫无兴趣或漠不关心的一种需求状况。形成这种状况的原因通常有三个：消费者认为无价值的废旧物资；消费者认为其有价值，但在特定的目标市场却无价值，如沙漠地区对游泳衣、救生圈的需求；新产品或消费者不熟悉的产品，消费者不了解或买不到，所以无需求。针对无需求的状况，市场营销管理的任务是激发市场营销，即采取各种营销措施，激发消费者的兴趣和欲望，创造新的需求。

3. 开发市场营销：潜在需求→现实需求

潜在需求是指相当一部分消费者对某种产品或服务有强烈的需求，而现有产品或服务又无法使之满足的需求状况。针对潜在市场需求状况，市场营销管理的任务是开发市场营销，即企业通过市场调查研究及预测工作，开发出满足消费者潜在需求的新产品，使潜在需求转变为现实需求。

4. 重振市场营销：下降需求→上升需求

下降需求是指某种产品或服务的需求呈下降趋势的状况。针对下降需求，市场营销的任务是重振市场营销，即企业采取适当的市场营销措施，改变引起下降的因素，如完善产品性能、改变广告宣传内容、销往新的目标市场、开发新的销售渠道等，使下降趋势得以抑制，变下降需求为上升需求。

5. 协调市场营销：不规则需求→有规则需求

不规则需求是指有些产品或服务的需求在一年的不同季节、不同月份，或者在一周的不同时间，甚至在一天的不同时点波动很大，有时多，有时少，呈不规则的状况。针对不规则的需求状况，市场营销管理的任务是协调市场营销，即通过各种措施均衡需求。例如，采取需求差别定价策略，在需求少时降低价格，鼓励消费者在淡季消费；在需求多时提高价格，限制消费。变不规则需求为均衡、规则需求。

6. 维持市场营销：充分需求→持续充分

充分需求是指某种产品或服务需求的时间和水平正好等于预期需求的时间和水平的状况，这是一种理想的需求状况。针对这种需求状况，市场营销管理的任务是维持市场营销，即企业采取措施维持目前的需求水平。例如，保持产品的质量、广告频率及次数等，努力降低产品营销成本。

7. 限制市场营销：过度需求→适度需求

过度需求是指某种产品或服务的现实需求水平超过了企业或组织所能提供或愿意提供的水平。针对该种需求状况，市场营销管理的任务是减少市场营销，即企业采取各种营销措施，暂时或永久地减少需求。例如，提高价格、减少促销等，使需求水平降低到正常水平。

8. 反市场营销：有害需求→无需求或负需求

有害需求是指市场对某种有害产品或服务的需求，如烟、酒等。针对这种需求，市场营销管理的任务是反市场营销，即企业采取措施劝导消费者放弃某种需求，或停止供应有害的产品或服务。例如，劝消费者戒烟、戒酒等。

❖营销案例

俄罗斯将对系列“有害食品”征收消费税

扫一扫

第二节 市场营销管理哲学的演进

对我来说，营销学讲的是价值观。

——乔布斯

市场营销管理哲学，也被称为市场营销管理观念。它是指企业在一定的条件下，进行全部市场营销活动，正确处理企业、顾客和社会三者利益方面的指导思想和行为的根本准则。企业的市场营销活动是在特定的经营观念指导下进行的。一定的市场营销环境要求一定的思想观念与之相适应。如果市场营销观念符合客观形势，营销人员就会做出正确的营销决策；相反，则会导致营销决策的失误，甚至使企业破产。

随着时代的变迁，市场营销管理观念也在不断发展变化，大致经历了生产观念、产品观念、推销（销售）观念、市场营销观念和社会营销观念五个阶段。这种变化的基本轨迹是由企业利益导向，转变为顾客利益导向，再发展到社会利益导向。图 2-1 显示了企业在处理企业、顾客、社会三者利益关系方面，营销观念的变化趋势。

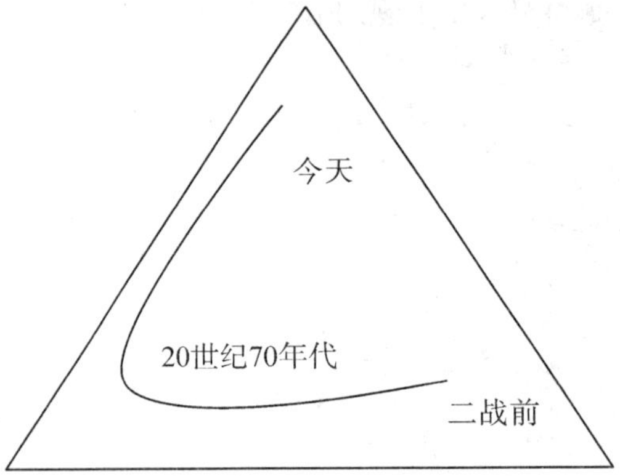

图 2-1　企业营销观念的变化趋势

❖营销视野

中国营销界十大争议人物

他们不一定是叱咤风云的，但一定是勇于创新的；他们不一定是高大全的，但一定是善于钻研的；他们不一定是目光如炬的，但一定是眼光超前的。总之，他们出手犀利，或章法和谐，或标新立异，或善于乘势而上；他们的营销举止无不深深影响着中国营销业界的生态变化，并引领着整个行业往前爬坡。

牟其中：机会主义的成功不可复制

王遂舟：忘记企业的根本目的

张朝阳：品牌娱乐化先锋

何阳：营销人的价值发现

胡志标：营销草莽时代的终结

王峻涛：苹果其实早熟了

宋朝弟：营销“浮夸风”的标本

陆强华：营销经理人的角色拷问

俞尧昌：嘴大就是硬道理

孙宏斌：潜规则挑战者

（资料来源：小媚. 中国营销界十大争议人物［EB/OL］. http：//business. sohu.

com/s2004/yxrenwu. shtml.)

中国营销界十大争议人物

一、以企业为中心的观念

以企业为中心的市场营销观念，是以企业利益为根本取向和最高目标来处理营销问题的观念。

（一）生产观念

不管顾客需要什么颜色的汽车，我只有黑色的。

——亨利·福特

生产观念（production concept）盛行于19世纪末20世纪初，是一种最古老的营销观念。生产观念认为，消费者总是喜欢那些可以随处买得到而且价格低廉的产品，企业应当集中精力提高生产效率和扩大分销范围，增加产量，降低成本。它是一种重生产、轻营销的商业哲学，其典型表现就是“我们生产什么，就卖什么”。以生产观念指导营销活动的企业，称为生产导向企业。

当时，资本主义国家处于工业化初期，市场需求旺盛，企业只要提高产量、降低成本，便可获得丰厚利润。因此，企业的中心问题是扩大生产价廉物美的产品，而不必过多关注市场需求差异。在这种情况下，生产观念为众多企业接受。

❖营销案例

美国福特汽车公司的T型车

扫一扫

（二）产品观念

崭新而令人激动的时髦产品是绝对短缺的。

——戴维·格拉斯

产品观念（product concept）产生于市场产品供不应求的“卖方市场”形势下。产品观念认为，消费者喜欢高质量、多功能和具有某些特色的产品。因此，企业管理的中心是致力于生产优质产品，并不断精益求精，日臻完善。在这种观念的指导下，公司经理人常常迷恋自己的产品，以至于没有意识到产品可能并不迎合时尚，甚至市场正朝着不同的方向发展。因此，公司可能会陷入困境甚至破产。

扫一扫

❖**营销案例**

一只珍稀的“蓝水鬼”

（三）推销观念

推销的要点不是推销商品，而是推销自己。

——乔·吉拉德

推销观念（selling concept），又被称为销售观念，产生于资本主义经济由“卖方市场”向“买方市场”过渡的阶段，盛行于20世纪三四十年代。推销观念认为，企业管理的中心任务是积极推销和大力促销，以诱导消费者购买产品。其具体表现是：“我卖什么，就设法让人们买什么”。他们致力于产品的推广和广告活动，以求说服甚至强制消费者购买。具体如图2-3所示。

推销观念在现代市场经济条件下被大量用于推销那些非渴求物品，即购买者一般不会想到要去购买的产品或服务。许多企业在产品过剩时，也常常奉行推销观念。与前两种观念一样，推销观念也是建立在以企业为中心，“以产定销”，而不是满足消费者真正需要的基础上的。

图2-3　推销观念

扫一扫

❖**营销案例**

美国皮尔斯堡面粉公司的改变

二、以消费者为中心的观念

以消费者为中心的观念，又称市场营销观念（marketing concept）。这种观念认为，企业的一切计划与策略应以消费者为中心，正确确定目标市场的需要与欲望，并且比竞争者更有效地满足目标市场的需要和欲望。其具体表现是："消费者需要什么，就生产什么，供应什么。"

市场营销观念形成于20世纪50年代，随着第三次科学技术革命的兴起，西方各国企业更加重视研究和开发，产品技术不断创新，许多产品供过于求，市场竞争进一步激化。在这种形势下，企业必须改变以往单纯以卖方为中心的思想观念，并不断调整自己的营销策略，以满足目标顾客的需要及其变动。在这种观念的影响下，很多企业提出了"顾客是上帝"的口号。

❖营销情境

美国通用汽车客户服务部接到一位客户的抱怨信：我开着一辆通用庞蒂克去买冰淇淋，每当买的冰淇淋是香草口味时，从店里出来时车子就开不动，但如果买的是其他口味的冰淇淋时，车子就发动得很顺利。这简直有些难以置信，总经理对这事心存怀疑。

问题：如果你是这位总经理，你将如何处理？

❖营销案例

以"民"为本，共创价值

扫一扫

❖营销视野

2016营销观念突变元年

——新生代正走向市场中心

扫一扫

三、以社会长远利益为中心的观念

小胜靠智，大胜靠德。

——《世说新语》

以社会长远利益为中心的观念，又称为社会营销观念（societal marketing concept）或全方位营销观念。社会营销观念认为，市场营销者在制定市场营销政策时，要统筹兼顾三方面的利益，即企业利润、消费者需要的满足和社会利益。

从20世纪70年代起，随着全球环境破坏、资源短缺、人口爆炸、通货膨胀和忽视社会服务等问题日益严重，要求企业顾及消费者整体与长远利益即社会利益的呼声越来越高，社会营销观念应运而生。社会营销观念是对市场营销观念的修改和补充，因为市场营销观念在满足消费者需要、赢得企业利润的同时，却忽视了对长期社会利益的关注，所以社会市场营销观念提出要统筹兼顾三方面的利益。

❖营销案例

巅峰对话：新形势下合资企业如何做营销?

扫一扫

企业的市场营销活动是在特定的经营观念指导下进行的，一定的市场营销环境要求一定的思想观念与之相适应。市场营销观念的正确与否，关系到企业营销的成败和企业的兴衰。近百年来，随着生产发展、科技进步和市场环境的变化，产生了生产观念、产品观念、推销观念、市场营销观念、社会营销观念、绿色营销观念、大市场营销观念、整合营销观念等营销观念。除传统的营销观念以外，其他营销观念需要我们结合市场营销实际情况综合运用。

❖营销视野

飞向蓝天的新起点（视频）

❖本章小结

（1）市场营销管理是指企业为实现其目标，创造、建立并保持与目标市场之间的互利交换关系而进行的分析、计划、执行与控制过程。市场营销管理的本质是需求管理。企业市场营销管理的任务会随目标市场的不同需求状况而有所不同。

（2）市场营销观念是指企业在一定时期、一定生产经营技术和市场环境条件下，进行全部市场营销活动，正确处理企业、顾客和社会三者利益关系的指导思想和行为的根本准则。

（3）随着生产发展、科技进步和市场环境的变化，市场营销观念经历了生产观念、产品观念、推销观念、市场营销观念、社会营销观念等阶段，这些营销观念需要我们结合市场营销实际情况综合运用。

❖**趣味阅读**

晏子与齐王

扫一扫

❖**课后练习**

一、单选题

1. 市场营销管理的实质是（　　）。

A. 刺激需求　　B. 需求管理

C. 生产管理　　D. 销售管理

2. 三鹿事件后，中国妈妈对国产奶粉缺乏信任，从而导致海外代购、海淘等电子商务活动的兴起。按需求的状况分类，中国妈妈的需求属于哪一种，相应的营销管理的首要任务是什么？（　　）

A. 负需求，灵活定价　　B. 负需求，改变营销

C. 下降需求，刺激营销　　D. 下降需求，重振营销

3. 在潜在需求的情况下，市场营销管理的任务是（　　）。

A. 设法将产品的利益与人的需求和兴趣联系起来

B. 开发有效的商品和服务来满足需求

C. 维持市场营销

D. 设法暂时或永久降低市场需求水平

4. 许多冰箱生产厂家近年来高举“环保”“健康”旗帜，纷纷推出无氟冰箱。它们所奉行的市场营销管理哲学是（　　）。

A. 推销观念　　B. 生产观念

C. 市场营销观念　　D. 社会营销观念

5. 某家具生产企业宣称其生产的办公柜从 10 层楼上扔下来都不会摔坏。该企业所奉行的营销管理哲学是（　　）。

A. 推销导向　　B. 产品导向

C. 生产导向　　D. 市场营销导向

6. 最容易导致企业出现营销近视症的是（　　）。

A. 推销观念　　B. 产品观念

C. 生产观念　　D. 市场营销观念

7. 从古至今许多经营者奉行“酒香不怕巷子深”的经商之道，这种市场营销管理哲学属于（　　）。

A. 推销观念　　B. 产品观念

C. 生产观念　　D. 市场营销观念

二、多选题

1. 以企业为中心的市场营销管理哲学包括（　　）。
A. 产品导向　　B. 生产导向
C. 顾客导向　　D. 推销导向
E. 社会营销导向

2. 下列说法中，体现了市场营销观念的是（　　）。
A. 酒香不怕巷子深　　B. 以产定销
C. 顾客是上帝　　D. 以销定产
E. 制造能够销售出去的产品

3. 随着社会经济的不断发展，“以生产者为导向”的传统营销观念已经逐步被“以市场需要、社会需求为导向”的现代市场营销观念所取代，而现代市场营销观念仍在深化和发展中，新观念不断出现，具体表现在（　　）。
A. 循环经济观念　　B. 明智消费观念
C. 服务营销观念　　D. 产品观念
E. 推销观念

三、简答题

1. 市场营销的需求类型及相应的营销任务是什么?
2. 什么是市场营销观念?
3. 社会营销观念与市场营销观念的区别有哪些?

四、案例分析题

别硬着头皮烤“炊饼”

天目山的雾，怪得很，一年到头，绵绵不绝。尤其是春夏，雾浓得化不开，似乎要把这里的一切全浸透。雾，孕育出了上好的茶叶。十多年前，我在江苏工作时，办公室一位深谙茶道的老同志告诉我，这里的绿茶，单从制作工艺来说，独步天下，不仅茶叶完整，且形态划一。上品的绿茶，1 万枚中茶叶不完整者绝不会超出 5 枚。每当新茶下来，用沸水冲泡前，这位仁兄总忘不了把杯子朝我跟前举：“啧啧，你瞧，这形状!”确实，这里出产的“雀舌”“旗枪”“凤头”等品牌的茶叶，近些年在国内外的茶叶博览会上出尽了风头。

原以为，有了大自然这份厚爱，山民们会因茶而致富。谁知去年到溧阳采访，问起茶叶销售情况，当地一位干部连连摇头：“现在种茶的太多，而咱这儿的茶，制作工艺讲究，成本比人家高，所以……”“那么，为什么不简化一下制作工艺呢?”“那怎么行呢！咱这儿的茶，讲的就是这个茶味!”

当地外贸部门的一位朋友讲，他们曾设想把茶叶销往海外。外商对茶叶的质量和价格都没有提出意见，但对茶叶完整成形这点，很不以为然。咱们呢，醉心于“状似凤头戏碧波”，他那里却为残茶如何处理发愁，要求把茶叶加工成碎末状的“方便茶”。还有些国家的商人，干脆求购滤去茶叶的茶水罐头——人家这样认为：生活节奏这么快，哪有闲暇把盏品茗！若照你们的喝法，会已开完，客已宴毕，茶叶的头汤还未泡好呢！

类似上述墨守成规而失掉商机的事儿，非此一例。

我国地大物博，不少地方都有自己的传统产品。不过，我们应该明白，有了传统产品，并非就拥有了市场。随着时代的变迁，人们的消费观念也在不断发生变化。今天你喜欢吃“武大郎炊饼”，也许明天你喜欢吃“鸡腿汉堡”呢！因此，产品要走向市场，因循守旧不行！不符合市场需求的传统，该改的，必须改。如果大家都喜欢吃“鸡腿汉堡”，你却硬着头皮烤“炊饼”，那没办法，只好眼瞅着大把大把的钞票流走！

（资料来源：吴伯天. 全维营销［M］. 广州：广东经济出版社，2003.）

问题：

1. 企业的营销观念有哪几种？试着阐述每一种观念在什么条件下具有存在的合理性。

2. 案例中的企业营销观念涉及哪种或哪几种？对案例中这些企业的营销观念进行评价。

❖营销技能实训

实训项目：观念的创新

【实训目标】

1. 引导学生树立正确的市场营销观念，激发学生的学习兴趣。

2. 培养学生的创新意识和创新能力。

【实训内容与要求】

1. 将学生划分成若干组，以小组为单位，根据自己现有的生活环境，发掘5个商机。

2. 选其中的一个最可行的商机，尝试一下，并将尝试结果写下来，在班里宣讲，让大家共享。

第二模块
营销环境分析

第三章　市场营销环境

成功的公司能认识环境中尚未满足的需要和趋势并能做出反应以盈利。

——菲利普·科特勒（Philip Kotler）

故兵无常势，水无常形。能因敌变化而取胜者，谓之神。

——《孙子兵法》

❖教学目标

知识目标

（1）掌握市场营销环境的含义和特征。

（2）了解营销活动与营销环境的关系。

（3）了解微观环境和宏观环境的构成要素。

（4）掌握市场营销环境分析的工具。

技能目标

（1）具备运用所学知识分析市场营销环境的能力。

（2）具备运用所学营销环境分析工具分析相关案例的能力。

❖走进营销

麦当劳向洋葱认输

麦当劳是世界上最大的快餐连锁店。2009 年 10 月 31 日午夜，麦当劳在冰岛结束这一天营业的同时，也结束了在冰岛长达 16 年的营业史，全面退出了冰岛市场，甚至没有表示会有重新开张的一天。

麦当劳总部对此发表声明说，在冰岛开展业务是一项非常大的挑战。与此同时，麦当劳在冰岛的总经销商欧曼德森却表示，麦当劳在冰岛的生意一直十分兴隆：“每到就餐时间，汹涌的人潮是任何一个地方都没有的。”

既然生意这样好，那又是什么原因使麦当劳选择了退出呢？谁也想不到的是，让麦当劳认输的，竟然不是同行竞争，而是冰岛的洋葱。

在冰岛这个位于大西洋中的岛国，农业不发达，大部分农作物都来自德国，包括麦当劳许多食物里必不可少的原料——洋葱！然而，麦当劳于 1993 年决定在冰岛开设分店时，并没有对此做过仔细的调查，麦当劳总部想当然地认为，洋葱是一种随处可见的便宜蔬菜。到开张之后才发现，冰岛的洋葱简直贵得出奇，购进一个普通大小的洋葱，需要卖掉十几个巨无霸汉堡才够本！

既然开张了，麦当劳只能选择坚持。长期以来，麦当劳在冰岛的生意虽然看上去红火，但利润实在是薄之又薄。冰岛的麦当劳特许营运商奥格蒙德森用一句话描述了这十几年来的经营状况："我一直在不断亏钱！"

此次的金融风暴使冰岛克朗大幅贬值，欧元逐渐走强，加之进口食品税率提高，导致成本上升，更加大了麦当劳的经营难度。在冰岛首都雷克雅未克，一个巨无霸的售价为650冰岛克朗，但如果要获得哪怕是必需的利润，就必须让价格上涨到780冰岛克朗。如果是这个价格，那么，麦当劳就根本不会成为人们的选择！而购买一个普通的洋葱，按欧曼德森的话来说："要花掉购买一瓶上等威士忌的钱。"

因为洋葱的高价，麦当劳这个几乎所向披靡的全球快餐巨无霸，在冰岛低下头认了输！有人说这是由冰岛不产洋葱导致的，也有人说这是金融危机造成的。这些观点不能说全错了，但最为根本的原因，是麦当劳在决定开拓冰岛这片市场的时候，忽略了一个细节：冰岛的洋葱从哪儿来？正是因为忽略了这个细节，最终导致麦当劳在冰岛的失败。这也印证了一句老话：细节决定成败。

（资料来源：陈之杂. 麦当劳向洋葱认输［J］. 读者，2013（3）.）

思考：

1. 麦当劳进入冰岛时忽视了哪种营销环境因素？

2. 餐饮企业进入新市场应重点考虑哪些营销环境因素？

市场营销环境是指影响企业市场营销活动的各种营销力量。根据营销环境对企业营销活动产生影响的方式与程度的区别，可以将营销环境分为宏观环境和微观环境。微观环境受宏观环境大背景的制约，宏观环境借助微观环境发挥作用。不同的营销环境，既可能给企业带来机会，也可能给企业带来威胁。分析营销环境的目的在于把握环境状况及变化趋势、及时发现市场机会和威胁，为企业制定营销策略，利用市场机会以及回避市场风险提供依据。

第一节　市场营销环境的定义与特点

环境是相对于某一事物来说的，是指围绕着某一事物并对该事物会产生某些影响的所有外界事物。美国著名市场营销专家菲利普·科特勒认为：企业的营销环境是由企业营销管理职能外部的因素和力量组成的，这些因素和力量影响了营销管理者成功地保持和发展同其目标市场顾客交换的能力。

一、市场营销环境的定义

菲利普·科特勒指出："市场营销环境就是影响公司的市场和营销活动的不可控制的参与者和影响力。"简单地说，市场营销环境是企业的生存空间，是存在于企业营销系统外部的不可控制或难以控制的因素，是营销活动的基础与条件。鉴于企业市场营销环境的内容广泛而复杂，各国学者对营销环境的层次持不同看法。根据市场营销环境和企业营销活动的密切程度，一般把市场营销环境划分为宏观营销环境和微观营销环境，如图 3-1 所示。

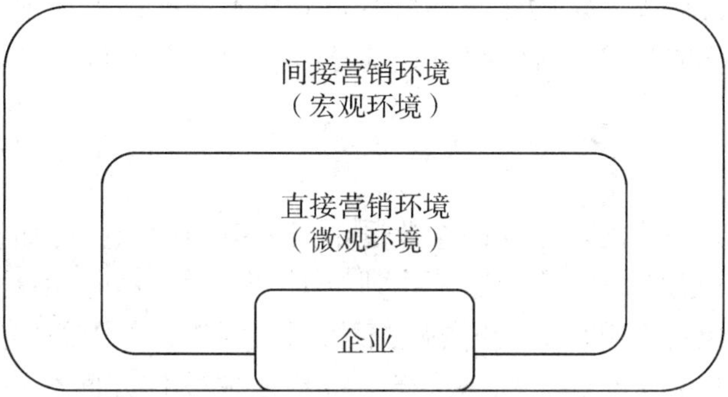

图 3-1 营销环境对企业的作用

宏观营销环境又称间接营销环境，包括人口 、经济、政治法律、社会文化、自然、科学技术等环境因素。微观营销环境与企业内部资源紧密相连，是指直接影响企业营销能力和效果的各种因素，主要由企业的供应商、营销中介、顾客、竞争对手、社会公众以及企业内部参与营销决策的各部门组成，如图 3-2 所示。

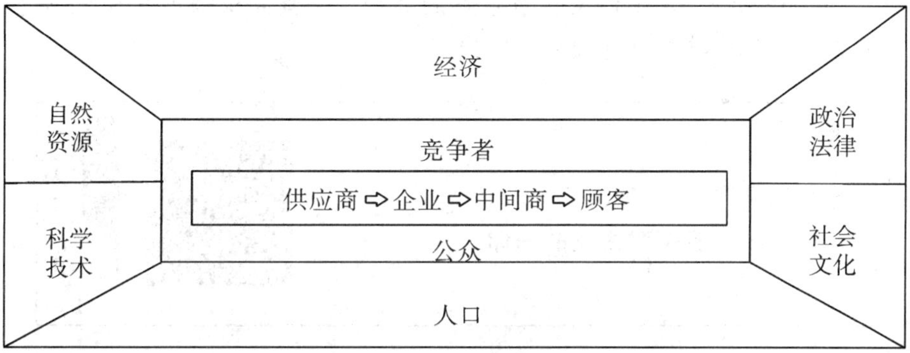

图 3-2 企业市场营销环境

二、市场营销环境的特点

市场营销环境作为企业营销活动的基础，由多种因素构成，具有以下特点：

（一）客观性

市场营销环境是客观存在的，有自己的运行规律和发展趋势，不以营销人员的意志为转移。因此，企业的营销活动应适应或利用客观环境，以免造成营销决策失误，从而影响整个企业的发展。

（二）动态性

市场营销环境是一个动态系统，每一个环境因素都随着社会经济的发展而不断变化。营销环境的变化既会为企业提供机会，也会给企业带来威胁。以中国所处的间接营销环境来说，今天的环境与十多年前的环境已经有了很大的变化。例如国家产业政策，过去重点放在重工业上，现在已明显向农业、轻工业倾斜，这种产业结构的变化对企业的营销活动会造成一定的影响。虽然企业并不能准确无误地预见这种变化，但企业应追踪不断变化的环境，并积极地适应这种变化，及时调整企业策略，否则将会丧失市场机会。

（三）差异性

营销环境的差异性体现在不同的企业受不同环境的影响。比如说农产品生产企业受自然环境的影响就比较大，其他一些行业可能对自然环境就不是那么敏感。此外，一种环境因素的变化对不同企业的影响也不相同。例如，不同的国家、民族、地区之间在人口、经济、社会文化、政治、法律、自然地理等各方面存在着广泛的差异性。这些差异性对企业营销活动的影响显然是很不相同的。由于外界环境因素的差异性，企业必须采取不同的营销策略才能应付和适应这种情况。

（四）相关性

社会经济现象的出现，往往不是由某一个单一的因素决定的，而是受到一系列相关因素影响的结果。市场营销环境是一个系统。在这个系统中，各个影响因素是相互依存、相互作用和制约的。不同文化背景下的消费者，其需求与审美观是不完全相同的，体现在产品设计中的个性化要求特别强。

❖营销视野

各国对用花的忌讳

扫一扫

❖营销情境

推销鞋子

有两名推销员到南太平洋某岛国推销企业生产的鞋子，他们到达后却发现那里的居民没有穿鞋的习惯。你认为推销员应该怎么办？

三、营销活动与营销环境的关系

对任何企业来说，营销环境都是“不可控”因素。企业首先必须适应、服从环境，但企业作为有主观能动性、创造性的人的集合体，对环境又有反作用。因此，企业开展营销活动应在了解、掌握环境状况及其变化趋势的基础上，尽最大可能，有条件地影响、利用、保护、建设、改造环境，趋利避害，化害为利。

宏观营销环境影响面广，其变化既可能给企业带来机会，创造营销的有利时机和条件，也可能给企业带来威胁和风险，造成营销的压力和障碍。微观营销环境直接影响企业的营销能力和效益，但企业在开展营销活动时，所做的努力越大、自我调节能力越强，受环境的影响就越小，如图 3-3 所示。

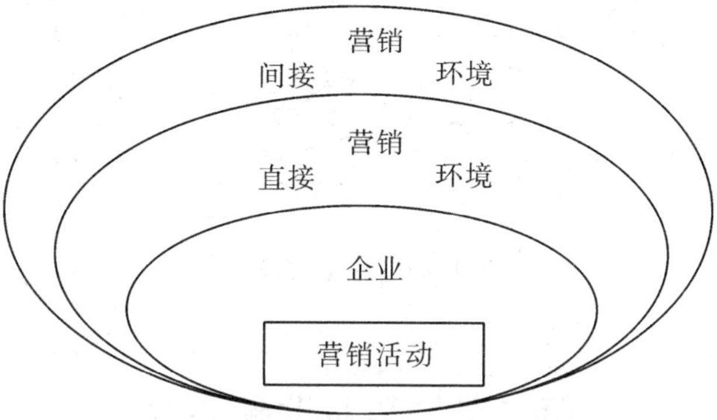

图 3-3 营销活动与营销环境

环境的变化会导致消费者心理的变化，企业原有的成功经验也就失效了。因此，企业必须根据环境的变化，调整自己的营销活动以适应市场，满足消费者新的需求。环境变动有可能产生新的机遇或消除原有的机会，这些变动可能是令人兴奋和令人鼓舞的，也可能是令人受挫和令人烦躁不安的。因此，监测、把握环境诸因素的变化，善于从中发现并抓住有利于企业发展的机会，避开或减轻不利于企业发展的威胁，是企业营销管理的首要问题。

同时，企业也可以通过调整与控制内部环境要素，对外部环境施加一定的影响，最终促使某些环境要素向预期的方向转化。现代营销学认为，企业经营成败的关键，就在于企业能否适应不断变化的市场营销环境。“适者生存”既是自然界演化的法则，也是企业营销活动的法则。但强调企业对所处环境的反应和适应，并不意味着企业对环境是无能为力或束手无策的，只能消极地、被动地改变自己以适应环境，企业应从积极主动的角度出发，能动地去适应营销环境。或者说运用自己的资源去影响和改变营销环境，为企业创造一个更有利的活动空间，然后再使营销活动有效地适应营销环境。

四、营销部门与内部环境

在制订营销计划时，营销部门应兼顾企业的其他部门，要充分考虑到企业内部的环境力量。市场营销部门在制订和执行营销计划时，必须获得企业最高管理层的批准和支持，并与其他部门搞好分工协作。只有企业内各部门协调一致，共同服务于企业总的营销目标，营造出良好的微观环境，才能取得好的经营业绩。如图 3-4 所示。

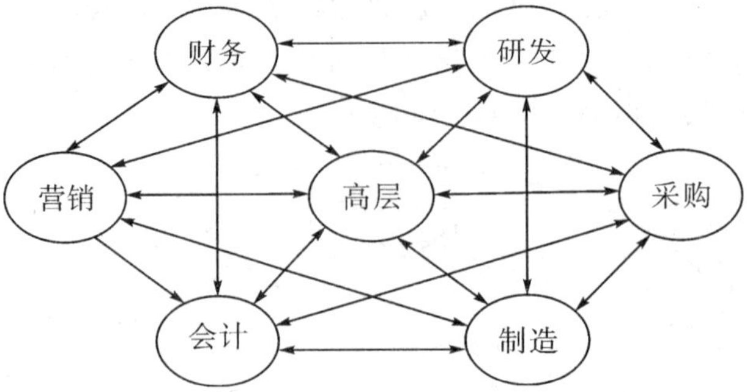

图 3-4　企业内部环境

第二节　微观营销环境

市场营销微观环境也称直接环境，是指与企业关系密切、能够直接影响企业服务消费者能力的各种因素。虽然微观营销环境受制于宏观营销环境，但是与宏观环境相比，微观环境对企业市场营销的影响更为直接。一般包括五个要素：供应商、营销中介、顾客、竞争者、社会公众，如图 3-5 所示。

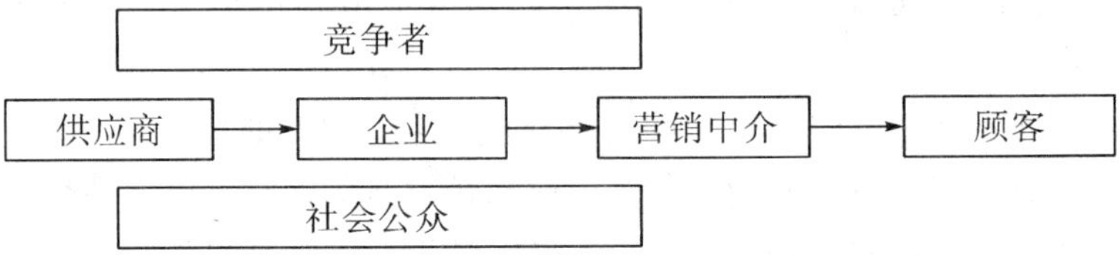

图 3-5　微观营销环境

一、供应商

供应商是向企业及其竞争者提供生产经营所需资源的企业或个人。供应商是影响企业营销的微观环境的重要因素之一。供应商影响企业供货的稳定性和及时性，是企业活动顺利进行的前提。对企业来说，应选择那些保证质量、交货及时、供货条件好和价格低廉等因素实现最佳组合的供应商。企业的采购人员应时刻关注供应商品的价格变动趋势和市场供求状况，并与重要供应商建立长期的供销关系，以便在及时供货、价格等方面享受优待。与此同时，企业应尽可能选择几家供应商，避免对某一家或少数几家供应商的过分依赖。

二、营销中介

营销中介是指协助企业促销、销售和分配其产品给最终购买者的企业或个人。按照职能可以分为以下类型：

1. 中间商

中间商主要负责寻找或直接与顾客进行交易，包括代理商和经销商。代理商没有商品的所有权，通过介绍客户或与客户磋商交易从中获利；经销商包括批发商和零售商，通过购买商品获得商品所有权后，进行出售而获利。企业要开拓市场，要解决生产集中和消费分散的矛盾，必须通过中间商的协助才能快速打开市场局面。

2. 实体分配机构

实体分配机构也叫物流配送机构，是指协助制造商储存产品或负责把产品从原产地运送到销售地的企业，主要包括仓储企业和运输企业。企业的生产基地一般是集中的，而消费者则有可能分散在全世界。解决这个问题一般来说有三种方案：买方完成（取货），供方负责（送货）和第三方物流。第三方物流提供机构是一个为企业提供物流服务的组织，它们并不在供应链中占有一席之地，仅是第三方，但通过提供一整套物流活动来服务于供应链。企业对物流配送企业的依赖性将日渐加强。

3. 营销服务机构

营销服务机构主要负责协助企业选择目标市场，确立市场地位并协助促销产品，包括市场调查公司、广告公司、传媒机构、营销咨询公司、会计事务所、审计事务所等。

在现代，大多数企业都会委托专业公司来为其办理相关事务。企业在选择这些服务机构时，须对他们所提供的服务、质量、创造力等方面进行评估，并定期考核其业绩，保证质量和服务水平。

4. 金融中介

金融中介主要负责营销活动中的资金融通和保险服务，包括银行、信贷机构、保险公司、证券公司等。在现代经济生活中，任何企业都需要通过金融中介开展经营业务。例如，企业的财务往来要通过银行结算，信贷受限会使企业经营陷入困境，因此，企业必须与金融中介机构建立密切的关系，以保证企业资金需要的渠道畅通。

三、顾客

企业营销以满足顾客需要为中心。顾客是企业产品或劳务所服务的对象，也是影响企业营销的重要力量。任何企业的产品和服务，得到了顾客的认可就赢得了市场。现代市场营销学按照顾客性质的不同，将市场划分为消费者市场、生产者市场、中间商市场、非营利市场、政府市场和国际市场六大类。由于每个市场需求的差异性，企业要以不同的方式提供产品或服务。因此，企业要注重对顾客进行研究，分析顾客的需求规模、需求结构、需求心理以及购买特点，这是企业营销活动的起点和前提。

四、竞争者

竞争者主要是指生产或提供相同或可替代的产品和服务的其他企业或类似机构。在市场经济的条件下，企业面临的竞争日益激烈，制定营销策略必须先对竞争对手展开深入分析，做到知己知彼。竞争者分析的范围很广泛，包括产品研发、采购、生产、竞争者的战略、销售渠道、财务状况、企业文化等。

菲利普·科特勒将企业的竞争环境分为四个层次，也就是说企业面临四种不同层次的竞争者：欲望竞争者、类别竞争者、形式竞争者、品牌竞争者。传统的竞争，主要表现在品牌竞争形式上。就是说，企业主要将“品牌竞争者”视为竞争对手。很显然，由于品牌竞争是完全相似产品的竞争，竞争对手之间就只能为既定市场份额进行争夺，故竞争表现为“你死我活”或“大鱼吃小鱼”的“零和博弈”竞争。

而现代竞争更多集中在欲望竞争层面。所谓欲望竞争，就是指营销企业通过促销使消费者在选择满足其需要和欲望的方式上，能选择本行业的产品或服务，这样来扩大市场对本企业所在行业产品的需求。通过将“蛋糕”做大，争取更多的消费者来消费这种产品，取得更大的营销成果。四种竞争类型如图 3-6 所示。

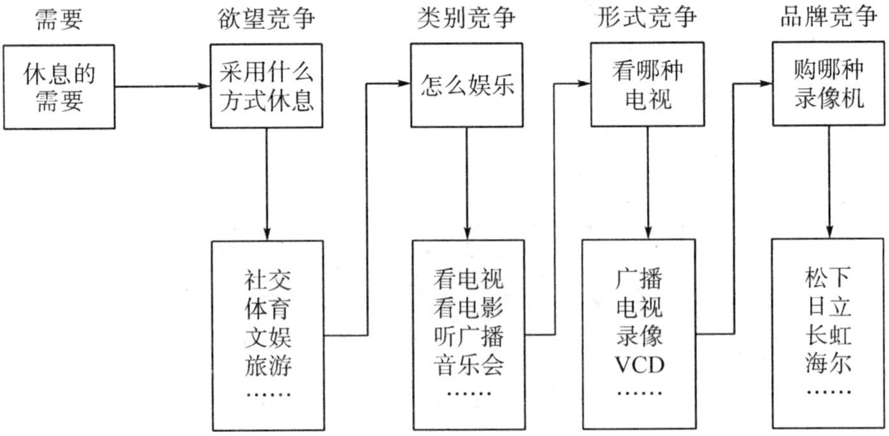

图 3-6　四种竞争类型

（一）欲望竞争者

欲望竞争者是指提供不同产品以满足消费者不同需求、与企业构成竞争关系的众多企业。消费者在同一时刻的欲望是多方面的，但很难同时满足。在某一时刻可能只能满足其中的一个欲望。例如，消费者有休息的需要，这种休息的需要指向了具体能够满足的物（方式）时，就是欲望。休息可用多种方式满足——可以和朋友相聚（社交活动），可以玩一场球（体育活动），可以出去远足（旅游）等。就是说，在同样一种需要下，可以有多种欲望产生。如果企业提供的产品，不属于该人所选定的用来满足需要的方式，就根本不可能被该人购买。但一经选定某种方式，就会放弃其他满足方式。所以在这里，企业首先碰到的是欲望竞争。

（二）类别竞争者

类别竞争者也称平行竞争者，是指提供不同产品以满足人们同一种需求的、与企业构成竞争关系的众多企业。例如现在我们假设此人选定了“文娱活动”，接下来，他就要考虑“我怎么娱乐”，这就是类别竞争。假定他选择了看电视，就放弃了其他的娱乐形式。同样，企业的产品如果不属于该类别，也不会被此人购买。从广泛意义上说，满足人们同一种需求的所有企业间都存在着竞争关系。

（三）形式竞争者

形式竞争者也叫产品竞争者，是指提供满足消费者同一需要的不同形式的同类产品的、与企业构成竞争关系的众多企业。例如，再接下去，此人就要考虑“我看何种电视”，这就是形式竞争，即以哪种产品形式来满足需要。再假定他选择了电视机，则其他产品就被放弃了。

（四）品牌竞争者

品牌竞争者是指提供满足消费者同一需要的同种形式的不同品牌产品的、与企业构成竞争关系的众多企业。品牌竞争者之间的产品相互替代性较高，因而竞争非常激烈，各企业均以培养顾客品牌忠诚度作为争夺顾客的重要手段。例如，再接下去，此人将决定选择哪家企业的产品，这就进入了品牌竞争。

五、社会公众

社会公众是指对实现组织目标具有实际或潜在利益关系或影响的群体。企业面临的社会公众主要有以下六类：

（一）金融公众

金融公众影响一个公司获得资金的能力，主要包括银行、投资公司、证券公司、股东等。

（二）媒介公众

媒介公众掌握传媒工具，能直接影响社会舆论对企业的认识和评价，主要包括报纸、杂志、电台、广播、网络等传播媒介。

（三）政府公众

政府公众是指与企业营销活动有关的各级政府机构部门，企业在开展营销活动时必须认真研究政府的政策方针与措施的发展变化情况，从中寻找对企业营销的限制或机遇。

（四）社团公众

社团公众指与企业营销活动有关的非政府机构，如消费者组织、环境保护组织以及其他群众团体。企业营销活动涉及社会各方面的利益，来自社团公众的意见、建议对企业营销有着十分重要的影响。

（五）社区公众

社区公众指企业所在地附近的居民和社区团体。社区是企业的邻居，企业保持与社区的良好关系，为社区的发展做一定的贡献，会受到社区居民的好评，他们能为企业建立良好的口碑。

（六）内部公众

内部公众包括企业内部的管理人员及一般员工，企业的营销活动离不开内部公众的支持。当雇员对自己公司感觉良好的时候，他们的积极态度也会影响到外部公众。

第三节　宏观营销环境

市场营销宏观环境也称间接环境，是某一国家、某一地区所有企业都面临的环境因素。在一般情况下，间接环境以直接营销环境为媒介影响与制约企业的营销活动，在某些场合也可以直接影响企业的营销活动。不同行业和企业根据自身特点和经营需要，分析的具体内容会有差异，但一般都从政治（political）、经济（economic）、社会（social）、技术（technological）这四大类影响企业的主要外部环境因素进行分析。简单而言，称之为 PEST 分析法，如图 3-7 所示。

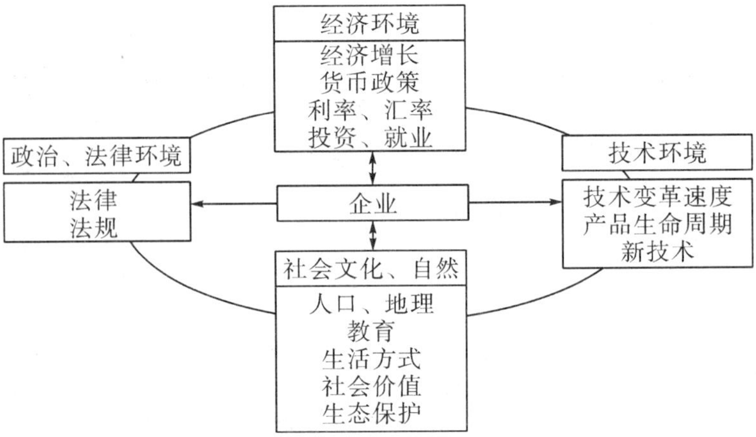

图 3-7　PEST 宏观环境分析模型

一、政治环境和法律环境

政治环境和法律环境主要指由国家的政治变动引起的经济态势的变化及政府通过法律手段和各种经济政策来干预社会的经济生活。政治环境引导着企业营销活动的方向，法律环境则为企业规定经营活动的行为准则。

（一）政治环境

一个国家和地区的经济发展水平及发展前景与政治形势息息相关，安定团结的政治局面是经济发展的重要环境条件。一个国家或地区政局是否稳定，会给企业的营销活动带来重大影响。如果政局稳定，人民安居乐业，就会给企业营销创造良好的环境；相反，政局不稳、社会矛盾尖锐、秩序混乱，就会影响经济发展和市场的稳定。

政治环境对企业营销活动的影响主要表现为国家政府所制定的方针政策，如人口政策、能源政策、物价政策、财政政策、货币政策等，都会对企业营销活动带来影响。例如，国家通过降低利率刺激消费的增长；通过征收个人所得税缩小消费者收入的差异，从而影响人们的购买；通过增加产品税，对香烟、酒等商品的增税来抑制人们的消费需求。

常见的政治风险有外汇管制、贸易壁垒、价格控制等。

（二）法律环境

为了保证本国经济的良好运行，各国都颁布了相应的经济法律和法规来制约、调整企业的活动。我国目前的主要经济法律、法规有《中华人民共和国经济合同法》《中华人民共和国商标法》《中华人民共和国专利法》《中华人民共和国产品质量法》《中华人民共和国反不正当竞争法》《中华人民共和国消费者权益保护法》《中华人民共和国广告法》《中华人民共和国票据法》《中华人民共和国公司法》《中华人民共和国破产法》等。政府制定这些法律的目的是规范企业行为，保护企业合法权益，保护社会和消费者的利益。

对从事国际营销活动的企业来说，不仅要遵守本国的法律制度，还要了解和遵守国外的法律制度和有关的国际法规、惯例和准则。例如，前一段时间欧洲国家规定禁止销售不带安全保护装置的打火机，无疑限制了中国低价打火机的出口市场。日本政府也曾规定，任何外国公司进入日本市场，必须要找一个日本公司合作，以此来限制外国资本的进入。只有了解掌握了这些国家的有关贸易政策，才能制定有效的营销对策，在国际营销中争取主动。

❖营销案例

沃尔玛睡衣风波

扫一扫

二、经济环境

经济环境是指那些能够影响消费者购买力和消费方式的因素。市场规模的大小取决于人口和购买力这两个基本因素。而购买力的强弱受收入、储蓄、信贷水平等经济因素的制约。

（一）消费者收入

经济发展的水平和速度决定了国民收入水平，而消费者个人收入水平决定了购买力、需求结构与层次。与实际购买力相关的因素有国民生产总值、人均国民收入、个人收入、个人可支配收入、个人可任意支配收入等系列指标。

（二）消费者支出

随着消费者收入的变化，消费者支出模式会发生相应变化，从而影响到消费结构。消费结构是指以家庭为单位消费不同种类的产品与服务的比例关系。德国统计学家恩格尔根据长期观察和大量统计资料得出结论：一个家庭收入越少，家庭收入中（或总支出中）用来购买食物的支出所占的比例就越大。随着家庭收入的增加，家庭收入中（或总支出中）用来购买食物的支出比例则会下降。推而广之，一个国家越穷，每个国民的平均收入中（或平均支出中）用于购买食物的支出所占比例就越大。国家越富裕，这个比例越低。恩格尔系数是衡量一个国家、地区、城市、家庭生活水平高低的重要参数。根据联合国粮农组织提出的标准，恩格尔系数在59%以上为贫困，50%~59%为温饱，40%~50%为小康，30%~40%为富裕，低于30%为最富裕。

恩格尔系数=食物支出变动百分比／收入变动百分比

（三）储蓄和信贷

消费者的购买力还要受到消费者的储蓄状况和信贷条件的影响，以函数公式表示如下：

购买力=收入-储蓄+消费信贷

❖**营销案例**

警惕校园贷（视频）

重启大学生信用卡能否解决校园贷问题

扫一扫

（四）经济发展水平

认识一国经济处于何种发展阶段，是企业确定目标市场的前提。由美国经济史学家罗斯托提出的“经济成长阶段论”，对人们分析、判断世界各国经济发展所处的阶段具有很大的指导意义。经济发展阶段不同，居民的收入不同，顾客对产品的需求也不一样，从而会在一定程度上影响企业的营销。

按照罗斯托设想的经济成长阶段，他将人类社会发展划分为六个阶段：传统社会阶段，准备起飞阶段，起飞阶段，通向成熟推进阶段，大量消费阶段，追求生活质量阶段。罗斯托认为，六个阶段中，起飞阶段最重要，是社会发展过程中的重大突破。罗斯托的经济发展阶段论，虽然是对发达资本主义国家发展历史的抽象和概括，但该理论及由此衍生的推论，对发展中国家有很强的启发和借鉴作用。

（五）经济结构

经济结构是指一个同家或地区的第一产业、第二产业和第三产业之间，劳动密集型产业、资本密集型产业、技术密集型产业和知识密集型产业之间，以及各产业所属部门之间的比例关系。经济结构直接决定需求结构。通过对某个区域经济结构现状及其变化趋势的分析，企业可以发现某些市场机会，所以经济结构也是选择目标市场的首要依据之一。

三、社会文化和自然环境

（一）社会文化环境

1. 人口环境

人口是企业开展市场营销活动时最需要重视的因素之一。它直接形成市场，并决定市场规模及市场潜力的大小。从市场营销的角度来说，人口因素包括总人口数量、人口密度、年龄结构、人口自然增长率等指标。

（1）人口数量与家庭规模

世界人口正以爆炸性的速度增长。人口爆炸性增长就购买力来说，也意味着市场机会的增加。人口数量是决定市场规模和潜在容量的基本因素。如果收入水平不变，人口越多，对食物、日用品、住房、交通、基础教育等的需求量也越多，市场也就越大。人口增长给企业带来市场机遇的同时，也让许多国家面临着人口膨胀、资源危机的压力。人均资源的短缺将制约经济的发展。因此，如何研制新能源和新材料以代替传统能源和材料是对企业的巨大挑战。

（2）年龄结构和性别结构

人口年龄结构是指一定时点、一定地区各年龄组人口在全体人口中的比重。年龄阶段决定着不同的需求取向。

现今许多国家人口死亡率普遍下降，平均寿命延长，人口老龄化趋势突出。发达国家 65 岁以上的老人占总人口的比重已达 13%以上，预计到 2025 年将达到 23.6%。我国人口已经转变为老年型人口，这将意味着在今后 20 年内，世界及我国“银发市场”，诸如保健用品、营养品、老年医疗卫生将会发达起来。企业管理者应当及时调整或制定营销策略，以适应“银发市场”发展的需要。

性别差异会给人们的消费需求带来显著的差别，反映到市场上就会出现男性用品市场和女性用品市场。企业可以针对不同性别的不同需求，生产适销对路的产品，制定有效的营销策略，开发更大的市场。据人民网消息：据预测，到 2020 年中国的光棍将达 3 000 万~3 500 万人，3 500 万人是一个什么样的概念？3 500 万人就相当于波兰或加拿大的人口，是朝鲜或伊拉克人口的 1.5 倍，是古巴或希腊的 3 倍。这是一个庞大的群体，对他们个人、他们的家庭以及整个社会无疑会有重要的影响，最大的影响就是婚姻问题。这对于婚恋公司就是很好的市场机遇。

❖营销案例

烧水壶可以自动发短信

扫一扫

（3）人口地理分布及流动

人口有地理分布上的区别，人口在不同地区密集程度是不同的。各地人口的密度不同，则市场大小不同、消费需求特性不同。伴随着城镇化进程，农村人口向城市或工矿地区流动，内地人口向沿海经济开放地区流动。企业营销应关注这些地区的消费需求不仅在量上增加，在消费结构上也会发生的变化，从而提供更多的适销对路产品以满足这些流动人口的需求，这是潜力很大的市场。

（4）家庭组成

家庭是社会的细胞，也是商品购买和消费的基本单位。家庭组成是一个以家长为代表的家庭生活的全过程，也称家庭生命周期。一个国家或地区家庭结构的状况，直接影响许多消费品的市场需求量。如随着我国社会经济的发展，几代同堂的大家庭越来越少，而“三日之家”越来越普遍，城市中“丁克一族”也日趋流行。家庭数目增多对住房、家电、家具等生活用品的需求就会增大。

2. 态度与价值观

价值观是人们对事物的评价标准。同样的事物在不同社会或不同人群中有不同的评价标准，从而导致了消费行为的差异。有的民族崇尚俭朴，有的则习惯于高消费，这直接影响到消费潮流的更替速度、高档名牌商品的销售规模等众多方面。韩国人“身土不二”的价值观的结果是本国商品畅销，而外国商品想进入韩国市场非常困难。在西方发达国家，流行着这样一种观念：勤奋工作，过舒适生活。因此，他们比较注重追求个人享受和悠闲的生活，从而形成了对文化娱乐性产品和劳务的大量需求，也刺激了文体用品、海滨浴场、游乐中心及旅游事业的发展。

❖营销情境

喝咖啡

有三个人（英国人、美国人、中国人）去咖啡厅喝咖啡，咖啡端上了，可是，咖啡里有一只蚊子。

问题：猜猜看，这三个人会有什么表现呢？

3. 风俗习惯

风俗习惯，指个人或集体的传统风尚、礼节、习性，是特定社会文化区域内历代人们共同遵守的行为模式或规范。它主要包括民族风俗、节日习俗、传统礼仪等。由于地域和历史的不同，各国文化背景有着很大的差异，不同的文化具有不同的风俗习惯，给市场营销也带来了不同的影响。

❖营销视野

日常生活的禁忌

扫一扫

4. 审美观

审美观通常指人们对事物的好坏、美丑、好恶的评价。国度、区域的不同甚至民族的不同都会产生不同的审美观念。与普通、平凡的设计相比，新颖、奇特的艺术性设计更能吸引消费者的特别关注。企业要制定一个良好的市场营销策略，就必须把握不同文化背景下的消费者审美观念及其变化趋势。对国际营销人员而言，忽略美学观念不仅会使广告和包装起不到应有的作用，甚至会引起顾客的反感。例如在中国，绿色代表生机勃勃、健康和活力，凡是代表绿色环境的商品和食品在中国都会大受消费者欢迎。而在泰国、马来西亚，绿色则代表着疾病和危险，是人们忌讳的一种色彩。

（二）自然环境

自然环境是人类生存的基础。如果没有自然环境为人类提供丰富的物质资源，我们的生存就成了问题，我们的生活就不会这么丰富多彩。然而，随着工业化的进步，人类环境的破坏已经越发严重，人们越来越重视自然环境恶化这个问题。有很多环保组织成立，各国政府也就环境保护问题提上日程，提倡国家的可持续发展，积极鼓励开发环保节能用品。

四、技术环境

科学技术是第一生产力。市场营销的技术环境，是指企业从事市场营销活动过程中所面临的、对市场营销产生影响和制约作用的各种技术因素的集合。20 世纪以来，科学技术发展的进程日益加快，它以无可阻挡的攻势闯入生产、流通和消费领域，左右着企业的市场营销活动，改变着人们的生活方式及价值观念。科技的发展对于企业来说既是机遇也是挑战，企业唯有适应技术环境的变化，紧紧跟随科学技术发展潮流才能在激烈的市场竞争中立于不败之地。

❖营销案例

人工智能：给市场营销一个新时代

扫一扫

第四节　环境分析与营销对策

企业所处的市场营销环境影响企业的生存与发展，任何企业都面临若干环境威胁和市场机会。对企业营销环境的分析和评价，始终是营销者制定营销战略的依据。现代市场营销学认为，企业在调整营销战略及制订计划时，要根据其掌握的市场信息，利用科学的方法进行市场营销环境的机会威胁分析，以便采取相应的态度和行为。

一、市场机会和环境威胁

市场营销环境通过对企业构成威胁或向其提供机会而影响营销活动。

环境威胁是指环境中不利于企业营销的因素及其发展趋势对企业形成的挑战或对企业的市场地位构成的威胁。这种挑战可能来自国际经济形势变化，也可能来自社会文化环境的变化，如国内外对环境保护要求的提高，某些国家实施的绿色堡垒。对于某些产品不完全符合新环保要求的生产，这无疑是一种严峻的挑战。

市场机会是指由环境变化造成的对企业营销活动富有吸引力和利益空间的领域。在这些领域中，企业拥有竞争优势。市场机会对不同企业有不同的影响。企业在每一特定市场机会中成功的概率，取决于其业务实力是否与该行业所需要的成功条件相符。如企业是否具备实现营销目标所必需的资源，企业是否能在同一市场机会中比竞争者获得更大的差别利益。

二、机会与威胁的分析

（一）机会分析

评估市场机会从两个方面进行：一是机会潜在吸引力，即潜在的获利能力；二是成功的可能性，即企业优势。如图 3-8 所示：

		成功的可能性：大	成功的可能性：小
机会潜在的吸引力	大	Ⅰ	Ⅱ
	小	Ⅲ	Ⅳ

图 3-8　机会分析矩阵图

运用上述方法，对营销环境诸因素及其变化给该企业带来的营销机会进行分析与评价，可以准确地找到企业面临的最有获利潜力和最有可能出现的市场营销机会，以便企业找到主攻方向。对于市场机会，企业可以采取的对策有两种：

第一，利用策略。也就是企业充分调动和运用自身资源和能力，利用市场机会开展营销活动，扩大销售，提高市场占有率。

第二，放弃策略。当市场机会的潜在利益和出现的可能性都很小时，企业可以放弃市场，以免造成企业资源的浪费。

❖**营销案例**

美国罐头大王的发迹

扫一扫

（二）威胁分析

评估环境威胁从两个方面进行：一是威胁严重性，二是威胁出现的概率。具体如图 3-9 所示。

		出现的概率	
		高	低
威胁严重性	高	Ⅰ	Ⅱ
	低	Ⅲ	Ⅳ

图 3-9　威胁分析矩阵图

运用上述方法，对营销环境诸要素及其变化给该企业带来的威胁进行分析、评价，可准确地发现企业面临的环境威胁，找到主要威胁之所在，便于企业有重点地采取适宜对策。对于环境威胁，企业可以采取的对策有三种：

第一，转移策略。即对于长远的、无法对抗和减轻的威胁，采取转移到其他的可以占领并且效益较高的经营领域或干脆停止经营的方式。

第二，减轻策略。即调整市场策略来适应或改善环境，以减轻环境威胁的影响程度。比如说针对国外的技术壁垒，中国企业改进产品技术，进入国际市场。

第三，反抗（对抗）策略。即企业利用各种不同手段，限制不利环境对企业的威胁作用或者促使不利环境向有利方面转化。比如通过运用权力与公共关系来对抗贸易壁垒。

（三）威胁—机会环境分析

将机会和威胁综合起来进行考虑。因为在企业实际面临的客观环境中，单纯的环境威胁和市场机会是很少的，一般情况下都是并存的。这里以横轴表示威胁水平的高低，以纵轴表示机会水平的高低，可以将环境分成四个区域。如图 3-10 所示。

		威胁水平	
		低	高
机会水平	高	区域Ⅰ 理想环境	区域Ⅱ 风险环境
	低	区域Ⅲ 成熟环境	区域Ⅳ 困难环境

图 3-10　威胁—机会综合分析矩阵图

通过威胁—机会综合分析矩阵图，对影响企业营销的相关环境及其权重做出准确的评估与分析，并在环境分析与评价的基础上，对威胁与机会水平不等的各种营销业务，分别采取不同的对策。

对理想环境，应看到机会难得，甚至转瞬即逝，必须抓住机遇，迅速行动；否则，丧失战机，将后悔万分。

对风险环境，面对高利润与高风险，既不宜盲目冒进，也不应迟疑不决，错失良机，应全面分析自身的优势与劣势，扬长避短，创造条件，争取突破性的发展。

对成熟环境，机会与威胁处于最低水平，可开展企业的常规业务，以维持企业的正常运转，并为开展理想业务和冒险业务提供必要的条件。

对困难环境，要么努力改变环境，走出困境或减轻威胁，要么立即转移，摆脱无法扭转的困境。

❖营销情境

某烟草公司机会威胁分析

假设某烟草公司通过市场调研了解到影响其发展的一些动向。

（1）某些国家政府颁布了法令，要求所有香烟广告和包装上都要印上“吸烟危害健康”的严重警告；

（2）有些国家的政府颁布了禁烟令，禁止在公共场所吸烟；

（3）许多发达国家吸烟人数大幅度下降；

（4）这家烟草公司的研究实验室发明了用莴苣叶制造无害香烟的方法；

（5）发展中国家吸烟人数迅速增加。

请对该烟草公司的机会威胁进行分析。

三、SWOT 分析模型

（一）SWOT 分析的含义

SWOT 分析法又称为态势分析法，是由旧金山大学管理学教授于 20 世纪 80 年代初提出来的。SWOT 四个英文字母分别代表：优势（strength）、劣势（weakness）、机会（opportunity）、威胁（threat）。

所谓 SWOT 分析，就是将与研究对象密切相关的各种主要内部优势、劣势和外部的机会和威胁等，通过调查列举出来，并依照矩阵形式排列，然后用系统分析的思想，把各种因素相互匹配起来加以分析，从中得出相应的结论。SWOT 分析法常常被用于制定集团发展战略和分析竞争对手情况。在战略分析中，它是最常用的方法之一。S、W 是内部因素，O、T 是外部因素。按照企业竞争战略的完整概念，战略应是一个企业“能够做的”（即企业的优势与劣势）和“可能做的”（即环境的机会和威胁）之间的有机组合。

（二）构造 SWOT 矩阵

将调查得出的各种因素按轻重缓急或影响程度等排序，构造 SWOT 矩阵，如表3-1所示。

表 3-1　SWOT 分析模型

内部分析 外部分析	优势 S 1. 2. 列出优势 3.	劣势 W 1. 2. 列出劣势 3.
机会 O 1. 2. 列出机会 3.	SO 战略 1. 发挥优势 2. 利用机会 3.	WO 战略 1. 克服劣势 2. 利用机会 3.
威胁 T 1. 2. 列出威胁 3.	ST 战略 1. 利用优势 2. 回避威胁 3.	WT 战略 1. 减少劣势 2. 回避威胁 3.

在此过程中，将那些对公司发展有直接的、重要的、大量的、迫切的、久远的影响因素优先排列出来，而将那些间接的、次要的、少许的、不急的、短暂的影响因素排列在后面。

在完成环境因素分析和 SWOT 矩阵的构造后，便可以制订出相应的行动计划。制订计划的基本思路是：发挥优势因素，克服弱势因素，利用机会因素，化解威胁因素；考虑过去，立足当前，着眼未来。运用系统分析的综合分析方法，将排列与考虑的各种环境因素相互匹配起来加以组合，得出一系列公司未来发展的可选择对策。

（三）SWOT 模型的局限性

与很多其他的战略模型一样，SWOT 模型已由麦肯锡提出很久了，带有时代的局限性。以前的企业可能比较关注成本、质量，现在的企业可能更强调组织流程。例如以前的电动打字机被打印机取代，该怎么转型？是应该做打印机还是其他与机电有关的产品？从 SWOT 分析来看，电动打字机厂商的优势在于机电，但是发展打印机又显得比较有机会。结果有的朝打印机发展，死得很惨；有的朝剃须刀生产发展很成功。这就要看，你要的是以机会为主的成长策略，还是要以能力为主的成长策略。SWOT 没有考虑到企业改变现状的主动性，企业是可以通过寻找新的资源来创造企业所需要的优势，从而达到过去无法达成的战略目标。

在运用 SWOT 分析法的过程中，你或许会碰到一些问题，这就是它的适应性。因为有太多的场合可以运用 SWOT 分析法，所以它必须具有适应性。然而这也会导致反常现象的产生。SWOT 分析法所产生的问题可以由更高级的 POWER SWOT 分析法得到解决。

SWOT 分析法（视频）

❖本章小结

（1）营销环境是指影响和制约企业营销活动的各种内部条件和外部因素的总和。按企业界限来划分，企业营销环境可以分为外部环境和内部环境。外部环境包括宏观环境和微观环境。

（2）宏观营销环境是指对企业营销活动造成市场机会和环境威胁的主要力量，包括政治法律环境、经济环境、社会文化环境、科技环境及自然环境。分析宏观营销环境的目的在于更好地认识环境，通过企业营销努力来适应环境及其变化，实现企业的营销目标。

（3）微观营销环境是指直接制约和影响企业营销活动的外在因素，这些因素主要有供应商、营销中介、顾客、社会公众以及竞争者。分析企业微观营销环境的目的在于更好地协调企业与这些相关群体的关系，促进企业营销目标的实现。

（4）企业内部环境是指企业内部的物质、文化环境的总和，包括企业资源、企业能力、企业文化等因素，也称企业内部条件。内部环境是企业经营的基础，是企业制定战略的出发点、依据和条件，是企业竞争取胜的根本。

（5）一个企业要进入某一行业或领域，不仅会面临很多发展机会，而且也会遇到一些阻力或威胁。因此，企业在进入某一行业或领域之前，一定要对其所面临的市场机会和环境威胁做出总体分析。

❖**趣味阅读**

草船借箭

扫一扫

❖课后练习

一、单选题

1. 联合国根据恩格尔系数制定了一个划分贫富的标准：其中系数为（　　），属于小康水平。

A. 50%～59%　　B. 40%～50%

C. 30%～40%　　D. 30%以下

2. 个人收入中扣除税款和非商业性开支后所得余额，称为（　　）。

A. 个人收入　　B. 个人可支配收入

C. 个人可任意支配收入　　D. 个人税后收入

3. 当收入一定时，储蓄越多，现实消费量（　　）。

A. 就越小　　B. 就越大

C. 既不大也不小 D. 可能大也可能小

4. 代理中间商属于市场营销环境的（ ）因素。

A. 内部环境 B. 竞争

C. 市场营销渠道企业 D. 公众环境

5. 理想业务的特点是（ ）。

A. 高机会高威胁 B. 高机会低威胁

C. 低机会低威胁 D. 低机会高威胁

6. 市场营销环境中（ ）被称为是一种创造性的毁灭力量。

A. 新技术 B. 自然资源

C. 社会文化 D. 政治法律

二、多选题

1. 影响企业营销活动的微观环境因素主要有（ ）。

A. 供应商 B. 营销中介单位

C. 顾客 D. 竞争者

E. 社会公众

2. 影响企业营销活动的宏观环境因素主要有（ ）。

A. 人口环境 B. 经济环境

C. 政治和法律环境 D. 社会文化环境

E. 自然和科技环境

3. 企业在市场上所面对的竞争者大体上可分为（ ）。

A. 欲望竞争者 B. 随机性竞争者

C. 类别竞争者 D. 形式竞争者

E. 品牌竞争者

4. 对环境威胁的分析一般着眼于（ ）。

A. 威胁是否存在 B. 威胁的潜在严重性

C. 威胁的征兆 D. 预测威胁到来的时间

E. 威胁出现的可能性

三、问答题

1. 根据面临的市场机会与环境威胁的不同，企业业务可划分为哪几种类型？分别应采取怎样的营销对策？

2. 简述世界人口环境发展的主要趋势。

3. 市场营销环境有哪些特点？

四、案例分析题

继 1997 年年底八百伴及 1998 年年中大丸百货公司在香港相继停业后，2000 年 9 月 18 日，世界第二大超市集团家乐福位于香港的 4 所大型超市全部停业，撤离香港。

法资家乐福集团，在全球共有5 200多家分店，遍布26个国家和地区，全球的年销售额达363亿美元，盈利达7.6亿美元，员工逾24万人。家乐福在我国的台湾、深圳、北京、上海的大型连锁超市，生意均蒸蒸日上，为何独独兵败香港？家乐福声明其停业原因，是香港市场竞争激烈，又难以在香港觅得合适的地方开办大型超级市场，短期内难以在市场争取到足够占有率。家乐福倒闭的责任可以从两个方面来分析。

从它自身来看：第一，家乐福的“一站式购物”不适合香港地窄人稠的购物环境。家乐福的购物场所地方宽大，这与香港寸土寸金的社会环境背道而驰，显然资源运用不当。这一点反映了家乐福在适应香港社会环境方面的不足。第二，家乐福在香港没有物业，而本身需要数万至10万平方米的面积经营，背负庞大租金的包袱，同时受租约限制，做成声势时租约已满，竞争对手觊觎它的铺位，会以更高的租金夺取。第三，家乐福在台湾有20家分店，能够形成配送规模，但在香港只有4家分店，直接导致配送的成本相对高昂。

从外部来看：第一，家乐福是在1996年进军香港的，正好遇上香港历史上租金最贵时期，经营成本高昂，这对于以低价取胜的家乐福来说，是一个沉重的压力。并且在这期间香港又不幸遭遇亚洲金融危机，香港经济也大受打击，家乐福受这几年通货紧缩影响，一直无盈利。第二，香港本地超市集团百佳、惠康、华润、苹果速销等掀起的减价战，给家乐福的经营以重创。作为国际知名大超市集团，家乐福没有参加这场长达两年的减价大战，但几家本地超市集团的竞相削价，终于使家乐福难以承受，失败而归。

问题：

1. 你认为家乐福败走香港的真正原因何在？

2. 家乐福败走香港对中国大陆零售业发展有何启示？

❖营销技能实训

实训项目：SWOT环境分析实训

【实训目标】

1. 培养学生运用环境分析的基本方法。

2. 分析、评价企业的市场营销环境及其应对策略的能力。

【实训内容与要求】

1. 撰写一份环境分析报告

假定你毕业后想在学校附近开一家奶茶店，请你分析开奶茶店所面临的宏观环境和微观环境，撰写一份完整的环境分析报告。

2. 用SWOT分析法制订你的行动计划

假如你毕业后准备创业（自选业务范围），请你运用SWOT综合分析你的创业项目的可行性，并制订你的行动计划。

第四章　消费者市场与组织市场分析

如果你不给市场提供某些特别的东西，你就不属于市场。

——菲利普·科特勒

必须先去了解市场和客户的需求，然后再去找相关的技术解决方案，这样成功的可能性才会更大。

——马云

❖学习目标

知识目标

（1）了解消费者市场和组织市场的概念及特点。

（2）掌握消费者购买行为的模式及消费者购买决策过程。

（3）掌握消费者购买行为的主要影响因素。

（4）掌握组织市场购买决策的参与者类型和购买行为类型。

技能目标

（1）具备分析消费者和组织市场购买决策过程的能力。

（2）具备通过营销案例和营销情景分析消费者市场和组织市场的能力。

❖走进营销

宜家的顾客理念

宜家公司是瑞典一家著名的家庭装饰用品零售企业。它从最初的小型邮购家具公司一跃成为在世界各地拥有100多家连锁商店的大企业，年均增长率为15%。宜家的成功秘诀在哪里，最根本的是它独有的营销理念——“与顾客一起创造价值”。在这种理念的指导下，宜家公司把自己与顾客、供应商之间的买卖关系，发展成共同创造价值的关系，你中有我，我中有你，共同组成一条价值链。

为顾客搭建创造价值的舞台

宜家在公司的一个小册子中写道：“财富就是你实现自己想法的那种能力。”从这一点出发，宜家认为，不论是生产者还是消费者，都有创造价值的能力。问题的关键在于，作为销售商如何为每一个消费者施展能力、创造价值提供一个舞台。宜家不把向顾客提供产品和服务视为一种简单的交易，而是视为一种崭新的劳动分工。即：将一些原来由加工者和零售商所做的工作交给顾客去做，公司方面则专心致志地向顾客提供价格低廉而质量优良的产品。

宜家希望顾客能够明白，自己来这里不仅可以消费，而且可以再创造。在一些家具商津津乐道于现场定做、送货上门的时候，宜家却别出心裁地向顾客提供了无数个自己创新的条件和机会。宜家的高明之处也就是在于此。

供应商也是宜家的顾客

宜家不但支持顾客创造价值，而且支持自己的50多个国家的1 800个供应商创造价值。为了最终向顾客提供优质的商品和服务，宜家必须拥有能够提供质优价廉产品的供应商。因此，宜家在寻找和评估供应商时格外认真。供应商一旦成为宜家系统的一部分，就等于进入了全球市场，而且能够获得宜家提供的多方面的支持和帮助。如设在维也纳的宜家商业服务部，建有一个电脑数据库，目的就是向原材料供应商提供生意上的信息。

全球市场的形成，“以顾客为中心”消费时代的到来，“与顾客一起创造价值”的经营理念，使宜家就像一个身怀绝技的导演，激发出顾客和供应商无穷的活力，共同演绎着一场变幻莫测、引人入胜的话剧——“创造价值”。

顺应环境的变化

家具是为人服务的，而宜家营销的宗旨是“与顾客一起创造价值”，因此，宜家公司主要将目标市场定位于世界各大知名城市，因为这里消费人群密集，消费水平高，在同等条件下比其他地区更能创造价值。因为宜家家具的目标顾客主要为一些高消费人群，所以一个国家和地区的经济环境也对其营销战略有重大影响。

讨论：

1. 宜家采取的经营理念是什么？
2. 宜家选取了哪些目标市场？为什么要这样选择？目标人群的特点是什么？
3. 消费者购买行为方式对宜家市场定位有哪些影响？

宜家的案例表明，许多不同的因素影响着消费者的购买行为。消费者购买行为是指最终消费者为个人消费而购买产品和服务的个人或家庭的购买行为。所有这些最终的消费者组成消费者市场。据国家统计局网站数据，2018年全年社会消费品零售总额达到380 987亿元，同比增长9.0%，这表明中国已成为世界上最有吸引力的消费者市场之一。消费者在年龄、收入、教育水平和品位上有很大不同，所购买产品和服务也千差万别，这些多样化的消费者与他人及周围环境相互联系，影响着他们在各种产品、服务和公司之间的选择。

第一节　消费者市场分析

一、消费者市场与消费者行为

（一）消费者市场的概念及特点

市场营销学根据市场上购买者的不同，把整个市场划分为消费者市场和组织市场。

消费者市场又叫最后消费者市场，是个人或家庭为了生活消费而购买商品或服务的市场。

研究消费者市场，首先需要了解消费者市场的主要特点：

1. 消费者多而广

个人和家庭是消费品市场的基本购买单位，营销范围广阔。对大多数日用小商品而言，购买者几乎涉及所有的人。他们具有不同的年龄、性别和生活习惯，且居住的地理位置分布很广。

2. 需求差异性

消费者由于性别、年龄、职业、经济、受教育情况、价值观等不同，对商品种类的需求也不尽相同。即使是同一产品，对花色、品种、规格、质地、款式的需求也存在差别。

3. 购买周期性

从消费者对商品的需要来看，有些商品消费者需要常年购买、均衡消费，如食品、副食品、牛奶、蔬菜等生活必需商品；有些商品消费者需要季节购买或节日购买，如一些时令服装、节日消费品；有些商品消费者需要等商品的使用价值基本消费完毕才重新购买，如电话机与家用电器。由此可见，消费者的购买行为有一定的周期性可循。

4. 非专业购买

大多数消费者购买商品都缺乏专门知识，尤其在电子产品、机械型产品、新型产品层出不穷的现代市场，一般消费者很难判断各种产品的质量优劣或质价是否相当，他们很容易受广告宣传或其他促销方法的影响。因此，现代工商企业必须十分注意广告及其他促销工作，努力创造品牌，建立良好的商誉，这都有助于产品销路的扩大，有助于市场竞争地位的巩固。但要坚决反对利用消费者市场非专业购买这一特点做出欺骗顾客、坑害消费者的行为。

5. 发展性

伴随着人类社会的生产力和科学技术的不断进步，新商品不断出现。同时，也必然带来消费者收入水平和消费水平的提高，进而消费需求也就呈现出需求量由少到多、需求质量由低到高、需求形式越来越个性化等发展趋势。

❖**营销案例**

红领集团的定制化之路

扫一扫

（二）消费者购买行为模式

消费者购买行为指的是消费者在整个购买过程中所进行的，在寻求、购买、使用、评价和处理预期能满足其需要的商品或服务时，所表现出来的一系列有意识的活动。

这一购买过程从引起需要开始，经过形成购买动机、评价选择、决定购买到购买后的评价行为。研究消费者行为就是要研究消费者是如何用有限的可支配的资源（时间、精力、金钱等）来更高效率地、尽可能多地满足自身需要的行为过程。可以说消费者购买行为涉及的内容太多，造成研究者千头万绪，不知从哪里入手对其进行分析。市场营销学家菲利普·科特勒对消费者购买行为过程进行系统研究后，归纳出以下7个主要问题（“6W1H”研究法或“7O”研究法）：

（1）谁构成市场？ （who）——购买者（occupants）

（2）他们买什么？ （what）——购买对象（objects）

（3）他们为何买？ （why）——购买目的（objectives）

（4）谁参与购买？ （who）——购买组织（organizations）

（5）他们怎样买？ （how）——购买方式（operations）

（6）他们何时买？ （when）——购买时间（occasions）

（7）他们何地买？ （where）——购买地点（outlets）

消费者购买行为通常受一系列复杂因素的影响，理论界形象地把这些因素产生影响的环节或过程称为“消费者购买心理黑箱”。研究和了解“消费者购买心理黑箱”中将发生的事情，以便企业采取正确和行之有效的策略。消费者购买行为研究模式中比较有代表性的是刺激—反应模式，市场营销因素和外部环境因素的刺激将会进入购买者的意识，购买者根据自己的特征处理信息，再经过一定的决策过程做出购买决定。具体见图4-1。

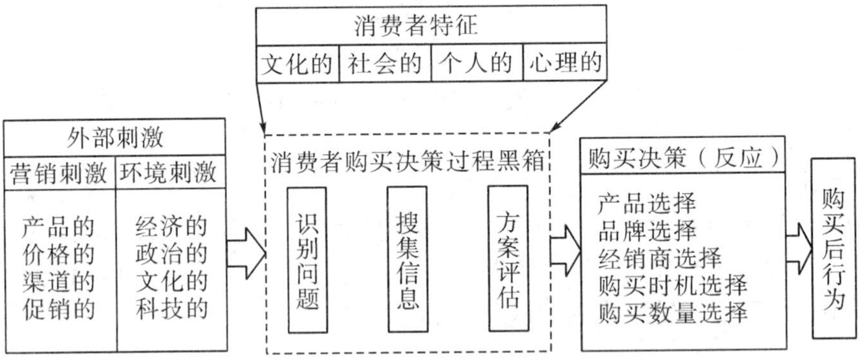

图4-1 消费者购买行为分析模型

❖**营销案例**

机票预订研究

扫一扫

（三）消费者购买行为类型

消费者市场的购买行为按购买者的参与程度和产品品牌差异程度可以分为四类：复杂性购买行为、减少失调感的购买行为、寻求多样化的购买行为和习惯性的购买行为，如表 4-1 所示。

表 4-1 四种消费者购买行为类型

购买者参与程度 / 品牌差异程度	高介入	低介入
产品间差异显著	复杂的购买行为	寻求多样化的购买行为
产品间差异较小	减少失调感的购买行为	习惯性的购买行为

1. 复杂的购买行为

如果消费者属于高度参与，并且了解现有各品牌、品种和规格之间具有的显著差异，那会产生复杂的购买行为。复杂的购买行为指消费者购买决策过程完整，要经历大量的信息收集、全面的产品评估、慎重的购买决策和认真的购后评价等各个阶段。

对于复杂的购买行为，营销者应制定策略帮助购买者掌握产品知识，运用各种途径宣传本品牌的优点，影响最终购买决定，简化购买决策过程。

2. 减少失调感的购买行为

减少失调感的购买行为是指消费者并未广泛收集产品信息，并未精心挑选品牌，购买决策过程迅速而简单，但是在购买以后会认为自己购买的产品具有某些缺陷或其他同类产品有更多的优点，进而产生失调感，怀疑原先购买决策的正确性。

对于这类购买行为，营销者要提供完善的售后服务，通过各种途径经常提供有利于本企业的产品的信息，使顾客相信自己的购买决定是正确的。

3. 寻求多样化的购买行为

寻求多样化的购买行为指消费者购买产品有很大的随意性，并不深入收集信息和评估比较就决定购买某一品牌，在消费时才加以评估，但是在下次购买时又转换其他品牌。转换的原因是厌倦原口味或想试试新口味，是寻求产品的多样性而不一定有不满意之处。

对于寻求多样化的购买行为，市场领导者和市场挑战者的营销策略是不同的。市场领导者企图通过占有货架、避免脱销和提醒购买的广告来鼓励消费者形成习惯性购买行为。而挑战者则以较低的价格、折扣、赠券、免费赠送样品和强调试用新品牌的广告来鼓励消费者改变原习惯性购买行为。

4. 习惯性的购买行为

习惯性的购买行为指消费者并未深入收集信息和评估品牌，只是习惯于购买自己熟悉的品牌，在购买后可能评价也可能不评价产品。

对于习惯性的购买行为的主要营销策略是：利用价格与销售促进并吸引消费者试用；开展大量重复性广告，加深消费者印象；提高购买参与程度和扩大品牌差异。

❖营销情境

做生意，其实就是一个恋爱的过程，让顾客找到你，了解你，爱上你。有些人说，这明显是站着说话不腰疼，实际上执行起来可要复杂多了。这个过程中的关键点就是顾客。而作为卖方，就应该了解消费者心里面在想些什么。

问题：10类顾客（随便逛逛型顾客、兴奋型顾客、急躁性顾客、活泼型顾客、安静型顾客、沉默型顾客、敏感性顾客、内向型顾客、优柔寡断型顾客和权威型顾客），导购如何快速拿下？应如何应对不同消费者的不同心理特征呢？

10类顾客，导购如何快速拿下

二、消费者购买决策的过程

消费者购买决策是指消费者谨慎地评价某一产品、品牌或服务的属性并进行选择、购买能满足某一特定需要的产品的过程。在复杂购买行为中，消费者购买决策过程一般由认识需求、收集信息、方案选择、购买决策和购后评价五个阶段构成（见图4–2）。

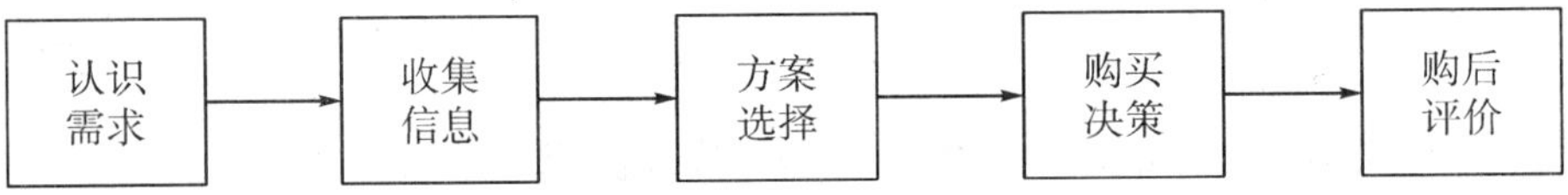

图4–2　消费者购买决策过程

（一）认识需求

这是消费者购买行为的始端。消费者只有首先认识到需求，才能产生购买动机。唤起消费者对需要的认识的刺激可以来自三个方面：第一种是人体内部的刺激，如炎热寒冷、饥饿等；第二种是人体外部的社会环境刺激，如流行趋势、相关群体的影响；第三种是企业销售环境的刺激，如主题餐厅、个性化菜名等。消费者对自身的各种需求加以正确认识，可以为购买决策限定范围，因而是有效决策的前提。在这一阶段，企业必须通过市场调研，促使消费者认识到需求的具体因素，营销活动应致力于发掘消费驱策力和强化需求，引发和深化消费者对需求的认识。

（二）收集信息

消费者在需求的相关支配下，会积极地进行有关信息的收集，会注意相关产品的广告说明，并乐于就有关问题同朋友讨论或向专家咨询。消费者信息来源主要有：个人来源，如家庭、朋友、邻居、熟人；商业来源，如广告、推销员、经销商、包装、展览；公共来源，如大众传播媒体报纸杂志、消费者评审组织等；经验来源，包括自身操作、实验、处理、检查和使用产品等。信息来源的丰富程度和可信度因产品类别和购买者特征的不同而各有差别。市场营销者的任务就是设计适当的市场营销组合，尤其是产品品牌广告策略，宣传产品的质量、功能、价格等，使消费者最终选择本企业的品牌。

❖营销案例

曼妥思“造人运动”

扫一扫

（三）方案选择

这是消费者购买决策的第三个阶段，消费者收集到各种不同的资料后，就会对所需要商品的各个方面进行比较评价，以便做出选择。比较评价一般分为三个步骤：第一，对商品所有品质进行了解，包括对商品的性能、质量、式样、价格、厂牌、商标、包装等进行全面了解。第二，对同类商品之间的优缺点进行综合比较。第三，根据自己的喜爱和条件，确定购买对象。评价的标准是多方面的、综合的，而不是单一的，消费者会应用不同的评估方法在多重属性目标之间做选择。同时，各商品的主要属性和重要性大小，又会因消费者价值观念的不同而存在差异。因此，对同一决策方案，不同的消费者会做出完全不同的评价。

对企业来说，首先要注意了解并努力提高本企业产品的知名度，将其列入消费者比较与评价的范围之内，进而才可能被选为购买目标。同时，还要调查研究人们比较与评价某类商品时所考虑的主要方面，并突出宣传这些方面，以对消费者的购买选择产生最大影响。

❖营销情境

普通初级摄影爱好者需要购买一台单反相机，他考虑的最主要因素是什么？

（四）购买决策

当消费者对收集的信息进行综合评价，并根据一定选购模式进行判定后，就会形成明确的购买意图。但购买意图并不一定会导致购买行动，这一过程中还可能受到其他因素的干扰。这种干扰因素来自两个方面：

1. 相关群体的态度

任何一个消费者都生活在一个特定的环境中。他的购买决策往往受其家庭成员、朋友、同事或权威人士等影响，和他关系越密切，影响程度就越大。

2. 意外事件

消费者原本做出的购买决策，可能会因为如涨价、失业、收支状况的变化而发生改变。消费者修改、推迟或取消某个购买决定，往往是受已察觉风险的影响。“察觉风险”的大小，由购买金额大小、产品性能优劣程度，以及购买者自信心强弱决定。企业应尽可能设法降低这种风险，以推动消费者购买。

购买决策是消费者购买过程中关键的阶段。在这一阶段中，市场营销者应该搞好各种销售服务，如示范操作、指导使用、保证维修、实行退换、分期付款等，消除顾客的各种疑虑，加深他们对本企业及商品的良好印象，赢得他们的好感，促使其做出购买本企业商品的决策。

（五）购后评价

一般来说，购后评价取决于消费者对产品的期望和产品实际使用效用的一致程度，如果产品的觉察性能符合消费者的预期，消费者就满意；反之，消费者就不满意。消费者的买后感觉，直接影响到企业的信誉和今后的业务发展。购买者感到满意，就会提高企业信誉并带来重复购买或扩大购买，否则就会损坏企业信誉。

因此，企业要做好售后服务工作，一旦发现消费者有不满意的地方，应积极主动采取措施，尽量降低其不满足程度，提供良好的沟通渠道，供消费者投诉，并迅速赔偿消费者所受的损失，并积极对不满意的信息进行分析处理，从中找出产品开发的新创意和营销服务的新关系。企业要明白，最好的广告是满意的顾客。

❖营销情境

波音公司出售的每架飞机都价值几千万美元。

假如你是公司销售部经理，你认为可以从哪些方面提高客户满意度？

❖营销案例

关于宠物的消费者习惯及态度研究

扫一扫

三、影响消费者购买行为的主要因素

消费者购买行为取决于需求和欲望，而需求和欲望受许多因素的影响。本书从影响消费者购买行为的个体因素和环境因素来分析。

（一）影响消费者购买行为的个体因素

个人因素是消费者购买决策过程中最直接的影响因素。消费者购买决策受其个人特性的影响，特别是受其年龄、性别、自我观念、经济状况和生活方式的影响。

1. 心理因素

（1）动机

消费者的购买动机就是促使消费者满足需要的想法。消费者心理动机是消费者为满足某种心理感觉需要所引起的购买商品的动机。由于消费者个性心理特征是多种多样的，这就决定了消费者对不同消费品的心理购买动机会出现千差万别。较为普遍存在的心理动机为求实动机、求廉动机、求新动机、求美动机、求名动机、求便动机、仿效动机和攀比动机等。消费者在选择商品时，其购买动机不是单一的，往往受几种动机的同时驱使。企业应当认真研究和拿捏消费者的购买动机。作为一个现代企业，不仅应了解消费者的购买动机，而且要善于激发购买动机，引起消费者购买商品的欲望，在那些尚未产生购买动机的消费者心中创造购买动机来推销自己的产品。

（2）认知

①感觉。感觉是人脑对直接作用于感觉器官的客观事物个别属性的反映，是对客观世界的主观映像。感觉分为：外部感觉，如视觉、听觉、味觉、嗅觉和触觉；内部感觉，如运动觉、平衡觉和内脏感觉等。感觉强度依赖于刺激度，营销刺激如果与消费者的接受力不一致，消费者的感受与反应可能就达不到营销者预期的效果。例如，即使是时尚的东西，提前时间太长，消费者也接受不了；商品降价幅度过大，消费者会产生对商品质量的怀疑。

②知觉。知觉是客观事物直接作用于人的感觉器官，人脑对客观事物整体的反映。知觉和感觉一样，都是当前的客观事物直接作用于我们的感觉器官，在头脑中形成的对客观事物的直观形象的反映。客观事物一旦离开我们感觉器官所及的范围，对这个客观事物的感觉和知觉也就停止了。但是，知觉又和感觉不同，感觉反映的是客观事物的个别属性，而知觉反映的是客观事物的整体。知觉以感觉为基础，但不是感觉的简单相加，而是对大量感觉信息进行综合加工后形成的有机整体。

❖营销案例

马氏巧克力

扫一扫

（3）记忆

记忆是过去的经验在人脑中的反应，是人脑对感知过的事物、思考过的问题或理论、体验过的情绪、做过的动作的反映。对于消费者来说，记忆是如何根据人的记忆规律，赋予消费对象以鲜明特征，把不好的记忆变为好的记忆，把不便回想的变成便于回想的，把短时记忆变为长久记忆，使消费者能够很快、更多和长时间地记住有关商品的信息。

❖营销情境

每当听到农夫山泉的时候，你会想起哪句广告语？

（4）个性

每个消费者的个性都不同。个性是个人独特的心理特征和品质的总和，它决定着人的行为方式。个性通常可以用自信心、控制欲、自主意识、顾从性、交际性、防守性和适应性等特征来描述。在能够区分不同的个性，并且不同的个性与产品或品牌的选择之间存在强相关的前提下，个性就可以成为分析消费者购买行为很有意义的变量。品牌也有个性，消费者更倾向于选择与自身个性相符的品牌。这就要求销售者针对消费者的某些特征进行推广。

❖营销案例

许多知名品牌都有自己独特的个性，福特 F510 属于“强健型”，苹果属于“兴奋型”，《华盛顿邮报》属于“能力型”，而 Method 属于“成熟型”，古驰则体现着“经典”与“成熟”。因此，这些品牌能够吸引那些与其个性高度匹配的人群。捷蓝航空强调旅程中“人性”的回归。其口号为“在飞行的整个过程为每一个人”。捷蓝航空提供颇受赞誉的客户服务。

2. 经济因素

经济能力对于购买行为的影响更为直接。经济能力包括收入情况（收入水平、稳定性和时间分布），储蓄与资产（资产多寡、比例结构、流动性如何），负债和借款能力（信用、期限、付款条件等），对花费与存钱的态度等。经济能力越强，消费能力越强，对商品的品质要求越高。经济能力对消费行为的影响是显而易见的，如果他认为储蓄比消费更重要，他也不会花那么多钱买一套红木家具。

3. 生活方式

生活方式即人如何生活。具体来说，它是在个体生长过程中，在社会诸因素的影响下表现出来的活动、兴趣与态度模式。不同生活方式的群体对商品和品牌有不同的需求。企业营销人员应设法从多种角度区分不同生活方式的群体，如节俭者、奢华者、守旧者、革新者、高成就者、自我主义者、社会意识者等，应探明消费行为与生活方式之间的关系，在设计商品或营销策略时，明确针对某一生活方式群体。比如，名贵手表制造商应研究高成就群体的特点，环保商品的目标用户是社会意识强的消费者。

❖营销案例

德芙巧克力

扫一扫

4. 生理因素

生理因素指年龄、性别、体征、健康状况和嗜好等生理特征的差别。生理因素决定着不同的人对商品款式、构造和细微功能有不同需求。如不同年龄层次的人除有不同的世界观或价值观，还会因本身年龄选择与他的年龄相一致的商品。又如，身材高大的人要穿特大号，上海及江浙人嗜甜食，湖南及四川人嗜麻辣，等等。

❖营销案例

“95 后”特点大剖析，你中枪了吗?

扫一扫

（二）影响消费者购买行为的环境因素

影响消费者购买行为的因素除了个体因素之外，还有环境因素，如消费者所处的社会阶层、角色身份、家庭、相关群体和购买的情境等。

1. 社会阶层

社会阶层是指在一个具有阶层秩序的社会中按照其社会准则所划分的若干较同质且具有持久性的群体。

在不同社会中，社会阶层划分的依据是不同的。现在多根据人们的职业、收入、财富、教育等综合因素并将人们归入不同的社会阶层。一般同一阶层中的人有相似的社会经济地位、生活方式、价值观和受教育背景，所以其兴趣爱好、消费水平、消费内容、消费行为也会存在较大的相似性，因而多表现为相似的购买习惯和行为；不同社会阶层消费者则在购买行为的各个方面存在一定差异。社会阶层用来展示一定的社会地位，主要特点是多维性、层级型、对行为的限定性、同质性和动态性。

对于企业来说，要考虑自己的产品或服务的目标群体是社会的哪个阶层，从而针对性地设计生产出相应的产品，确定合适的价格水平和营销方式。

美国社会阶层的划分

2. 相关群体

相关群体指能直接或间接影响一个人的态度、行为或价值观的团体，既包括社会的、经济的团体，也包括职业的团体。例如，消费者模仿银幕上的演员购买一种式样新颖的服装，这个演员就是这些消费者的相关群体。在人们的生活中，无时无刻不受到各种相关群体的影响，只是关系不同，受影响的程度也不同而已。比较亲切的相关群体包括家庭成员、邻居、同事等，关系一般的相关群体包括各种有关的社会团体，虽无直接关系但影响很大的群体有电影、电视、体育明星等。

❖**营销案例**

蒙牛真果粒与《花儿少年》的双赢

扫一扫

3. 家庭

在消费者购买行为中，家庭的影响是至关重要的，因为消费者的许多购买活动都是以家庭为单位进行的。每一阶段的家庭权威性、职业状况、收入高低、人口多少、相关影响力大小等都不相同，这些都直接影响消费者的购买行为。人一生所受家庭的影响主要来自自己的父母、配偶和子女。家庭特点可以从家庭权威中心点、家庭成员的文化与社会阶层等方面分析。即使是相同的家庭权威中心点，但由于商品的价值大小不同，商品的复杂程度不同，其起决定作用的实际决策点也是在发生变化的。同时，在家庭成员的文化与社会阶层方面，家庭主要成员的职业、文化及家庭分工不同，在购买决策中的作用也不同。

家庭生命周期理论对消费者行为的影响

4. 角色身份

角色是指一个人在不同场合的身份。社会无形地为每一个人规定了他所扮演的角色的职责，并且以一定的社会规范为标准来衡量和评价每一个角色履行其职责的情况。不同角色都会影响其个人的购买行为，人们在购买商品时往往会结合自己在社会中所处的地位和角色来考虑，选择符合自己身份和地位的商品。

5. 情境

消费者情境指那些独立于单个消费者和刺激消费者的单个客体（产品、广告）之外，能够在某一具体时间和地点影响消费者购买行为的一系列暂时的环境因素。广义上将情境分为五种类型，即物质环境、社会环境、时间、购买任务和先前状态。

❖**营销情境**

小型连锁超市和便利店越来越多地设立在居民区附近，请问这么做的原因是什么？

❖**营销案例**

家乐福超市卖场设计分析

扫一扫

第二节　组织市场分析

一、组织市场的概念及特点

组织市场是指工商企业为从事生产、销售等业务活动以及政府部门和非营利组织为履行职责而购买产品或服务所构成的市场。组织市场的购买者购买商品和服务的目的不是满足自身及家庭的消费需要，而是从事企业经营活动，加工制造产品、转售商品、租赁商品或提供服务。可见，组织市场的消费属于中间消费、生产消费。组织市场的购买行为，虽然同消费品市场有类似之处，但也有其明显不同的特点。下面讨论一下组织市场的主要特点：

（一）购买者少，购买量大

在消费者市场上，购买者是消费者个人或家庭，购买者必然为数众多，规模很小。在组织市场上，购买者绝大多数都是企业单位，购买者的数目必然比消费者市场少得多，购买者的规模也必然大得多。

（二）供需双方关系密切

组织市场的购买者需要源源不断的货源，供应商需要有长期稳定的销路，一方对另一方具有重要的意义，因此供需双方互相保持着密切的联系。有些买主常常在商品的花色品种、技术规格质量、交货期、服务项目等方面提出特殊要求，供应商应经常与买方沟通，详细了解其需求并尽最大努力予以满足。

（三）组织市场消费需求的技术性、专业性强

组织市场的产品日趋高级、精密，技术性、专业性非常强，这要求产品质量好，严格按照一定规格、型号、性能、甚至厂牌供应，不能任意改变。有的机器设备或工具改变一点就不能用了，有的原材料不合要求，就会生产出次品甚至废品。生产资料需求的这一特点，说明了生产资料本身的专用性。

（四）专业人员采购

组织市场的采购人员大都经过专业训练，具有丰富的专业知识，清楚地了解产品的性能、质量、规格和有关技术要求。供应商应当向他们提供详细的技术资料和特殊的服务，从技术的角度说明本企业产品和服务的优点。

二、组织市场购买行为分析

（一）组织市场购买决策的参与者

在任何企业中，除了专职的采购人员，还有一些其他人员参与到购买决策过程中。所有参与购买决策过程的人员构成采购组织的决策单位，在市场营销学上称为“采购中心”。企业的采购中心一般由下列人员组成。

1. 使用者

使用者是组织机构内使用所购产品和服务的成员，使用者往往首先提出购买建议，他们在决定计划购买产品的品种、规格中起着重要作用。比如，公司要购买实验室用的电脑，使用者是实验室的技术人员。如果产品使用后达不到预定标准，使用者所受的损失也最大，因此在决策单位中他们被赋予一定行政上的权力。属于使用者的人员包括业务经理、职工、工程师、研究开发部门工作人员、办公室人员、公司管理人员、会计及销售和市场营销管理人员。

2. 影响者

影响者，即在企业内部和外部直接或间接影响购买决策的人员。他们协商确定产品规格和购买条件，影响供应商的选择。在众多的影响者中，企业外部的咨询机构和企业内部的技术人员影响最大。属于影响者的有采购经理、采购部门中的采购员、总经理、生产和办公室人员、研究发展工程师、工程技术人员等。例如，工程技术人员在厂房、主要设备的购买中虽然不是决策者，但是有相当影响力的影响者。

3. 采购者

采购者，即具体执行采购任务的人员。比较重要的采购工作中，通常有企业的高层管理人员参加。采购者有时也在采购决策中起某些作用，如协助决定产品规格等，但他们的主要职责还是选择卖主和进行谈判，如果采购牵涉复杂，采购员里还会包括谈判的高级职员。

4. 决策者

决策者，即在企业中有权选择购买产品和供应者的人员。在标准品的例行采购中，采购者常常就是决策者；而在比较复杂的采购中，公司领导人通常是决策者。

5. 批准者

批准者是那些批准决策者或采购者所提行动方案的人员。在比较复杂的采购中，公司领导人常常是批准者。

6. 信息控制者

信息控制者，即可以控制信息流的人员，他们控制外界与采购相关的信息流入企业，诸如采购代理商、技术人员、秘书、电话接线员等。他们可以拒绝或终止某些供应商和产品的信息流入，或者阻止供应商的推销人员与使用者或决策者见面。

采购过程的参与者包含六种角色，但并不是所有企业采购产品都必须有上述所有人员参与购买决策过程。采购的产品不同，企业采购中心的规模和成员数量也就不同。如果一个企业采购中心的成员较多，供货企业的市场营销人员就不可能接触到所有的成员，而只能接触到其中少数几位成员。在这种情况下，供货企业的市场营销人员必须了解谁是主要的决策参与者，以便影响最有影响力的重要人物。

> **❖营销案例**
>
> **服装销售生意经**
>
> 扫一扫

（二）组织市场购买行为类型

1. 直接重购

企业的采购部门根据过去和许多供应商打交道的经验，从供应商名单中选择供货企业，并连续订购过去采购过的同类产业用品。

2. 修正重购

企业的采购经理为了更好地完成采购工作任务，适当改变要采购的某些工业品的规格、价格等条件或供应商。这类购买情况较复杂，因而参与购买决策过程的人数较少。这种情况给“门外的供货企业”提供了市场机会，并给已入门的供货企业造成了威胁，这些供货企业要设法拉拢其现有顾客，保护其既得市场。

3. 新购

企业第一次采购某种工业用品，新购的成本费用越高，风险越大，那么需要参与购买决策过程的人数和需要掌握的市场信息就越多。因此，供货企业要派出特殊的推销人员小组，向其顾客提供市场信息，帮助顾客解决疑难问题。

> **❖营销案例**
>
> **通用的采购**
>
> 扫一扫

三、组织市场的类型

（一）生产者市场

生产者市场也称为产业市场或企业市场，指所购买的一切商品和服务用于生产其他商品或劳务，然后销售、出租或供应给他人以获取利润的单位和个人。产业市场通常由以下产业组成：农业、林业、水产业、制造业、建筑业、通信业、公用事业、保险业和其他服务业等。在组织市场中，生产者市场的购买行为有典型意义。它与消费者市场的购买行为既有相似性，又有较大的差异性，特别是在市场结构与需求、购买单位性质、购买行为类型与购买决策过程等方面。

（二）中间商市场

中间商市场也称转卖者市场，是指那些将购买的商品或劳务转售或出租给他人以获取利润的单位和个人。转卖者不提供形式效用，而是提供时间效用、地点效用和占用效用。

中间商市场由各种批发商和零售商组成。批发商的主要业务是购买商品和劳务并将之转卖给零售商和其他商人以及产业用户、公共机关用户等，但它不能把商品大量卖给最终消费者，而零售商的主要业务则是将商品和劳务直接卖给最终消费者。在地理分布上，中间商市场与生产者市场相比较为分散，但与消费者市场相比则较为集中。

（三）非营利组织市场

非营利组织，也称非营利部门，泛指所有不以营利为目的、不从事营利性活动的机构、组织或团体。中国现有的非营利组织包括政府机构以外的教育、医疗等各类事业单位，其他教育、医疗机构，注册的民办科技机构，商会、协会等社会团体等。非营利组织市场是指为了维持组织正常运作、履行组织职能而购买产品与服务的各类非营利组织所构成的市场。

（四）政府市场

政府市场指那些为执行政府的主要职能而采购或租用商品的各级政府单位。也就是说，政府市场上的购买者是国家各级政府的采购机构。各国政府通过税收、财政预算等，掌握了相当大一部分国民收入，形成了一个很大的政府组织市场。政府采购的目的不是盈利，而是履行政府职能，向社会提供公共产品，维护国家安全和社会公众利益。

四、组织市场购买决策过程

在直接重购的情况下，购买决策过程的阶段最短，修正重购的阶段多一些，新购组织最为复杂，需要经历八个阶段。

第一，认识需要。购买过程是从企业的相关人员认识到要购买某种产品以满足企业的某种需要开始的，由内部刺激和外部刺激两种刺激引起。

第二，确定需要。营销人员确定所需品种的特征和数量。

第三，说明需要。产业购买者在采购中要进行价值分析，调查研究本企业要采购的产品是否具备必要功能。采购单位的专家小组要对所需品种进行价值分析，并写出文字精练的技术说明书，制定出可供采购人员评判及取舍的标准。营销人员也要运用价值分析技术，向顾客说明其产品有良好的功能。

第四，物色供应商。供货企业最高管理层要采取措施以提高本公司的知名度和美誉度。

第五，征求建议。企业采购经理邀请合格供应商提出建议。营销人员必须善于提出与众不同的建议书，引起顾客信任，争取成交。

第六，选择供应商。企业采购员收到各供应商的有关资料后，通过全面的评估和权衡，最终确定供应商。

第七，签订合同。采购经理开出订货单给选定的供应商，在货单上列举技术说明、质量要求、拟购数量、交货期、退货办法、产品保证条款和措施等，并正式签订供货合同。

第八，评估履约情况。收集本企业使用部门对供应商所提供产品的反馈意见，对使用效果进行全面评价，以决定是否继续购买。

根据组织市场购买行为类型，组织用户购买决策过程可用表 4-2 表示。

表 4-2　　组织用户购买决策过程

	购买决策类型		
购买决策过程	新购	修改重购	直接重购
1. 认识需要	√	?	×
2. 确定需要	√	?	×
3. 说明需要	√	√	√
4. 物色供应商	√	?	×
5. 征求建议	√	?	×
6. 选择供应商	√	?	×
7. 签订合同	√	?	×
8. 评估履约情况	√	√	√

❖营销案例

上海浦东新区学校电脑集中招标采购

扫一扫

❖本章小结

（1）消费者市场又叫最后消费者市场，是个人或家庭为了生活消费而购买商品或服务的市场。组织市场是指工商企业为从事生产、销售等业务活动以及政府部门和非营利组织为履行职责而购买产品或服务所构成的市场。

（2）消费者购买行为。市场营销学家菲利普·科特勒对消费者购买行为过程从购买者、购买对象、购买目的、购买组织、购买方式、购买时间和购买地点七个方面进行分析。

（3）消费者购买行为类型。根据消费者购买行为的复杂程度和所购产品的差异化程度，划分为复杂型购买行为、减少失调感的购买行为、寻求多样化的购买行为和习惯性购买行为；根据消费者购买态度与要求，划分为习惯型、理智型、经济型、冲动型、随众型、情感型、不定型和疑虑型；根据消费者购买目标选定程度，划分为全确定型、半确定型和不确定型。消费者购买决策过程为：确认需要、信息收集、方案评价、购买决策、购买后行为。

（4）影响消费者购买行为的因素分为个体因素和环境因素：个体因素有心理因素（消费者动机、感觉、知觉和个性）、经济因素、生理因素和生活方式；环境因素有社会阶层、相关群体、家庭、角色身份和情境。

（5）组织市场决策的参与者包含使用者、影响者、采购者、决策者、批准者和信息控制者。市场购买行为类型有连续的再购买、变更的再购买和新购。新购组织最为复杂，需要经历八个阶段：认识需要、确定需要、说明需要、物色供应商、征求意见、选择供应商、签订合约、评估履约情况。

❖**趣味阅读**

杭州“狗不理”包子店为何无人理？

扫一扫

❖**课后练习**

一、单选题

1. 影响消费者购买行为模式的最直接的因素是（　　）。

A. 经济收入水平　　B. 文化因素

C. 社会因素　　D. 心理因素

2. 对于价格较低廉、购买较频繁、购买风险不大的产品，消费者购买时介入程度会比较低。如果这类产品品牌间的差异比较大，消费者可能采取（　　）。

A. 寻求多样化购买行为　　B. 平衡性购买行为

C. 复杂性购买行为　　D. 习惯性购买行为

3. 同类产品不同品牌之间差异小，消费者购买行为就（　　）。

A. 复杂　　B. 简单

C. 一般　　D. 困难

4. 某公司周边的美食一条街正式营业，小李每天都约同事去不同的商铺购买午餐，这种购买类型属于（　　）。

A. 复杂的购买行为　　B. 习惯性购买行为

C. 降低失调感的购买行为　　D. 多样性购买行为

5. 在执行（　　）采购时组织购买者所做的决策数量最多。

A. 直接再采购　　B. 间接再采购

C. 新购　　D. 修订再采购

二、多选题

1. 影响消费者购买行为的心理因素主要包括（　　）。

A. 动机　　B. 知觉

C. 记忆　　D. 个性

E. 感觉

2. 组织市场购买行为类型包括（　　）。

A. 直接重购　　B. 修正重购

C. 招标选购　　D. 新购

E. 竞价选购

3. 组织市场参与决策的人员有哪些类型？（　　）

A. 使用者　　B. 影响者

C. 决策者　　D. 批准者

E. 信息控制者

4. 你是一家窗帘加工厂的采购员，希望简化购买过程，减少企业开销。在采购今年流行颜色的布料时，你不会选择（　　）。

A. 直接重购　　B. 修正重购

C. 新购　　D. 竞价购买

E. 招标选购

5. （　　）是组织市场的特征。

A. 购买者较多　　B. 购买规模大

C. 进行直接销售　　D. 购买者在地域上相对分散

E. 专业人员采购

三、问答题

1. 消费者市场有哪些特点？

2. 针对不同的购买行为，营销人员需主要做哪些营销努力？

3. 什么是组织市场？它与消费者市场有什么区别？

四、案例分析

穷人的“牛奶”为何变成了“高价奶”？
——从豆浆到维他奶

一碗豆浆、两根炸油条，是一日中的第一餐，这是长期以来许多中国人形成的饮食习惯。豆浆以大豆为原料制成，在中国已有两千多年的历史。它的形象与可乐、牛奶相比，浑身上下冒着土气，以前喝它的人也多是老百姓。

但是现在，豆浆在美国、加拿大、澳大利亚等国的超级市场上都能见到，与可乐、牛奶等并列排放，且价高位重，有形有派。当然，它改了名，叫维他奶。豆浆改名维他奶，是香港一家有50年历史的豆品公司为了让街坊饮品变成一种国际饮品，顺应不断变化的社会和现代人的生活形态，不断改善其产品形象而特意选择的。

20世纪50年代，香港人的生活并不富裕，营养不良的情况很普遍。当时，生产维他奶的用意，就是要为营养不良的人们提供一种既便宜又有营养价值的牛奶代用品——一种穷人的牛奶。在以后的20年中，一直到20世纪70年代初期，维他奶都是以普通大众的营养饮品这个面貌出现的，是一个廉价饮品的形象。

可是到了20世纪70年代，香港人的生活水平大大提高，营养对一般人来说并不缺乏，人们反而担心营养过多的问题。如果此时还标榜“穷人的牛奶”，那么喝了不就掉价吗？难怪豆品公司的职员发现，在马路边汽水摊前，喝汽水特别是外国汽水的人喝起来“大模大样”，显得“有派”，而喝维他奶的人，则大多站在一旁遮遮掩掩，唯恐人家看到。同时，豆品公司的业务陷入低潮。

20世纪70年代中期，豆品公司试图为维他奶树立年轻人消费品的形象，使它像其他汽水一样，与年轻人多姿多彩的生活息息相关。这时期的广告便根除了“解渴、营养、充饥”或“令你更高、更强、更健美”等字眼，而以“岂止像汽水那么简单”为代表。

到了1983年，该公司又推出了一个电视广告，背景为现代化城市，一群年轻人拿着维他奶随着明快的音乐跳舞。可以说，这个时期维他奶是一种“消闲饮品”的形象。然而在之后的几年，香港的年轻人对维他奶怎么喝也喝不出“派”来了。于是，从1988年开始的广告开始重点突出它亲切、温情的一面。对于很多香港人来说，维他奶是个人成长过程中的一个组成部分，大多数人对维他奶有一种特殊的亲切感和认同感。它是香港本土文化的一个组成部分，是香港饮食文化的代表，维他奶对香港人如同可口可乐对美国人一样。由此，维他奶又开始树立起一个“经典饮品”的形象。

之后，维他奶又开始打出健康牌，标榜维他奶是一种低脂肪、高营养的健康饮品，一举打入了欧美市场。对于生活水平较高的欧美消费者，担心营养过剩的人们纷纷转向喝维他奶这种健康饮品，维他奶也一改最初“穷人的牛奶”的形象，成为一种高档饮品，受到了欧美消费者的青睐。

思考：为什么豆浆改为维他奶能长期占领市场？怀旧情绪对企业的市场营销活动有什么影响？

❖营销技能实训

实训项目：感知消费者行为

【实训目标】

培养学生根据顾客的面部表情及形体语言等因素感知消费者购买心理和购买行为。

【实训内容与要求】

1. 学生分成两大组四小组。一大组表现，另一大组进行计时、评定。每一大组均分为甲、乙两个小组，甲组表现、乙组猜，完成后角色互换。

2. 分组后，所有学生同时准备5分钟，“表现小组”根据下面提示中的面部表情确定由谁表现及通过有情节的场景表现形式做出表现，每一小组表现完毕，“猜小组”有30秒时间讨论，决定答案。

（提示：面部表情：快乐/悲伤/令人高兴的惊奇/令人不高兴的惊奇/担忧/愤怒/关切/无聊/匆忙/有兴趣）

3. 在学生中评选一名最佳表现者。

第五章　市场营销调研

察消长之往来，辨利害于疑似。

——苏轼《谢宣谕札子》

知彼知己者，百战不殆，不知彼而知己，一胜一负，不知彼不知己，每战必殆。

——《孙子兵法》

❖教学目标

知识目标

（1）了解市场营销信息的含义。

（2）理解市场营销信息系统的构成。

（3）掌握市场营销调研的程序与方法。

技能目标

（1）具备运用市场调研知识设计调研报告的能力。

（2）具备运用营销调研方法展开市场调研的能力。

❖走进营销

上海迪士尼告诉你市场调研的重要性

迪士尼乐园的历史要追溯到20世纪，世界上第一家迪士尼乐园于1955年7月开园，开园即成为世界上最具知名度和人气的主题公园。它由沃尔特·迪士尼创办，也就是举世闻名的迪士尼公司创始人、米老鼠之父。截至目前，迪士尼大家庭已拥有6个世界级的迪士尼乐园：美国加州、美国奥兰多、日本东京、法国巴黎、中国香港和上海。值得一提的是，上海迪士尼平日票价全球最低。

开幕期两周内门票已售罄

记者从上海市政府新闻发布会上获悉，于2016年6月16日正式开幕的上海迪士尼，受到中外游客欢迎，盛大开幕期两周内迪士尼主题乐园门票已售罄，自6月末起的门票仍有余量。

据上海国际旅游度假区管委会常务副主任刘正义透露，上海迪士尼乐园已试运营23天，共接待96万人次游客。其中，五一小长假迎来客流峰值，达11万人次，5月1日当天的游客人数达到9万人。

王凯回应设施与定价基于市场调研，听取游客建议

上海迪士尼自内部测试启动以来收获了大量网友好评，不过最近也有一些帖子在微博、微信上热传，抱怨迪士尼周边餐饮价格过高。

针对网友热议，上海迪士尼度假区第一时间回应了新华社记者，称迪士尼度假区的定价机制既借鉴了全球行业经验，同时也考虑到了中国市场需求。迪士尼将始终认真收集和听取游客意见和建议。

上海迪士尼度假区有关负责人介绍，度假区内设施和服务的定价基于广泛深入的市场调研和分析，调研对象包括广大中国消费者、诸多业内专家以及本地监管单位等。记者了解到，面积超过46 000平方米的迪士尼小镇上已有部分商户率先向公众开放，这一多样且国际化的社区近期吸引了众多人士到访。

思考：上海迪士尼通过市场营销调研做出哪些营销决策?

在现代市场营销观念的指导下，企业如果要比竞争者更好地满足市场消费需求，赢得竞争优势，实现企业经营目标，就必须从研究市场出发，进行各种定性与定量的分析，预测未来市场需求规模的大小。实践证明，市场营销职能活动需要详细、准确和最新的情报资料，营销调研正是为不断提供这些情报服务的。在深入了解、掌握市场信息的基础上，运用科学的预测方法可以帮助营销管理者认识市场的发展规律，制定正确的市场营销组合策略，做出针对新企业、新产品投资的正确决策。

第一节 市场营销信息系统

一、信息的概念

漫长的人类历史发展进化，在不断积累科学技术实践的过程中，信息一开始都表现为真伪难辨的信息群。由于物质世界的内部规律对于人类来说，需要借助五官、思维以及识别监测技术手段，并且这些技术不断地与时俱进、动态发展，因此我们说“信息即事物运动的状态与方式”。

广义的信息由数据、文本、声音和图像四种形态组成，主要与视觉和听觉有关。数据是信息的基础。信息按照内容可以分为消息、资料和知识三类。

（一）消息

消息是信息的具体反映形式。信息是消息的实质内容，是能给人带来新认识的消息。人们常常把外界的各种报道称为消息。消息反映知识状态的改变。不同的消息所包含的信息量是不同的，有的消息中包含的信息量大一些，有的小一些，有的对某些人来说甚至不包含信息。只有那些接受者了解、认识而且事先不知道的消息才能蕴含着信息。

消息必须完全真实地反映客观事实，用确凿的事实来教育并影响读者，绝不允许虚构和添枝加叶。无论是构成消息要素的时间、地点、人物、事件和结果，还是所引用的背景材料、数字，都要完全真实、准确可靠。消息也必须迅速、及时地把最新的

事实报告给读者，延误了的信息就失去了新闻价值。

（二）资料

资料是指人们在学习和工作中作为研究参考或保存的材料。资料多可以指需要查到某样东西所需要的素材。资料可以看成信息物化后的一种存在形式。由于收集者不同，资料中可能蕴含着大量的信息而成为获取信息的原料或源流，但也可能不包含对他人有用的信息。比如你需要一张图片作为相册的封面，这张图片就是你所要找的资料。又比如生产、生活中阅读、学习、参考等东西，如电子书格式资料、国内资料、网上下载资料等。

（三）知识

知识是人类对自然界、人类社会及思维方式和事物运动规律的认识和掌握，是人的大脑通过思维重新组合的系统化信息的组合。人类要通过信息来感知世界、认识世界和改造世界，又要根据所获得的信息组织知识。知识是信息的一部分，是特定的人类信息，知识是信息升华的结果。

我们再结合市场营销学的总体观来解释信息的含义，这一方面就是指信息含义狭义方面的问题，即一定时间和条件下，与企业的市场营销有关的各种事物的存在方式、运动状态及其对接收者效用的综合反映。它一般通过语言、文字、数据、符号等表现出来，反映市场活动的相关情况，如社会环境情况、社会需求情况、流通渠道情况、产品情况、竞争者情况、科技研究及应用情况等。

❖营销情境

从卖苹果的小生意中见大知识

扫一扫

所有的市场营销活动都是以信息为基础而展开的，经营者进行的决策也是基于各种信息的，而且经营决策水平越高，外部信息和对将来的预测信息就越重要。市场信息是对市场上各种经济关系与经济活动的客观描述与客观反映，其中市场营销信息形成了企业的战略性经营信息系统的基础。

二、市场营销信息系统的含义

第二次世界大战以后，随着经济的恢复与发展、新技术的应用、竞争的加剧，企业界日益重视信息资源的利用与开发。但由于缺乏一定完善的、系统的收集、处理信息的方法，往往企业主管人员所得到的信息中，真正需要的很少，而不需要的很多。同时，信息的及时性差、准确性不高，企业内部各单位指标名称也不统一，缺漏较多，甚至主管人员都不知有些信息究竟由何部门提供。针对这种情况，开始出现了市场信息系统，就是一套用以有计划、有规划地收集、分析和提供信息的程序和方法。

美国市场营销学权威教授菲利普·科特勒认为，市场营销信息系统（MIS，Marketing Information System）由人、设备和程序组成，它为营销决策者收集、挑选、分析、评估和分配需要的、及时的和准确的信息。

市场营销信息系统作为一种信息的收集、管理、提供机构，承担着数据资料的收集、处理、分析和评价、传递信息等功能。

凡在商场上取得胜利的企业，一定是具有完整的营销信息系统，做到“知己知彼”，善于扬长避短，度人量己。孙武说得好：“夫兵形象水，水之形避高而趋下；兵之形，避实而击虚。水因地而制流，兵因敌而制胜。故兵无常势，水无常形；能因敌变化而取胜者，谓之神。”这更使得我们清楚地认识到，营销信息系统的完好建立能使企业因敌制胜。

❖营销案例

啤酒中的市场营销信息系统

雪花啤酒由20世纪90年代的地方名牌发展成为全国品牌，在很多市场已成为主导品牌。资本加品牌以及完善的市场营销信息系统运作应该是雪花品牌走向全国甚至世界的砝码。今天我们已经看到，啤酒业正在整合，青岛、雪花、燕京三足鼎立格局正在初具轮廓，但哈啤、珠江、三德利等品牌也正在扩大规模。因此，从啤酒业来看竞争越来越激烈，但雪花除了具备较有优势的资本外，品牌的影响力却是非常薄弱，并且其市场营销信息系统不完备，而这又关系到雪花啤酒的整个市场营销战略的制定与执行。因此制定一个切实可行的市场营销信息系统，对于雪花啤酒来说，就成为首要的和至关重要的问题。

辽宁是华润雪花啤酒的发祥地，华润啤酒的第一家企业就在辽宁沈阳华润雪花啤酒有限公司。从1994年开始到2004年年底，先后成立了大连华润、鞍山华润、辽阳华润、盘锦华润啤酒有限公司。辽宁公司近十年时间的成长壮大，见证了华润啤酒飞速发展的平凡与神奇。这得益于其完善的市场营销信息系统，囊括了仓库管理、业务管理、费用管理、计划管理等，实现了以事务为基础，以客户为中心，确保账账相符、账实一致的营销管理指导思想。

具体来讲，他们的市场营销信息系统是怎样的呢？我们可通过学习、思考来详细了解。

啤酒中的市场营销信息系统

三、市场营销信息系统的构成

市场营销信息系统的构成，要有企业内外的多方合作，一般市场营销管理者将营销信息系统的框架规划为内部报告系统、营销调研系统、营销情报系统及营销分析系统四个部分，如图 5-1 所示。营销信息系统的组成和市场环境、市场营销管理人员的作用是相辅相成、相互影响的，并且是相互支撑、有机结合的。

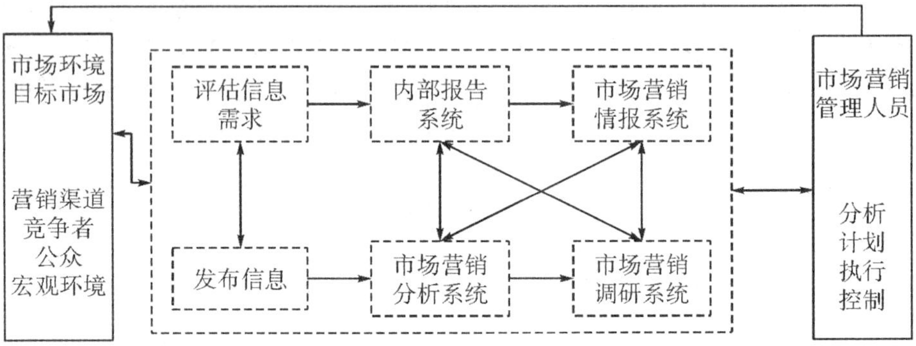

图 5-1　营销信息系统的构成

市场营销人员所需信息一般来源于企业内部报告、市场营销情报和市场营销调研，再经过市场营销分析对获得的信息进行处理，使之对营销决策更为适用和有效。

（一）内部报告系统

内部报告系统是市场营销人员所运用的最基本的信息系统。内部报告系统主要是向营销管理人员及时提供有关订货数量、销售额、产品成本、存货水平、现金余额、应收及应付账款等企业内部信息，以内部会计系统为主，同时结合销售报告系统。

营销管理人员通过分析这些信息，可以发现一些重要的问题以及新的机会，及时比较和预测目标的差异，进而采取切实可行的补救措施。

（二）市场营销情报系统

市场营销情报系统指市场营销管理人员用以了解有关外部环境发展趋势的信息的各种来源与程序。它用于提供外部环境的资料，帮助解释内部报告系统并指明未来的方向及机会等。营销情报系统收集外部信息的主要方式一般有无目的的观察、有目的的观察、无组织的收集、有目的且有计划的获取信息等。该系统的流程主要包括情报定向、收集、整理、分析等。情报的定向在于确定企业营销所需要的外部环境信息等情况；情报搜集的主要目的在于通过各种方式和各种渠道收集与企业有密切关系的情报。情报的整理与分析都是对所收集到的情报的一个取其精华、去其糟粕的过程。

（三）市场营销调研系统

菲利普·科普勒曾经说过，营销调研系统就是通过信息把消费者、顾客、大众及营销人员连接起来的职能。它的任务是客观地识别、收集、分析和传递有关市场营销活动各方面的信息，提出与企业所面临的特定的营销问题有关的研究报告，以帮助营销管理者进行之后的分析与决策。

（四）市场营销分析系统

市场营销分析系统指企业以一些先进的分析技术分析前面市场调研所收集的数据。营销分析系统一般由资料库、统计库以及模型建立库组成。企业拥有完备的资料库，有组织地收集企业内部和外部资料，有助于营销管理人员随时取得所需资料；统计库是指一组随时可用于汇总分析的特定资料统计程序；模型建立库是统计分析之后将其分析结果作为模型的重要投入资料，是由高级的营销管理人员运用科学的方法，针对特定营销决策问题建立的。

如今营销信息系统的基础概念，与过去相比，无太大变化。然而，信息技术的发展对营销经理可获得的营销信息的内容及速度要求产生了根本性的冲击。随着科技的发展，营销信息系统的功能越来越强大，能为我们提供更好的服务。

❖**营销视野**

苏宁的营销信息系统

扫一扫

第二节　市场营销调研程序和方法

一、市场营销调研的含义

市场营销调研于 1910 年最先在美国出现，第二次世界大战后逐渐被推广到世界各国。目前市场营销调研在国内外企业中得到了广泛的应用。企业中常见的问题，如产品偏好、地区销售预测、消费者购买情况、产品市场竞争力、广告效果等方面的资料和数据，都可通过市场调研获得。

给市场营销调研一个完整的定义是非常困难的，因为无论学术界还是企业界都无法对此达成一致的意见。在对国内外专家学者的定义进行分析的基础上，我们结合中国市场的具体情况，对市场营销调研给出的定义为：市场营销调研是个人或组织，利用科学的手段与方法，对与企业市场营销活动相关的市场情报进行系统地设计、搜集、整理、分析，并提供各种市场调查数据资料和各种市场分析研究结果报告，为企业经营决策提供依据的活动。

从市场营销调研的定义可见，市场营销调研是为企业解决市场营销问题服务的，是企业的一项目的性很强的活动。市场营销调研是为企业的决策者提供所需的决策信息，是企业的重要营销职能之一。市场营销调研是一项系统性的工作，它要求相关人员首先根据企业所要解决的市场营销问题制订调研计划，然后根据调研计划的要求收集相关的信息，对收集到的信息进行分析处理，最后向相关的决策部门提供调研报告。

二、市场营销调研的内容

市场营销调研作为企业的营销职能之一，其发展与市场营销的发展基本同步，从19世纪末开始出现，发展到20世纪中期走向成熟，而且随着信息技术的发展，市场营销调研将会进入一个崭新的发展时代。市场营销调研的内容，也从早期的市场调研，即主要针对顾客的调研发展到针对企业的市场营销决策中所遇到的各种问题的调研。市场营销调研现已作为一个行业在发达的市场经济国家迅速发展。中国的市场营销调研经过十几年的发展，现在也已初具规模。

市场营销调研的内容十分广泛。由于市场营销调研主要是围绕企业营销活动展开的调研，因而可根据调研重点不同将其分为营销环境调研、市场需求调研、市场营销策略调研和市场竞争调研，如图5-2所示。

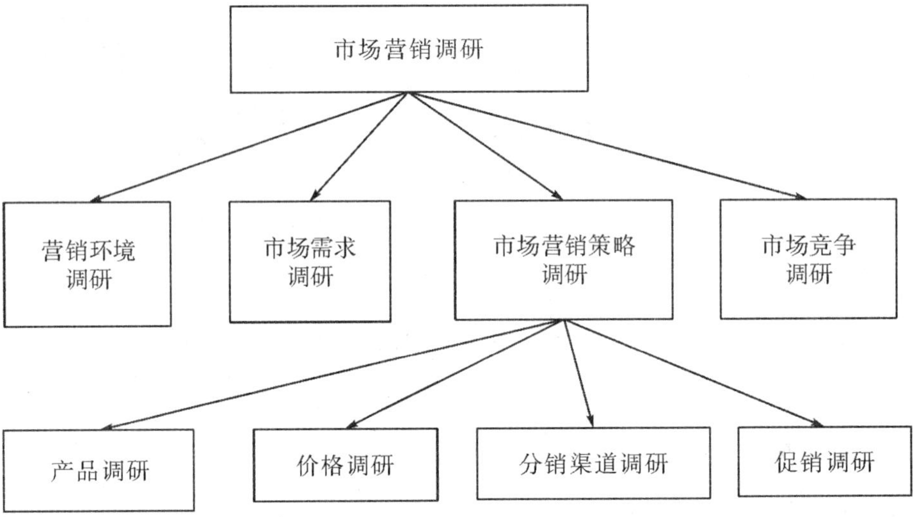

图5-2　市场调研内容

市场营销调研的关键是发现和满足消费者的需求。为了认识和理解消费者的需求，制定和改进市场营销决策，选择满足消费者需求的可获利性的最佳营销方案，企业管理者就必须对消费者、竞争者、相关群体以及企业所处的环境相当了解。市场营销研究或市场调研是企业了解市场和把握顾客需求的重要手段，是辅助企业决策的基本工具。

❖营销视野

可口可乐告诉你，市场营销调研的神奇之处

扫一扫

三、市场营销调研的步骤

市场营销调研要获得正确的结论，不但要有科学的调查方法，而且对调研活动的步骤都要做出周密的安排。当然，营销调研的步骤，应视具体情况而定，不可能有一个统一的模式。基本步骤如图 5-3 所示，包括调研任务与计划设计阶段、调研实施前准备阶段、实际调研阶段、资料分析与结果报告四个阶段。

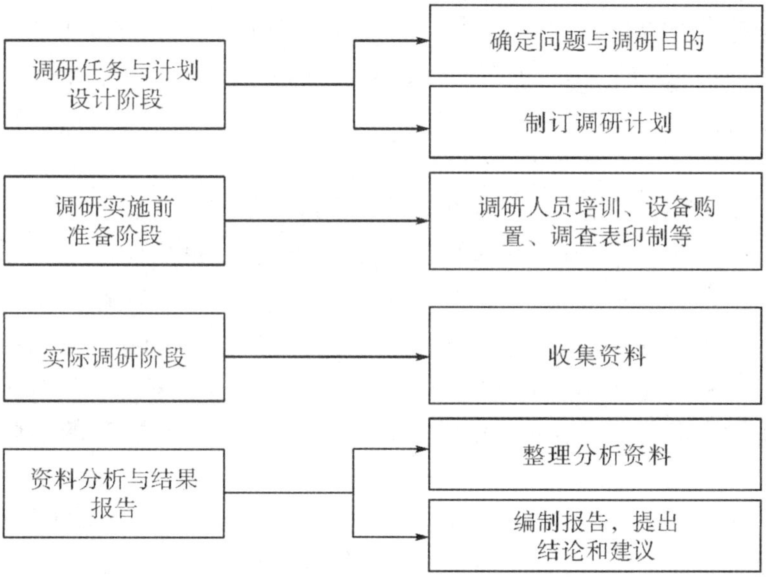

图 5-3 市场营销调研步骤

（一）调研任务与计划设计阶段

这个阶段一般包括确定问题与调研任务、制订调研计划。

在执行调研之前，应确定需要解决的问题和调研目的。一般情况下，提出的问题越明确，越能防止调研过程中不必要的浪费，使信息采集量和处理量减至最低。调研目的应根据调研问题所需的具体信息加以表述。

调研计划，也称为调研方案，是有关如何深入分析有关问题、达到调研目的的活动安排及策划，是保证调研工作顺利开展的指导纲领。

（二）调研实施前准备阶段

这主要包括对调研人员的培训、任务的划分、设计和印制调查表、购置相应设备器材等。

（三）实际调研阶段

我们在调研过程中必不可少的就是收集资料。在调研过程中一般首先考虑取得二手资料的可能性。运用现成的二手资料，在时间上和成本上都可以节省，对资料的历史背景比较熟悉，也可以与实地调查资料对比。当然，如果二手资料不可用，就要考虑收集原始资料。我们现在处于互联网发达的时代，获取资料更加便利了。

（四）资料分析与结果报告

这个阶段一般有资料的分析与整理、报告的编制以及提出相应的结论与建议。

通过调查和实验得来的原始资料，必须加以整理，使资料系统化、简单化与表格化，达到准确、适用与完整的目的。在这个信息爆炸的年代，我们必须学会分析原始资料的方法。

在资料得以详细的分析与整理之后，就要编制市场营销调研的报告了，在编制报告过程中，要注意围绕调查与研究的目标，并且用准确客观的文字、图片等分析问题，得出结论，提出建议，这样才能达到营销调研的目的。

四、市场营销调研的方法

（一）确定调查对象

调查对象也称所要研究的总体或母体。确定调查对象也就是解决“向谁调查”的问题，这不仅关系到调查方法和技术的确定，而且很大程度上影响这次调研活动的成败。调查目的和调查内容决定了调查对象，但在具体确定某项调研活动的调查对象时，调研人员不仅要有理论上的准备，而且还必须有经验上更多的积累。调查对象有时作为具有同一特征的许多个体的集合，在这一集合中又由多种不同特征的小集合构成。故选择正确的调查对象非常重要。

如何正确选择调查对象，一般按照内容分类，可分为普查、典型调查、抽样调查。

1. 普查

普查的使用范围比较窄，只能调查一些最基本及特定的现象。普查是指一个国家或者一个地区为详细调查某项重要的国情、国力，专门组织的一次性大规模的全面调查，其主要适用于不能够或不适宜用定期、全面的调查报表来收集资料的情形。普查作为一种特殊的数据搜集方式，标准时点是指对被调查对象登记时所依据的统一时点。调查资料必须反映调查对象这一时点上的状况，以避免调查时因情况变动而产生重复登记或遗漏现象。

普查时获得的资料全面、准确性高并且为抽样调查或其他调查提供基本依据。但是，普查工作量大，花费大，组织工作复杂；易产生重复和遗漏现象；工作量大可能导致调查的精确度下降，调查质量不易控制。

❖营销案例

2000 年 1 月，全国城乡 3 亿多家庭陆续迎来了一批特殊的客人——600 万人口普查员，他们顶风冒雪，踏遍每个乡村和街道，深入每家每户，如实记录每个人的年龄、就业、受教育等情况。这是一次世纪之交重大的国情国力调查，是我国社会生活中的一件大事。

2. 典型调查

典型调查是一种非全面的调查。它是指根据调查研究的目的，在对调查对象进行初步分析的基础上，在若干同类调查对象中选取一个或几个有代表性的对象进行系统、周密的调查研究，从而认识这一类对象的本质特征、发展规律，找出具有普遍意义的经验和值得借鉴的教训，此法又叫“解剖麻雀”。典型调查要求收集大量的资料，搞清所调查的典型对象的各方面的情况，做系统、细致的解剖，从中得出用以指导工作的结论和办法。

❖营销案例

以“7-eleven”为首的便利商店（convenience store）在20世纪70年代初引入日本时，选择了家务工作的主要承担者——家庭主妇为对象进行调研。调研结果表明：①超级市场林立。②私家小车普及。③每周休息两天使全家外出购货之风盛行。调研者对此所做的结论是：家庭主妇每周外出购货次数减少而每次购货数量激增，这将不利于便利商店的经营和发展。

可是事实恰好相反，日本当时发展最快的零售形式正是这种便利商店。这次调查失败的直接原因是，不该以家庭主妇作为调查对象。因为，便利商店的主要顾客是单身汉、学生和“夜行族”。同时，在调查时调研人员忽略了购买行为已出现了很大变化，如果以“个人”为对象开展调查，结论很可能就相反了。

3. 抽样调查

抽样调查也是一种非全面的调查，但它的目的在于取得反映总体情况的信息资料，因而，也可起到全面调查的作用。它是根据随机的原则从总体中抽取部分实际数据进行调查，并运用概率估计方法，根据样本数据推算总体相应的数量指标的一种统计分析方法。

（二）调研方法

1. 案头调查法

案头调查法又称资料查阅寻找法、资料分析法或室内研究法，是利用企业内部和外部现有的各种信息、情报，对调查内容进行分析研究的一种调查方法。

案头调查法要求更多的专业知识、实践经验和技巧，这是一项艰辛的工作，要求有耐性、创造性和持久性。它是收集已经加工过的资料，而不是对原始资料的收集，即收集二手资料。二手资料（secondary data）是指在某处已经存在并为其他目的已经收集好的资料。收集信息资料是实施调研过程中最艰苦、最易出错、花费最多的一个环节。由于二手资料能为调研工作提供一个成本低廉和工作迅速的起点，调研人员通常从二手资料开始收集信息。一般可从内部的信息系统日常积累中取得，也可通过付费的方式查阅有关资料获得，或通过专业信息服务机构获得，或从权威行业协会专刊、国家公布的相关数据中获得。

二手资料的来源

但当调研人员确认无法获得相关的二手资料，或二手资料存在过时、不全、不可靠等不足时，就得对调研的问题做初步调查，并根据调查结果确定正式的调研方法以获取一手资料。

2. 实地调查法

实地调查法，是应用客观的态度和科学的方法，亲自到随机选取的地方，对某种社会现象，在确定的范围内对当地的人群采取随机抽样调查，进行实地考察，并收集大量资料以统计分析，从而探讨社会现象，得到与自己的课题相关的各种数据。也就是说，实地调研为个人实现科学论文提供数据支撑。

实地调查的方法有访问、观察与实验等，故通过这种方法收集起来的资料一般都是一手资料。一手资料（primary data）是指为当前某一特定的目的而通过发放问卷、访问面谈等方式收集的直接原始资料。

❖营销视野

垃圾不只是垃圾

扫一扫

（1）访问法（visitorial research）

访问法又称调查法，即直接向被调查人提出问题，并以所得到的答复为调查结果，这是最常见的一种方法。它包括面谈访问、电话访问、邮寄调查、日记调查、计算机访问、投影法等。

面谈访问，无论是在服务性市场或消费品市场，面对面的调查都是获得信息的最可靠的方法。在有深度要求和准确度要求的调查活动中，面谈访问必不可少，它可以用比较复杂的调查表，从而使讨论有深度。面谈能满足被调查人无拘无束回答问题的欲望，调查者从中可获得有关被调查者的购买意愿、态度、生活方式等更多的信息。

（2）观察法（observational research）

收集最新数据资料的一种方法是观察有关的对象和事物。例如，美国航空公司的研究人员可以待在飞机场、航空办事处和旅行社内，听取旅客谈论不同航空公司和代理机构如何处理飞行安排的方法。研究人员也可以乘坐美国航空公司或其竞争者飞机，观察航班服务质量和听取乘客反映。这些观察都可能产生关于旅行者如何选择航空公司的一些有用设想。观察法分为直接观察法、仪器观察法、实际痕迹测量法。

（3）实验法（experimental research）

实验法是最科学的调研方法。实验法的目的是通过排除观察结果中带有矛盾性的解释来捕捉因果关系。实验法要求选择相匹配的目标小组，并分别给予不同处理，控制外来的变量和核查所观察到的差异是否具有统计上的意义。在把外部因素剔除或控制的情况下，观察结果可与实验方案中的变量相关。

❖本章小结

（1）市场营销信息系统由人、设备和程序组成，为营销决策者收集、挑选、分析、评估和分配需要的、及时的和准确的信息。

（2）市场营销人员所需信息一般来源于企业内部报告、市场营销情报和市场营销调研，再经过市场营销分析对获得的信息进行处理，使之对营销决策更为适用和有效，这才是一个比较完善的市场营销信息系统。

（3）市场营销调研要获得正确的结论，不但要有科学的调查方法，而且对调研活动的步骤都要做出周密的安排，其基本步骤包括调研任务与计划设计阶段、调研实施前准备阶段、实际调研阶段、资料分析与结果报告四个阶段。

（4）市场营销调研方法包括案头调查法和实地调查法。

❖趣味阅读

喜茶开别墅了！

扫一扫

❖课后练习

一、单选题

1. 市场营销信息系统的构成包括（　　）。

A. 内部报告系统　　B. 市场营销情报系统

C. 市场营销调研系统　　D. 市场营销分析系统

2. 美国市场营销学权威教授菲利普·科特勒认为营销信息系统包括（　　）。

A. 工作人员、程序和经理　　B. 人、设备和程序

C. 设备和人　　D. 工作人员和经理

3. 当今社会的市场调研范围是（　　）。

A. 主要针对顾客的调研

B. 主要针对市场、企业的市场营销决策中所遇到的各种问题的调研

C. 专门针对企业产品的调研

D. 专门针对市场质量的调研

4. 在调研方法中，案头调查法的二手资料是指（　　）。

A. 二手资料（secondary data）是指为当前某一特定的目的而通过发放问卷、访问面谈等方式收集的直接原始资料。

B. 二手资料（secondary data）是指为当前某一特定的目的而通过电话调查等方式收集的直接资料。

C. 二手资料（secondary data）是指在某处已经存在并为其他目的已经收集好的资料

D. 二手资料（secondary data）是指为当前某一特定的目的而通过邮件访问、计算机访问等方式收集的资料。

二、多选题

1. 在以下选项中选出正确的营销信息系统的作用（　　）。
   A. 市场营销信息系统是企业经营决策的前提和基础
   B. 市场营销信息系统是制定企业营销计划的依据
   C. 市场营销信息系统是实现营销控制的必要条件
   D. 市场营销信息系统是进行内外协调的依据
   E. 市场营销信息系统是市场营销的次要部分
2. 市场营销信息系统的构成一般包括（　　）。
   A. 内部报告系统　　B. 营销调研系统
   C. 营销情报系统　　D. 营销分析系统
   E. 微观报告系统
3. 以下关于营销信息系统的职能，说法正确的是（　　）。
   A. 数据资料的收集、处理　　B. 数据资料的分析和评价
   C. 数据资料的储存和检索　　D. 数据资料的再储存管理
   E. 数据资料信息的传递
4. 市场营销调研的内容有（　　）。
   A. 营销环境调研　　B. 市场需求调研
   C. 市场营销策略　　D. 市场竞争调研
   E. 产品调研
5. 营销调研的步骤一般包括（　　）。
   A. 确定问题与调研目标　　B. 制定调研计划
   C. 收集信息　　D. 分析信息
   E. 提交报告
6. 市场营销调研的方法有（　　）。
   A. 案头调查法——二手资料　　B. 实地调查法——一手资料
   C. 观察法　　D. 访问法
   E. 实验法

三、问答题

1. 你认为在市场营销调研过程中，哪个步骤对调研的成功最为重要？
2. 市场营销调研是市场营销学中重要的知识。请问市场营销调研的定义是什么？
3. 根据市场营销调研的需要，我们一般把市场营销调研的方法分为哪些？

四、案例分析

YY 食品集团公司广告效果电话调查

YY 食品集团公司是外商投资企业，主要生产与销售蛋黄派、薯片、休闲小食品、果汁饮料、糖果、果冻、雪饼等系列产品，目前形成了具有 1 000 余个经销点的强大销量网络，年销售收入逾 5 亿元。2001 年，公司通过并全面推行 ISO9001：2000 国际质量管理体系，将公司的管理水准推上一个新台阶。

2014 年年初，YY 食品集团公司的新产品“××派”出现在电视广告中，为了分析新产品的电视广告效果，集团公司委托一家市场研究公司进行电视广告效果的市场研究。

一、调研目的：

（1）了解 YY 牌“××派”食品在全国主要目标市场（城市）的品牌认知度、品牌美誉度、品牌忠诚度等。

（2）了解 YY 牌“××派”近段时间的（电视）广告认知度。

（3）消费者媒介接触习惯与背景资料研究，为 YY 食品集团公司下一步调整广告投放策略提供参考。

（4）消费者对该食品的消费（食用）习惯与需求研究、为调整产品营销策略提供依据。

二、研究内容

（1）消费者对 YY 牌“××派”的广告认知率（接触率）。

（2）消费者对 YY 牌“××派”的广告内容评价。

（3）消费者对该食品的消费动机。

（4）消费者购买/食用 YY 牌“××派”的考虑因素及原因（动机）。

……

三、调查方法

电话随机访问。

四、调查对象的抽样

将各城区电话号码的全部局域号找到，按所属区域分类排列，以此为样本的前三位或前四位电话号码，后四位电话号码则从计算机中随机抽取出来。将前三位或前四位电话号与后四位电话号码相互交叉汇编，组成不同的电话号码。

例如：某城市的电话号码局域号有 781、784、786、789……后四位电话号码库有 1976、5689、9871、0263、1254……则抽样出的电话音码为 7811976、7815689、7819871、7810263、7811254、7841976、7845689、7849871、7840263、7841254……依此类推。

1. 调查对象的样本配额要求

在所有城市的产生样本中，要求每个城市至少有 300 个样本在最近一两个月内接触过 YY 牌“××派”的电视广告。如果达不到这个样本数，必须追加样本，最终将增加总样本量。

2. 调查对象的样本配额控制方法

计算每个城市每个区域应做的样本量，将每类问卷的样本数按各区的人口比例进行分配，计算出每区应做的样本量。在进行电话访问的同时，记录被访者所在的区域，由督导负责进行统计并随时进行管控（因为电话号码的局域号是不受区域限制的，有可能同一局域号跨越两个行政区），确保各区样本量的准确性。

五、调查结论

从本调查项目开始至实地调查结束时，YY 牌“××派”的电视广告已连续播放两个多月。从消费者接触到广告内容到对 YY 牌“××派”的了解，产生购买动机，到最终促使消费者的购买行动，每个环节都是近两个多月以来电视广告投放产生的效果。从总体来讲，这段时间的广告活动应该是比较成功的，对提高 YY 牌“××派”的品牌知名度、促进 YY 牌“××派”的销售量都起到相当大的作用……

思考：结合案例讨论如何从调研目的中归纳出具体的调研内容、调研方法。

❖营销技能实训

实训项目：在校生各方面的安全情况调研

【实训目标】

通过在校师生安全意识相关方面的市场调研的实训项目，培养学生市场调研的设计以及应用等能力。

【实训内容与要求】

目前很多武汉的大学，社会人员可以随意进出，并没有进行严格的监管，学生的安全存在一定的隐患。针对这一情况，根据对在校师生的安全意识或者其他的相关方面进行调研来撰写问卷调查报告，选取合适的调研方法，撰写调研报告，得出在校生是否具有高度的安全意识等相关结论。

1. 以小组为单位根据已选定的调查方向进行调查问卷的设计。

2. 各小组派代表上台用 PPT 展示本小组的调查问卷以及会用到的调研方法。

3. 其他小组成员和教师对各小组的调查问卷以及调研方法进行提问，并提出相应的意见。

4. 各调查小组根据老师和同学所提意见进行调查问卷的修改，并根据所学的市场调研内容与方法，进行市场调研实训。

5. 分析问卷结果，得出相应的报告。

第三模块
营销战略的设计

第六章　目标市场营销战略

"A goal properly set is halfway reached."
"合适的目标是成功的一半。"

——林肯

找准定位，然后做到极致。

——山姆·沃尔顿《富甲美国》

❖教学目标

知识目标

（1）理解市场细分的概念，掌握消费者市场细分的变量。

（2）掌握评价细分市场的标准及目标市场选择的五种模式。

（3）掌握市场定位的三大基本策略及具体方法，了解市场定位的步骤。

技能目标

（1）具备选择一种或多种细分变量对市场进行细分的能力。

（2）具备正确评价各细分市场选择合适的目标市场的能力。

（3）具备创造性的对产品进行定位的能力。

❖走进营销

长沙五十七度湘餐饮集团创立于2004年，拥有五十七度湘、水货、小猪猪、好食上、海食上、我爱鱼头、焖烧客、鱼乐水产、好食上青年餐厅、吃饭皇帝大10个餐饮品牌。无论是喜欢尝新的年轻人，还是对食材质地有较高要求的中产阶级；无论是喜食海鲜的大众，还是偏好淡水鱼的食客，都难以抗拒五十七度湘的魅力。五十七度湘在全国的开店数量是260家。为什么选择如此之多的品牌发展？"实际上我们的选择是基于发展的选择！"长沙五十七度湘餐饮管理有限公司董事长汪峥嵘说。

一、"海食上"

"海食上"主打高端海鲜宴席，店面位于长沙市区标志性建筑摩天轮下贺龙体育馆旁，由新加坡设计师设计，以"海鲜假日，城市客厅"为经营主题，在大连、广州设立采购配送，保证海鲜品种的品质，成为湖南人待客的客厅，以精品湘菜、深海海鲜、全国其他各类别菜式的吸纳与组合，满足人们日益增强的饮食文化与感观需求。

二、"五十七度湘"

"五十七度湘"秉承"湘伴快乐，唱响中国"的宗旨，在全国首创中西结合的铁板烧餐馆，将传统湘菜纳入铁板烧，和传统铁板烧菜品相结合，形成了新颖的菜品结构。五十七度湘餐厅店面装修别致，具有时尚、休闲、愉悦的氛围；炒手年轻帅气，善于交流，和客人能愉快互动，特别受到年轻顾客的欢迎。

三、“水货”

“水货”作为全国首家无餐具餐厅，水货设立了专门的清洁台，食客们净手之后用手抓的方式用餐，供应的食物和用餐的方式都满载乐趣、创造力。餐厅选取火山岩为建材，低悬的铁皮灯饰、倒映的液晶电视、宽大的木质方桌、热情的服务人员，氛围热闹而有趣，让顾客在烦琐沉闷的工作之余，可以在“水货”餐厅放松心情，感受大都市中的自在与妙趣。

四、“小猪猪”

“小猪猪”是中国萌系烤肉餐厅。餐厅主打特色烤猪肉、烤牛肉，同时配有多款中式热菜、小炒、冷拼等，更免费提供韩国泡菜、烤肉配菜、烤肉蘸酱等菜品。“小猪猪”更是一间以好友聚会为主的餐厅，非常注重食客之间亲密的用餐体验。精心设计的餐位布局，让邻座之间保持在“15cm”这个最亲密的距离，结合餐厅巧妙地灯光效果和储物空间设置，让食客们在享受美味的同时，营造出彼此亲密无间的欢乐氛围。

五、“我爱鱼头”

“我爱鱼头”以田园化的装修风格，个性古朴的家具器皿，让人们重新回归大自然。倡导健康绿色生活的“我爱鱼头”，菜品全部为蒸菜，拒绝油烟煎炒，细细品味蒸菜的清香，别有一番风味在其中，陶渊明笔下“采菊东篱下，悠然见南山”的心境油然而生。

六、“吃饭皇帝大”

“吃饭皇帝大”要唤醒人们，吃饭这件事情真的很重要，用什么方法能让食客放下忙碌的工作、放下离不开的手机、放下浮躁的情绪，专心吃好一顿饭呢？唯有“好吃”，而且是好吃到极致才可以做到！“吃饭皇帝大”准备了100道菜，道道都有故事，道道都是土家风情的缩影，尝试后才能体会到这个品牌的用心。

思考：为什么汪峥嵘说选择如此之多的品牌是基于发展的选择？

在进行具体的营销策略选择之前，企业必须从战略的角度出发，设计关乎企业营销全局的、长远的目标市场营销战略，为日后的各项营销策略决策提供方向性的指导与把控。现代市场营销战略的核心被称为“STP营销”，即市场细分（segmenting）、选择目标市场（targeting）和市场定位（positioning）。在市场竞争日益激烈的今天，消费者的需求呈现出越来越大的差异性，试图通过一种产品、一套营销策略来吞下整个市场的做法已经越来越难成功。因此，企业必须通过市场细分、选择目标市场、市场定位三个重要的步骤，准确锁定目标消费者，并在消费者心目中占有独特的一席之地。

第一节 市场细分

一、市场细分的概念与作用

（一）市场细分的概念

市场细分（segmenting）概念于 1956 年由美国营销学家温德尔·斯密在其所发表的《市场营销战略中的产品差异化与市场细分》一文中首先提出。所谓市场细分，是指根据消费者需求的差异性，选择一种或多种分类标准，将市场划分为若干需求大体相同的消费者群的过程。

假设一个市场上共有 100 位顾客，这 100 位顾客对某种产品的需求偏好完全一致，那么就没有必要进行市场细分。反过来，假如这 100 位顾客对某种产品的需求偏好完全不一致，即每个人有自己独特的需求偏好，整个市场呈现出 100 种不同的需求，使每个人的需求都得以最大程度的满足的方法，则是将市场划分为 100 个细分市场，进而有针对性地设计 100 种不同的产品。显然，这对企业的资源与实力提出了很高的要求，在现实中很难实现。因此，营销人员往往遵照“求大同，存小异”的原则，将具有相似需求的顾客归为一个群体，以群体为单位去设计产品与营销策略，既能较大程度地满足不同顾客的需求，又能较好地节约企业自身资源。比如，表 6-1 为四位顾客对洗面奶的需求偏好。

表 6-1 需求偏好示例

顾客	需求
A	温和、泡沫丰富
B	不刺激、美白
C	清洁力强、去油
D	深层清洁、清爽

尽管 A 与 B 的需求存在差异（泡沫丰富 vs 美白），但同时存在一致（温和、不刺激），因此我们可以把 A、B 划分为一个细分市场。同理，把 C、D 划分为另一个细分市场。

雅诗兰黛（视频）

（二）市场细分的作用

1. 有利于发现市场机会，开拓新市场

❖营销情境

在课堂上，老师拿了一个玻璃杯，里面放了一个大石头，差不多和杯子一样大。

问题：杯子满了吗？

整个市场就好比这个玻璃杯，看上去似乎已经满满的没有新的市场机会了，实际上，通过市场细分，仍能发现未被满足的消费者的需求，发现新的市场机会。

相对于大企业，市场细分对中小企业而言意义更为重大。中小企业由于自身资源的有限性往往尽量回避与大企业的直面竞争，细分市场能帮助中小企业找到市场中的缝隙，以大企业所忽视的空白子市场作为目标市场，获取生存空间。

2. 有利于合理利用企业资源，提升企业竞争力

市场细分的存在是必然的，一方面是因为消费者需求的差异性，另一方面则是因为企业资源的有限性。企业通过市场细分，可以根据自身能力合理选择目标市场，继而合理分配企业资源，提升企业竞争力。

3. 有利于扩充产品线，提升顾客忠诚度

一方面，消费者本质上是善变的，大量可选的同质商品会干扰他们对产品的忠诚度，使他们转投竞争对手的怀抱；另一方面，即使是具有较高忠诚度的消费者，他们也在不断成长，偏好、审美等都在不断发生变化。因此，企业需要不断进步，扩充产品线，以保证能不断满足消费者新的需求，来达到维持顾客忠诚度的目的，而市场细分为扩充产品线提供了很好的方向。

4. 有利于企业选择目标市场，制定营销策略

企业通过市场细分，可以综合考虑选择适合自己的一个或多个细分市场作为目标市场，继而可以有的放矢，有针对性地制定易于被各个目标市场接受的营销策略，避免做无用功，从而提高经济效益与管理效益。

❖营销案例

从美特斯邦威到米喜迪

扫一扫

二、市场需求分布的类型

市场上消费者的需求分布呈现三种类型：同质偏好、分散偏好和集群偏好。需要注意的是，完全同质偏好与完全分散偏好在现实中几乎是不存在的，更多的是介于两者之间。下面以某蛋糕店生产的奶油蛋糕为例来说明这三种类型的区别。具体如图 6-1 所示。

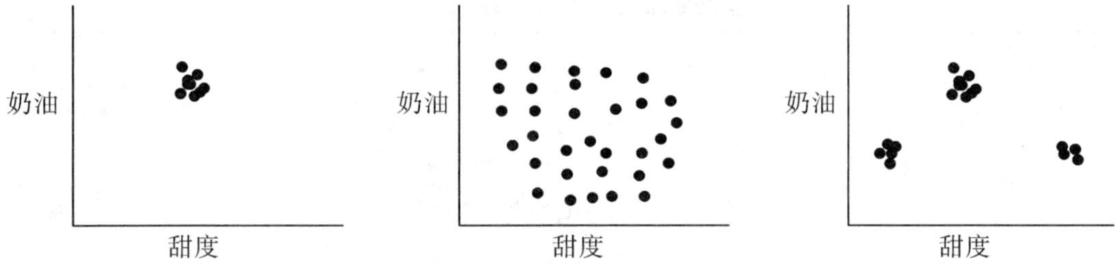

（a）同质偏好　　（b）分散偏好　　（c）集群偏好

图 6-1　消费者需求分布的类型

1. 同质偏好

同质偏好指的是市场上所有消费者有大致相同的偏好。如图 6-1（a）所示，消费者对奶油及甜度的需求非常集中。面对这种需求分布，蛋糕店只需制作一种奶油浓度及甜度适中的蛋糕就可以非常好地满足所有消费者的需求，因此并不需要进行市场细分。

2. 分散偏好

分散偏好指的是市场上所有的消费者对产品的偏好分散在整个空间。正如图 6-1（b）所示，各种奶油及甜度的搭配都有消费者喜欢和接受。面对这种需求分布，如果不进行市场细分，蛋糕店制作的蛋糕只能让一部分消费者满意，将不利于顾客满意度的构建。因为消费者的需求过于分散，出于企业资源的考虑，一般只做较粗略的市场细分，仍难以满足所有消费者的需求。

3. 集群偏好

集群偏好指的是市场上出现明显的偏好集中，但又不是集中于一点，而是呈现出多点集中。如图 6-1（c）所示，面对这种需求分布，我们可以轻松地将市场细分为三个子市场，也非常清楚各个市场所需要的产品类型，这是进行市场细分较好的需求状态。

三、市场细分变量

“变量”来源于数学，现在被广泛应用于各种学科中，指的是一些在数量或质量上可以改变的事物。面对一个消费者市场，我们可以根据年龄对其进行分类，也可以根据个性进行分类。我们把这些能反映需求内在差异、能作为市场细分依据的可变因素统称为“细分变量”。需要注意的是，“细分变量”很多，在进行市场细分时并不需要同时使用所有的细分变量，根据需要选择若干个即可。

1. 消费者市场细分变量

消费者市场常用的描述变量有地理变量、人口统计变量；行为变量有心理变量、利益变量、行为方式变量。

消费者市场常用的细分变量及示例如表 6-2 所示。

表 6-2　　消费者市场常用细分变量及示例

	变量	示例
描述变量	地理变量	地区、城市人口规模、人口密度、气候、地形等
	人口统计变量	年龄、性别、职业、收入、学历、宗教、种族、国籍、社会阶层等
行为变量	心理变量	消费者的生活方式、个性等
	利益变量	求廉、求名、求质等
	行为方式变量	使用场合、忠诚度、进入市场的程度等

（1）地理变量

地理变量包括地区、城市人口规模、人口密度、气候、地形等。地理变量是相对稳定的变量，也是较易识别的变量。地理变量的长期作用往往会促进当地消费者消费习惯的养成。

例如著名的“南北甜咸豆腐脑之争”，话题最初是这样引发的。2011 年，网友“桥东里”在微博上说了一句，“@ 王铁庶说：‘在豆腐脑咸甜一事上，最显南北差异……彼此见对方都想吐……’”，就这样一句简单的食物点评，之后迅速地被转发了近 4 万次，评论超过一万多条，引发了微博上关于豆腐脑吃法的大讨论。在豆腐脑的吃法问题上，南方多食甜，北方多食咸。这种饮食习惯跟当地的气候、资源有很大关系。

南北豆腐脑

所以，当企业试图进入不同地区的细分市场时，必须考虑到由地理变量导致的消费习惯的不同，要针对地理差异改进产品及营销策略。

需要注意的是，随着互联网的发展，地球村的趋势越来越明显，人们对外来事物的包容性越来越大，使得地区差异有逐渐缩小的趋势。

（2）人口统计变量

人口统计变量包括年龄、性别、职业、收入、学历、宗教、种族、国籍、社会阶层等。相较于在互联网时代差异日益缩小的地理变量，人口统计变量因其稳定性与易识别性常被作为首选的描述变量来使用。人口统计变量也会直接影响到某些行为特征，比如低收入人群对产品的利益诉求偏向物美价廉，中等收入人群注重品质，对品牌有一定的要求，高收入人群则偏向奢侈品牌。

（3）心理变量

心理变量包括消费者的生活方式、个性等。很多人在刚踏上社会参加工作时不可避免地需要做一段时间的“租房客”，有的人觉得只是暂时的一个落脚地，对居住条件并不那么在意，也不愿意花心思去改造。也有的人认为“房子不是自己的，但生活是自己的”，希望能在租来的房子里按自己的想法打造一个属于自己的小小天地，但家具高昂的价格、搬家时的麻烦让他们望而却步。

例如，宜家根据租房客对生活的不同态度进行细分，设计出了大量具有设计感、节省空间但价格低廉、拆装方便的商品。在宜家，可以买到39元钱的小边桌，可以买到99元钱的多用收纳架。尽管很多消费者认为宜家价格便宜的小玩意并不耐用，但依然阻止不了宜家粉丝的热情。

（4）利益变量

利益变量是顾客追求的实际利益，这在很大程度上会受到人口统计变量的影响。比如低收入人群“求廉”，中等收入人群“求质”，高收入人群“求名”，但是也要注意，它们之间并不是一一对应的关系。比如有的父母收入一般，但为了把下一代培养好，也会愿意支付较高的代价让孩子学钢琴等乐器。因此，利益变量是不稳定的变量，会随着消费者角色的转变而发生变化。

利益决定了消费者购买产品的真正目的，因此，在市场细分中，常常被作为一种最有效最重要的变量来使用。

（5）行为方式变量

行为方式变量是顾客追求利益的方式方法，如使用场合、忠诚度、进入市场的程度等。按照使用场合，可以将消费者分为普通场合使用的消费者与特殊场合使用的消费者；按照忠诚度，可以将消费者分为绝对品牌忠诚者、多种品牌忠诚者、变换型忠诚者与非品牌忠诚者；按照进入市场的程度，可以将消费者分为常规消费者、初次消费者与潜在消费者。

行为方式变量能更清楚地揭示顾客对产品的使用细节，因此可以有效指导相应产品的设计与营销策略的制定。

例如麦当劳在定价方面一直是“全国统一价”，允许不同地区有0.5~1元的差异，但其在火车站、景区内的价格，却明显高于其他商圈，而且“超值午餐”、优惠券在这些地方也无法使用。而消费者似乎都能接受这种较高的价格，甚至认为是合理的，关键就在于“使用场景”。在普通场合，即普通商圈的麦当劳，消费者具有较多的选择，具有较强的讨价还价能力，而在火车站、景点这种特殊场合，可选的商品较少，再加上时间因素，其讨价还价能力大幅下降，对食物的要求是干净、快捷，对价格的关注下降，因此，麦当劳根据消费者的使用场景这一行为方式变量，对普通场景的消费者与特殊场景的消费者采用不同的价格策略，既让企业获得更多的利润，又未引起消费者的反感。

❖营销案例

“开园宝宝”与“团购宝宝”

扫一扫

2. 生产者市场细分变量

某些用于细分消费者市场的变量，同样也可以作为生产者市场的细分变量。生产者市场常用的细分市场变量如下：

（1）规模变量

用户规模是由其对产品的购买量决定的。大客户数量少，但购买量大；小客户数量多，但购买量小。很多生产企业将客户按规模进行细分，然后再制定不同的价格策略以及沟通方式。

（2）利益变量

与消费者市场类似，生产者市场上的用户也会有自己独特的利益诉求，有的更注重质量，有的更注重成本，有的更注重设计。相对于消费者市场，生产者市场上用户的利益诉求要更外显、更容易确定。

（3）地理变量

企业可用地理变量确定重点服务区域。我国经过长时间的发展，已经形成多种较为集中的产业带，例如慈溪小家电、莆田运动鞋、江苏叠石桥家纺等。这就决定了生产者市场的用户比消费者市场更为集中，企业的营销策略能够更有针对性。

3. 细分变量组合

在具体的细分市场的过程中，往往不是只采用某一个变量进行细分，而是同时选择多种变量综合细分，特别是将描述变量与行为变量结合起来，往往能帮助企业发现更好的细分市场。以家具为例，图 6-2 表明了三个细分变量组合的简单的市场细分。

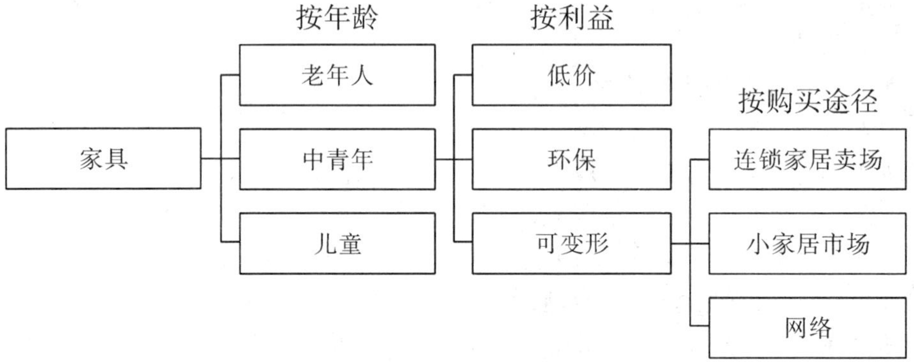

图 6-2 简单的细分变量组合

（1）按年龄细分

按年龄进行市场细分可以将消费者分为老年人、中青年、儿童三个子市场。明确细分市场可以帮助企业有针对性的设计产品，比如老年人普遍偏爱实木深色的家具，中青年追赶时尚（如现在流行的北欧风），儿童则喜欢具有童趣的设计。

（2）按利益细分

按利益诉求进行市场细分，可将中青年这个子市场进一步分为低价、环保、可变形三个子市场。同理，也可将老年人、儿童子市场进行类似细分。利益诉求可以帮助企业明确消费者的购买目的，从而在广告宣传与介绍时，做到有的放矢，能让不同利益诉求的消费者都能找到适合自己的产品。

（3）按购买途径细分

按购买途径这一行为变量将市场再次细分为连锁家居卖场（如居然之家）、小家居市场及网络卖场三个子市场。根据消费者的购买途径，可以为企业设计分销渠道提供很好的依据，明确促销活动的对象特征，有针对性地设计各项促销活动，提高消费者满意度。

以上只是一个简单的示例，在实际的市场细分中，可选的细分变量非常多，每一个细分变量又可按另一细分变量进行进一步的细分。选择什么样的细分变量、进行几个层次的细分并没有统一的答案，要根据营销的产品、企业的实际情况综合判断。

一般认为，对已有的变量进行更深层次、更细致的细分，能更有效地发现市场机会。

四、市场细分的原则与步骤

（一）市场细分的原则

科特勒曾经说过："并非所有的市场细分方法都是行之有效的。比如食盐的购买者可以分为金黄头发的和黑头发的，但是头发的颜色和是否购买食盐毫无关系。"因此，市场细分是否有效、是否能给企业带来经济效益，并不是看细分方式是否新颖，是否与众不同，而是要看是否遵守以下四个原则。

1. 可区分性

可区分性是指细分市场对营销组合中各要素的变动能做差异性反应。比如，在饮料市场上，男性更注重补充能量，女性更注重美容养颜，两个子市场对产品的利益诉求是不同的，因此可以按性别进行细分。但在大米市场上，男性与女性对产品的利益诉求几乎是没有区别的，那么按性别进行细分则是无效的。

2. 可测量性

可测量性是指各个细分市场的购买力和规模能够加以测量，能用数据进行反映。比如越来越多的企业意识到大学生是个非常好的细分市场，对新鲜事物抱有强烈的好奇心，时间相对充裕且自由，因此设计了很多针对大学生的优惠活动，比如持学生证打折。某地区大学生这个细分市场的规模可以通过在校学生人数非常容易地测定，因此按职业进行细分是有效的市场细分。但是将在校大学生进一步细分为努力学习型、混毕业证型，那就是无效的市场细分，只有非常熟悉他们的人才能把他们放在正确的类型中，通过一般的调研很难确定，更不用说确定每种类型的人数了。

3. 可盈利性

可盈利性是指可以保证企业能够持续盈利。比如某汽车制造企业按身高进行市场细分，发现了侏儒这一子市场，当时的汽车都是按普通人身高设计的，侏儒驾驶时会觉得非常辛苦，因此提出以此子市场作为目标市场，但是经过测算，发现为了生产这一特制汽车需另外准备一条新生产线，前期投入过大，最后只能放弃。

4. 可进入性

可进入性是指有现成的渠道进入或通过努力能够开拓渠道进入该细分市场。例如A企业是做婴幼儿辅食产品的，其合作的零售终端以连锁母婴店为主。按年龄进行市场细分，中老年人这个子市场以目前的渠道是无法进入的。如果A企业没有能力在继续维持现有渠道的基础上开拓新的渠道接近中老年人，那么这个市场细分就是无效的。

（二）市场细分的步骤

市场细分的过程大致分为确定产品市场范围、明确不同需求、细分市场的分割与命名、各细分市场的特点分析四个阶段。这里以一房地产开发商A企业开发住宅为例，说明市场细分的具体步骤。

1. 依据需求选定产品市场范围

企业根据自身的经营条件和经营能力确定进入市场的范围，如进入什么行业，生产什么产品，提供什么服务。A企业五年前在某市二环内拍下了一块地，现在周边已发展得不错，准备进行房地产开发。

2. 列举潜在顾客的基本需求

根据细分标准，比较全面地列出潜在顾客的基本需求，作为以后深入研究的基本资料和依据。经过初步调查，A企业了解到购房者对住宅的利益诉求主要集中在这几个方面：户型、采光、通透性、交通、房屋自身质量、小区绿化环境、物业、价格、装修、社区文化等。

3. 移去潜在顾客的共同需求，分析潜在顾客的不同需求

通过进一步的调研，将潜在顾客的共同需求移去，重点分析存在差异的需求，以此作为市场细分的基础。经过进一步调研，A企业发现，房屋自身质量、价格、交通是顾客的共同利益关注点，可将其移去。而在户型、采光、通透性、小区绿化、物业、装修、社区文化等方面，不同顾客存在不同的要求，例如买房投资等待升值的顾客会在交房后将房子出租或空置，他们希望房子能带装修，省去装修等待的时间与麻烦，对小区绿化、物业、社区文化方面并没有太多要求，而买来自己居住的顾客则希望能按自己的需求装修房子，并对开发商的装修不信任，对绿化、物业、社区文化方面非常关注。

4. 为子市场暂时取名

根据上一步的分析，将顾客简单地区分为两种类型，即形成两个细分市场，为其暂时取名为投资型与自住型。

5. 进一步认识各子市场的特点，测量各子市场的大小

A企业进一步深入了解各子市场的特点及规模，从而为下一阶段目标市场的选择提供依据，并能做到有的放矢，为产品设计、定价等各项营销策略提供很好的支撑材料。

需要注意的是，这只是一个简单的举例，现实生活中的市场细分要复杂得多。

❖营销案例

中国亚马逊“海外购”

扫一扫

第二节　目标市场选择

目标市场是企业打算进入的细分市场。企业进行市场细分的最终目的，就是找到适合的目标市场。顾客需求纷繁复杂，而企业资源又有限，因此企业必须学会取舍。在进行有效的市场细分之后，企业需对各子市场进行评价，并结合企业资源进行综合考虑，选择一个或多个子市场作为目标市场，进而制定各项营销策略。目标市场的选择对企业来说是至关重要的。一旦做出错误的判断，选择了并不适合的目标市场，结果可能是一步错满盘输，因此企业必须慎重对待。

一、评价细分市场

企业对市场进行细分后，需要对各个细分市场进行评价。只有综合各个方面评价良好的细分市场，才可能作为企业目标市场的备选，因此，评价细分市场是目标市场选择的基础。评价细分市场通常需要结合企业资源从市场的规模与结构吸引力两个方面来进行。

（一）细分市场的规模

评价细分市场首先应从量的方面进行，即分析市场现有规模与未来可能的规模（发展潜力）。现有的规模决定了当前市场大小。消费者数量越多，市场规模越大，则意味着总购买力越强大，企业也越容易盈利。未来可能的规模即发展潜力则是一种预期、一种估计。有的市场当前规模并不大，但是具有良好的发展趋势，市场规模可以逐渐扩大，企业可在未来盈利。一般来说，理想的细分市场是规模较大、具有好的发展潜力的细分市场。

❖**营销案例**

俞敏洪与大V店

扫一扫

（二）结构吸引力

一个具有适当规模和发展潜力的细分市场，也有可能使企业无法盈利。企业在评价细分市场时不仅从量的方面进行考虑，还需结合质的方面，分析其结构吸引力，包括竞争强度、进入与退出壁垒、替代品的威胁、购买者与供应商的议价能力及转换成本。

细分市场的结构吸引力分析

适合作为目标市场的理想的细分市场特征如表 6-3 所示。

表 6-3　　理想的细分市场特征

评价标准		理想特征
市场规模	—	规模较大、具有好的发展潜力
结构吸引力	竞争强度	竞争者数目较少，竞争强度低
	进入与退出壁垒	进入壁垒高、退出壁垒低
	替代品的威胁	缺少替代品或替代品的优势不明显
	购买者与供应商的议价能力	购买者与供应商的议价能力低
	转换成本	转换成本高

❖**营销案例**

糖豆广场舞

扫一扫

二、目标市场选择的五种模式

对各细分市场进行评估后，企业将不理想的细分市场剔除，保留下来的理想的细分市场数目可能仍然较多，需结合目标市场营销战略，从中选择一个或多个子市场作为目标市场。通常，按产品和市场两个维度将目标市场的选择分为五种模式，如图 6-3 所示，其中 M 表示市场，P 表示产品。

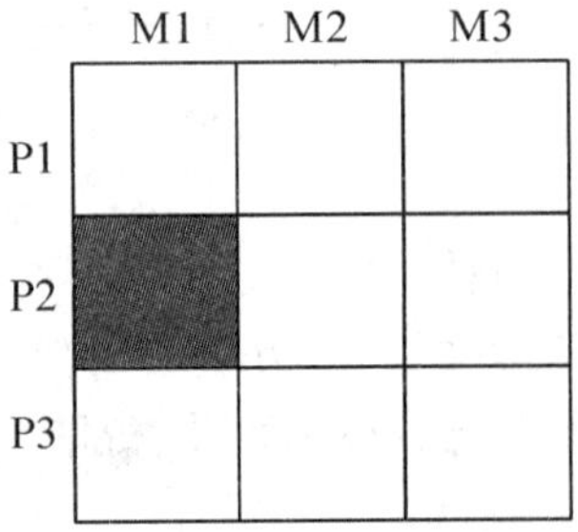

（a）单一市场集中化

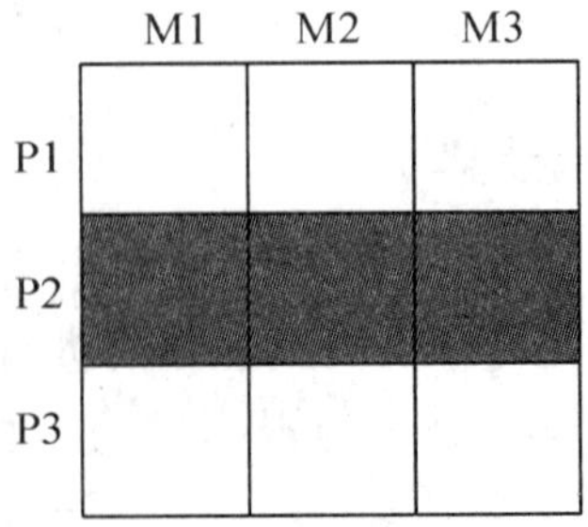

（b）产品专业化

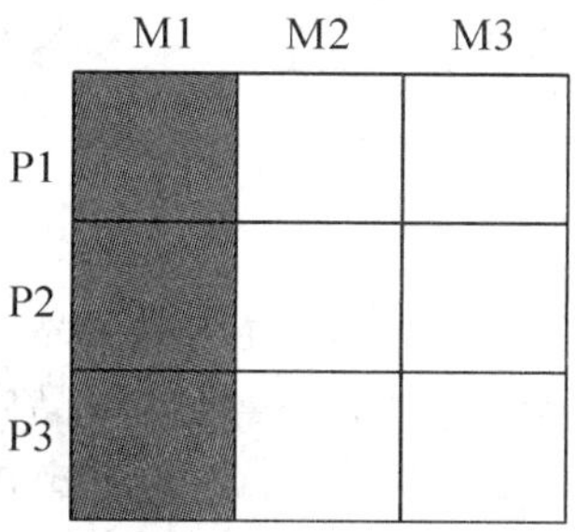

（c）市场专业化

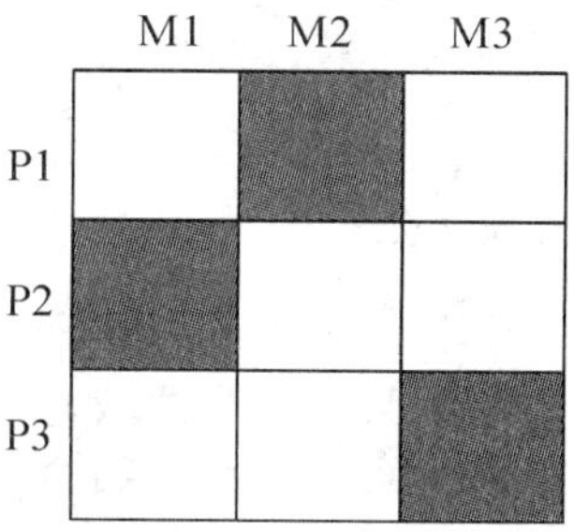

（d）选择专业化

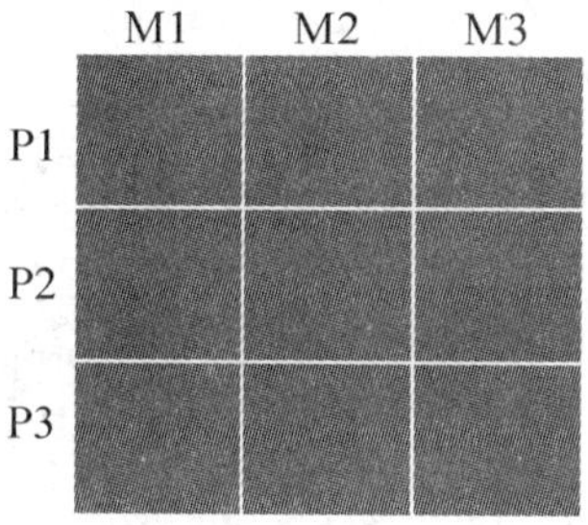

（e）完全覆盖

图 6-3 目标市场选择的五种模式

（一）单一市场集中化

这是一种最简单的目标市场模式。企业选取一个细分市场，生产一种产品，供应单一的顾客群，进行集中营销。企业选择市场集中化模式一般基于以下考虑：企业具备在该细分市场从事专业化经营或取得目标利益的优势条件；限于资金、能力，只能经营一个细分市场；准备以此为出发点，取得成功后向更多的细分市场扩展。

❖营销案例

方太厨具

方太烧脑广告（视频）

方太厨具由抽油烟机起步，1996 年宁波方太厨具有限公司成立，斥资 2 000 万元建立第一条抽油烟机生产线，年产 30 万台。这 20 年来，方太一直关注高端厨电领域，多次开创了行业先河，以行业前沿的技术、设计、质量和服务，赢得了更多中国家庭的选择，稳居高端厨电领导者地位。尽管如今方太的产品已扩展到灶、消毒柜、燃气热水器，甚至高科技产品如洗碗机、蒸微一体机等，但一提起方太，很多消费者的第一反应仍然是抽油烟机，抽油烟机也一直是方太的核心产品。

（二）产品专业化

产品专业化是指企业集中生产一种产品，但向不同的消费者销售该产品的不同型号或款式，旨在某一产品领域树立声誉。与单一市场集中化相比，虽然产品专业化仍然只专注一种产品，但面对的目标市场扩大了，并不局限于一个子市场，可以有效降低其风险性。当企业具有某种产品的核心技术优势，而又有能力进入多个细分市场时，可以选择产品专业化模式。

❖营销案例

乐高

扫一扫

（三）市场专业化

市场专业化指的是企业专注于为一个子市场提供各种产品或服务，旨在某一顾客群中建立声誉。如贝亲专门提供品种齐全的母婴用品，包括奶瓶奶嘴、洗护用品、纸尿裤、湿巾、洗衣液、水杯餐具等。这种模式使企业专心于某一子市场的研究，能够更好地探究消费者的需求与偏好，提高顾客满意度；同时，经营多种产品可以分散经营风险。但需要注意的是，目标市场的过度集中，使企业的命运与该市场紧紧地连接在一起。例如我国的二孩政策放开这一利好消息出现后，贝亲立刻扩大生产规模，但是若我国的生育政策缩紧，贝亲则会面临收益下降的风险。

（四）选择专业化

选择专业化指的是企业同时选择多个子市场作为目标市场，且能够提供满足各个子市场的需求的产品，其中各个子市场间缺少联系。该模式是一种多元化经营模式，适用于大企业，主要优势是可以分散风险，即使某个子市场盈利情况不佳，企业也可以通过其他子市场保住利润。

（五）完全覆盖

完全覆盖是指企业生产多种产品去满足各种顾客群体的需要，是一种多元化经营模式。一般来说，实力雄厚的大企业到了一定阶段会选择这种模式。例如，腾讯目前提供的多元化服务包括：社交和通信服务 QQ 及微信、社交网络平台 QQ 空间、腾讯游戏旗下 QQ 游戏平台、门户网站腾讯网、腾讯新闻客户端和腾讯视频等。下至蹒跚学步的幼儿，上至白发苍苍的老人，无不是它的目标消费者。

综上所述，企业的发展一般始于集中化，逐渐发展成专业化，最后转向多元化。企业在创业初期，出于资源的限制，往往只能以一种产品满足一种类型的消费者。随着知名度的不断提升及企业规模的扩大，或者立足于产品或者立足于市场开始延伸，至于选择何种方向则是看企业在产品上具有突出优势还是在市场上拥有稳定的忠实消费者。最后，实现多元化跨界发展，完成市场的全面覆盖。在这个过程中，企业资源成为决定是否能够成功转变的关键因素。需要注意的是，多元化发展不能盲目，有些时候，反而需要“瘦身”，回到专业化。

三、目标市场战略的三种类型

企业在选择目标市场时有三种可选的战略：无差异性目标市场营销战略、差异性目标市场营销战略与集中性目标市场营销战略。每种战略都是优点与缺点并存，选择哪种战略需结合企业所经营的产品特性及企业自身的实力综合判断。

（一）无差异性目标市场营销战略

1. 概念

无差异性目标市场营销战略指的是对市场不做细分，把所有对产品有需求的顾客看作一个整体，并将其作为目标市场，用一种产品、统一的营销组合对待这个完整的市场。具体如图 6-4 所示。

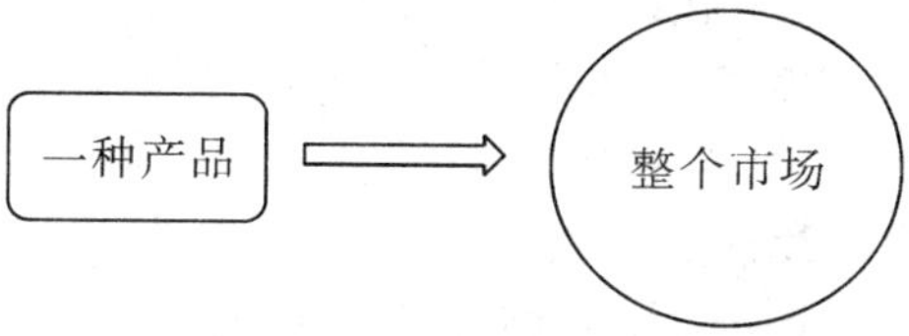

图 6-4　无差异性目标市场营销战略

2. 优缺点

（1）优点：低成本，方便管理。

企业采用无差异性目标市场营销战略意味着只需要专心生产一种产品、专心经营一种营销组合就可以了，这使得企业的资源可以最大限度地集中，生产的规模效应可以使产品的成本大幅降低，管理也不需要有任何区分，这是该战略最大的优势，也是早期很多企业选择该战略的原因。如可口可乐公司，最初只做可乐这一种产品，无论是儿童、少年、年轻人、中年人还是老年人，无论是学生、教师、白领、工人还是农民，无论是男性还是女性，都只能从可口可乐公司得到这一种产品，在早期竞争不那么激烈的饮料市场，可口可乐只凭借这一种产品就坐稳了行业龙头的位置，通过规模生产降低成本并获得了高额利润。

（2）缺点：顾客满意度低，适用范围有限。

随着市场竞争日益激烈，消费者的选择越来越多，需求的差异性也越来越明显。无差异性目标市场营销战略所带来的单一产品只能吸引部分消费者，试图让所有消费者感到满意是非常困难的，因此这种营销战略的适用范围越来越有限。

（二）差异性目标市场营销战略

1. 概念

差异性目标市场营销战略指的是将市场细分为多个子市场后，选择若干个子市场作为目标市场，用不同的产品、不同的营销组合应对多个目标市场。具体如图 6-5 所示。

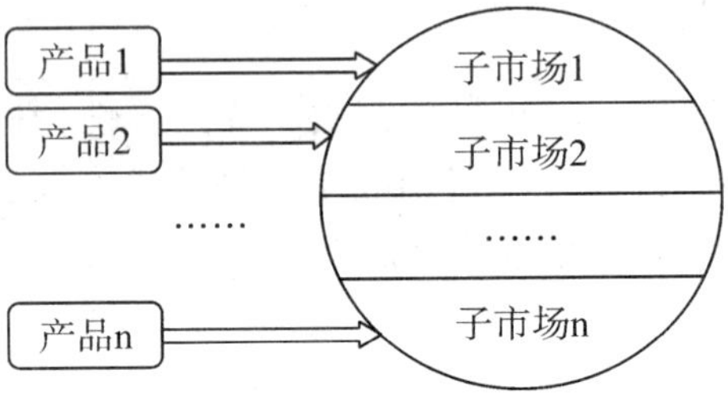

图 6-5　差异性目标市场营销战略

2. 优缺点

（1）优点：能较好地满足不同顾客群体的需求，分散企业的经营风险。

差异性目标市场营销战略通过具有差异性的产品，可以有针对性地满足不同顾客群体的需求，提升顾客的满意度。同时，由于同时运作多种产品，经营风险被分散，不会因某种产品的失败而导致企业彻底失败。

（2）缺点：成本大幅度增加。

经营两种产品所付出的开拓市场费用、促销费用等都是经营一种产品的两倍，因此，采用差异性目标市场营销战略，选中作为目标市场的子市场越多，意味着需要经营的产品也越多，所付出的成本成倍地增长。

差异性目标市场营销战略适合综合实力较强的企业。实力不大的企业应尽量避免使用此战略，因为多个目标市场会带来成本的激增，如果没有足够的资金支持，各个目标市场的销售额一旦短期内无法支撑各项营销推广费用，企业的资金链也很容易断裂，导致失败。

❖**营销案例**

宝洁的洗发水

扫一扫

（三）集中性目标市场营销战略

1. 概念

集中性目标市场营销战略指的是将市场细分为多个子市场后，选择一个子市场或若干个相似且规模不大的子市场作为目标市场，开发相应的产品及营销组合，如图 6-6

所示。企业追求的目标不是在较大的市场上占有一个较小的市场份额，而是在一个或几个较小的市场上占有较大的，甚至是领先的市场份额，即“宁做鸡头，不做凤尾”。

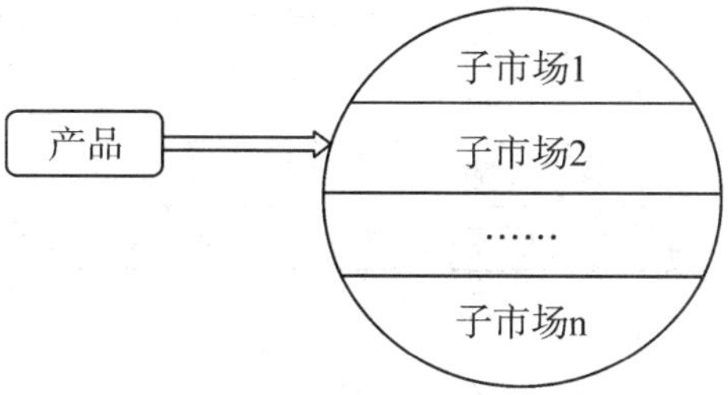

图 6-6　集中性目标市场营销战略

2. 优缺点

（1）优点：专业化经营，集中资源。

集中性目标市场营销战略所选的目标市场很少，这样有助于企业集中所有资源，专心研究分析该目标市场的需求，能很大程度提高顾客的满意度。同时对企业的实力要求较低，只需能够支撑开拓该目标市场上的费用即可，因此特别适合中小企业。

（2）缺点：经营风险较大。

正因为集中性目标市场营销战略所选择的目标市场过于集中，一旦决策失误会导致企业完全没有其他获利的来源而直接导致失败，因此经营风险较大。即使企业的决策是正确的，所选的目标市场确实是能够让企业盈利的，但也有两种情况值得警惕：

其一，该目标市场吸引其他强有力的竞争对手加入，蚕食目标市场。假如企业所选择的目标市场确实是一个具有潜力且发展势头良好的市场，很容易吸引其他更有实力的竞争对手，他们有丰富的经验及充沛的资金对该市场进行运作，而企业没有其他可盈利的目标市场，一旦竞争失败，这对企业的打击是致命的。

其二，消费者的需求发生转移。消费者是善变的，一旦需求发生转移，采用集中性目标市场营销战略的企业没有其他可以盈利的来源，将会是非常危险的事情。

❖营销案例

曾碧波与他的洋码头

扫一扫

四、决定目标市场营销战略选择的因素

三种目标市场营销战略都是优缺点并存，企业在进行选择时应以“适合”作为基本原则。一般来说，决定目标市场营销战略选择的因素主要有四个方面，具体见表6-4。

表 6-4　　决定目标市场营销战略选择的因素

营销战略 因素	无差异性 市场营销战略	差异性 市场营销战略	集中性市场 营销战略
企业综合实力	强	强	弱
产品同质性	强	弱	弱
市场类同性	强	弱	弱
产品生命周期	引入期	成长期、成熟期	成长期、成熟期

（一）企业综合实力

企业综合实力是个较宽泛的范畴，包括人、财、物、管理、技术等多种要素的综合。如果企业综合实力较强，可选择无差异性或差异性市场营销战略；反之，则更适合集中性市场营销战略。

（二）产品同质性

产品的同质性指的是尽管产品的品质或多或少存在差异，但消费者并不在意，认为其差别不大，在消费时可以相互替代。例如金龙鱼、福临门的玉米油，就属于高度同质的产品。如果产品是同质的，企业可以实行无差别市场营销战略；反之，有些产品如化妆品、家用电器等，消费者对其性能、造型、花色、品种等的需求差异很大，企业则更适合采用差异性或集中性市场营销战略。

（三）市场类同性

市场类同性指的是消费者的偏好一致的程度。如果消费者对产品的偏好比较接近，对营销刺激的反应差异不大，我们认为该市场具有较强的类同性，那么比较适合采用无差异性营销战略；反之，如果消费者对产品的偏好比较分散，对营销刺激的反应表现出明显的差异，那么更适合采用差异性或集中性营销战略。

（四）产品生命周期

产品位于引入期，即新产品刚上市时因为没有竞争对手消费者缺少选择，可采用无差异性市场营销战略。但随着产品进入成长期、成熟期，消费者对产品越来越熟悉，需求开始向深层次发展，表现出多样化和个性化，同时其利润空间吸引了其他企业参与竞争，消费者有了更多的选择，这个时候则应改变营销战略，转向差异性或集中性市场营销战略。

第三节　市场定位

一、市场定位的概念

（一）概念

只要市场上存在竞争，消费者就拥有选择的权利。如何使我们的产品从众多同类产品中脱颖而出并赢得消费者青睐，是营销人员一直苦苦思考的问题，从“产品至上”到“包装至上”，直至今日的“定位至上”，都是不同时期对该问题的探索。

定位理论由美国著名营销专家艾·里斯（Al Ries）与杰克·特劳特（Jack Trout）于20世纪70年代提出。里斯和特劳特认为，定位要从一个产品开始。产品可能是一种商品、一项服务、一个机构甚至是一个人，也许就是你自己。但是，定位不是你对产品要做的事。定位是你对预期客户要做的事。换句话说，你要在预期客户的头脑里给产品定位，确保产品在预期客户头脑里占据一个真正有价值的地位。一般来说，定位包括四个方面的内容：

（1）产品。侧重于产品实体定位，如质量、成本、特征、性能等。

（2）企业。侧重于企业形象塑造，如品牌、员工能力、可信度等。

（3）竞争者。侧重于企业相对竞争者的市场位置，如七喜汽水在广告中称它是“非可乐”饮料，暗示其他可乐饮料中含有咖啡因，对消费者健康有害。

（4）消费者。侧重于确定企业的目标消费群，如高档、中档、低档。

本章中市场定位的概念，偏向产品方面。市场定位，也叫产品定位，指企业根据竞争者现有产品在市场上所处的位置，针对顾客对该类产品某些特征或属性的重视程度，为本企业产品塑造与众不同的鲜明的个性或形象，并将这种形象生动地传递给顾客的过程。简而言之，市场定位的功能是为产品或服务设计一种独特的形象或个性，使消费者能够将其与其他产品区别开来。成功的产品，往往凭借其鲜明特点在消费者心中占有一席之地，例如顺丰的“快捷”、高露洁的“防蛀”、海飞丝的“去屑”等。市场定位作为目标市场营销战略的一个部分，对之后营销策略的制定具有导向性作用，从产品的设计到价格的制定、渠道的铺设、促销方式的选择都必须始终围绕定位进行。

（二）消费者心智模式给市场定位的启示

如今越来越多的企业重视市场定位，在产品推出之前向专业的战略定位咨询公司如特劳特公司等进行咨询已不是罕见的事情。市场定位的本质就是抢占消费者的心智资源，要抓住消费者的心，必须了解他们的思考模式，这是进行定位的前提。特劳特在《新定位》一书列出了消费者的五大思考模式。这五种模式对市场定位的启示如下：

（1）消费者心智资源有限——进行市场定位非常有必要

中国矿泉水有近700个品牌，中国广告公司有7.8万家，中国啤酒厂有1 600家，4 000个品牌，感冒药有200多个品牌，国内销售的挖掘机有50个以上的品牌。市场竞争如此激烈，可选择的商品如此之多，消费者既没有时间也不愿意去搞清楚这些商品之间的区别。

“定位之父”杰克·特劳特首次提出的心智阶梯原理指出，为方便购买，消费者会在心智中形成一个优先选择的品牌序列——产品阶梯，当产生相关需求时，消费者将依序优先选购。一般情况下，消费者总是优先选购阶梯上层的品牌。客户的心智阶梯不会超过七个层次，第二名所得到的关注仅有第一名的一半，第三名已经成为弱势。

❖营销情境

假如你需要买牙膏，你的潜意识中就会出现一个牙膏的品牌阶梯，请说下你心中的牙膏品牌阶梯。

因此，企业要想脱颖而出，只有两种选择：

①成为行业第一，稳居消费者心智阶梯第一位。但显然每个行业只有一个第一，并不是所有企业都能做到这一点。

②能够有突出的特色吸引消费者，在消费者心智阶梯中留下深刻的印象。相对来说，这更容易实现，因此，市场定位显得越来越有必要。

（2）消费者厌恶复杂混乱——定位要简洁

企业对自己的产品是充满感情且高度认可的。在介绍产品特色时，从性能到质量，从外观到包装，从供应商到渠道商，可表达的内容太多了，而消费者对这种复杂混乱的信息并没有什么好感，因此，想让信息穿透厌恶复杂、混乱的消费者心智，并能保持较长时间，必须要做到极简。通过简洁的市场定位将产品特点浓缩为一个词甚至一个字，反而比复杂大段的介绍更易在消费者心中留下深刻的突出的印象，赢得消费者青睐。

❖营销情境

请比较恒大冰泉与农夫山泉的定位有何不同?

（3）消费者缺乏安全感——市场定位应易于传播

出于对所付出的金钱、对产品性能的担忧等，人们在消费新产品时是缺乏安全感的，通常会根据他人的认知来做出自己的购买决定，即所谓的“从众心理”。比如就餐时，人们往往更愿意找那些排着队的餐馆。要克服人们消费时的不安情绪，要么通过领先的市场地位直接引领消费者从众，要么通过易于消费者口口相传的简洁的市场定位，形成广泛的知名度，从而帮助消费者证明其选择的正确性。

❖营销情境

你知道“白+黑”吗？请分析其定位特色。

（4）消费者的印象不会轻易改变——市场定位要慎重

由于“首因效应”即第一印象的作用，消费者初次接触产品对产品特色形成怎样的认识，多年以后这一认识根深蒂固、很难轻易改变。例如当年的娃哈哈“非常可乐”，以“中国人自己的可乐”将自己与百事、可口区别开，针对两乐忽视的农村市场，娃哈哈一度也非常成功，但当它准备转而向城市市场进攻时，被城里人打上“农村人的可乐”的印记，迟迟未能被市场接受。因此，市场定位不仅必须做，而且还要具有长远发展眼光，要做好。

（5）品牌延伸易使消费者失去焦点——市场定位要保持聚焦

虽然盛行一时的多元化、扩张生产线加强了品牌多元性，但使消费者模糊了原有的品牌印象，因此在进行品牌延伸时要注意定位的一致性，保持聚焦。例如云南白药从做“药”转到做“牙膏”，其实是非常需要勇气的，云南白药牙膏营销传播中精选了“牙龈出血、牙龈肿痛、口腔溃疡”这三大类症状，与老百姓熟知的云南白药“止血、止痛、消炎”功效非常吻合，因此在延伸时并未让消费者有违和感，市场定位依然非常清晰且聚于一点。

二、市场定位的基本策略与方法

（一）三大基本策略

市场定位作为目标市场营销战略中的一个部分，从宏观层面有三种基本的指导思想，即三大基本策略。

1. 避强定位

避强定位指的是避开强有力的竞争对手，把产品定位于市场上的空白处，也称为“填补策略”。避强定位是一种“见缝插针”“拾遗补阙”的定位方法，其优点是能够使企业远离其他竞争者，避免与竞争对手产生直接冲突，企业有一个从容发展的机会，经营风险较小，因此常为大多数企业所用。

❖营销案例

江苏卫视“幸福中国”
VS 湖南卫视“快乐中国”

扫一扫

2. 迎头定位

迎头定位与避强定位正好相反，是一种与市场上占据领导地位的竞争者“对着干”的策略，即你是什么，我亦是什么。迎头定位的优点是竞争过程引人注意，甚至产生轰动效应，消费者会对勇于挑战市场领导者的产品产生强烈的好奇心，有利于帮助刚上市的新产品短期内迅速打开知名度。迎头定位不一定要压垮对方，能够做到平分秋色就是很大的成功了。但是迎头定位直接与竞争对手产生冲突，可能引发激烈的市场竞争，是一种风险性较大的定位策略，对企业实力有较高要求，企业要慎重。

❖营销案例

恒大冰泉

2013 年 11 月 9 日晚的恒大亚冠夺冠庆典上，“恒大冰泉”的标识元素首次出现。2013 年 11 月 10 日恒大集团在广州总部举行恒大冰泉上市发布会，全面解开恒大冰泉的神秘面纱，正式对外宣布进军高端矿泉水市场。

凭借恒大一贯财大气粗的风格，恒大冰泉的广告一时铺天盖地。“不是所有大自然的水都是好水，恒大冰泉，世界三大好水，我们搬运的不是地表水，是 3 000 万年长白山原始森林深层火山矿泉。”广告词直指竞争对手农夫山泉。并在超市的货架上专挑农夫山泉隔壁，挑衅意味非常明显，使天然水的老大哥农夫山泉感到莫大压力。

尽管这个出身豪门的产品，并没有取得预想中的辉煌，2014 年目标 100 亿元，实际销售 9.68 亿元，而 2013 年、2014 年、2015 年 1—5 月累计亏损达 40 亿元，但在刚上市时，“迎头定位”确实帮助它吸引了不少眼球。只是后续的广告策略、渠道建设、定价策略等都存在各种各样的问题，最终导致恒大冰泉的失败。

3. 重新定位

重新定位是指企业为已在某市场销售的产品重新确定某种形象，以改变消费者原有的认识，争取有利的市场地位的活动。重新定位的原因很多，比如产品上市后销售情况不佳、市场反应不理想，或是产品意外地扩大了销售范围，或是原有的定位束缚了企业的发展等。尽管一般市场定位不要轻易改变，但企业要适应市场环境变化，在有些时候就必须调整市场营销战略。

❖**营销案例**

东阿阿胶的重新定位

扫一扫

（二）常见的市场定位的方法

市场定位的核心就是确定产品特色。寻找产品特色的具体方法有很多，这里只列举常见的七种方法。

1. 产品特性

每种产品都是各种特征的混合体，以某种突出的最显著的特性作为产品特色，让产品与众不同，从而占据消费者的心智资源。例如，黑人牙膏的美白、舒适达的抗敏等。

2. 制作方法

颇具神秘感的制作方法也可以作为产品特色，消费者并不需要理解究竟是如何制作的，只要让他们相信，这个产品具有某种独门秘方、某种领先的技术就足以让其与竞争对手区别开来。例如康师傅推出的“爱鲜大餐”系列产品，采取“蒸熟面”新工艺，一下子就与市面上传统的油炸方便面区别开来。至于是否如它所宣传的那样“面体非常接近面馆的原味，充盈着‘私房’的美味体验”，则是仁者见仁，智者见智。

3. 成为第一

强调市场领导者的地位，如“行业第一”“占有率第一”等。例如，加多宝在与王老吉争夺商标权时的那句广告语“全国销量第一的红罐凉茶改名为加多宝”，但是成为市场领导者不易实现。

4. 比附定位

做不了市场老大，可以有第二种选择，以市场领导者为标杆，进行比附定位。比附定位具体有：甘居老二、高级俱乐部和攀龙附凤三种方式。

5. 市场专长

即称为该行业的“专家”，只专注于某一种产品的研究与生产，在这个品类里做到“专业”。例如只做绒毯的“二十一家纺”，竹纤维纺织品专家“绿卿”。

6. 情感定位

运用产品直接或间接地冲击消费者的情感体验而进行定位。事实上，有时消费者购买某个品牌的产品时，不仅要获得产品的某种功能，更重要的是想通过品牌表达自己的价值主张，展示自己的生活方式。如果企业在品牌定位时忽略了这一点，一味强调产品的属性和功能，不能满足消费者心理上的更多需求，就会渐渐被市场所淘汰。

例如，动感地带“我的地盘我做主”，欧派橱柜“有家有爱有欧派”。

7. 低价定位

如果企业可以在成本上取得优势，制定较低的价格，那么也可以成为自身特色，如沃尔玛“天天低价”。

三、市场定位的步骤

1. 分析行业环境

市场定位就是要在消费者心中成功地建立差异点，我们把这种差异点称为区隔。任何企业无法在真空中建立区隔，周围的竞争者们都有着各自的概念，我们需要对行业环境进行分析，找到竞争对手。

无论是避强定位还是迎头定位，都必须清楚地知晓竞争者的定位如何，才能有效地避开或是针对性地进攻。因此，这一步是市场定位的起点，所有定位工作的基础。

2. 寻找区隔的概念

大家在说“我们的产品定位是××”“我们的市场定位是××”时，本意上只是在说“我想做什么”或“我要做什么”，却没有真正站在消费者心智的角度，未能解决“我能做什么”的问题，这样的解读是无效的。这就是为什么总有企业打着“定位”的旗号，却鲜有操作成功的案例。其本质原因是，不只你在做 STP 式思考，其他竞争对手也在做同样的工作。如果在顾客心智中无法形成有效区隔，产品自然也就无法被选择。因此，分析行业环境之后，企业需要结合消费者，寻找一个概念，使自己与竞争者区别开来。

企业需对自身优势进行审视，寻找区隔的概念，形成初步的市场定位。这个部分需结合企业自身优势。如果确定的区隔概念并不是企业的强项，即使找到了好的差异点，企业也难以使之实现。

3. 找到支持点

有了区隔的概念，还要找到支持点，让它真实可信，即对区隔的概念进行充实与丰满。区隔的概念往往比较抽象，需要通过有形的、具体的事物使消费者有清楚的认知。

❖营销案例

西贝莜面村（视频）

西贝莜面村

扫一扫

4. 传播与应用

并不是说有了区隔的概念，就可以等着顾客上门。最终，企业要靠传播才能将概念植入消费者心里，并在应用中建立起自己的定位。以营销著称的卤味品牌——老枝花卤，最初凭借“小时候，姥爷院子里的下酒菜”“石头营销”等输出“成都文化”，再通过二分之一分享装、“好吃不长胖”以及明星效应推广，赢得了年轻消费者的认可，让消费者在购买同类产品时，一想到“成都文化”就想到它。

❖本章小结

（1）市场细分是根据消费者需求的差异性，选择一种或多种分类标准，将市场划分为若干需求大体相同的消费者群的过程。

（2）市场细分的变量分为描述变量与行为变量两类，描述变量包括地理变量与人口统计变量，行为变量包括心理变量、利益变量与行为方式变量。在使用时，两种变量可以组合。

（3）目标市场的选择有三种基本战略：无差异性、差异性与集中性。目标市场选择的五种模式包括单一市场集中化、产品专业化、市场专业化、选择专业化、完全覆盖。一般情况下，企业始于集中化，发展成专业化，直至最后完全覆盖。

（4）市场定位的实质是占据消费者心智资源，我们应慎重对待。市场定位有三种基本战略：避强定位、迎头定位、重新定位。

❖趣味阅读

王大爷卖菜

扫一扫

❖课后练习

一、单选题

1. 卓尔公司分别推出针对不同年龄段女性顾客的专用化妆品，该公司的市场细分依据是（　　）。

A. 地理细分　　　B. 行为细分

C. 区域细分　　　D. 人口细分

2. 采用无差异性营销战略的最大优点是（　　）。

A. 市场占有率高　　　B. 成本的经济性

C. 市场适应性强　　　D. 需求满足程度高

3. （　　）差异的存在是市场细分的客观依据。

A. 产品　　B. 价格
C. 需求偏好　　D. 细分

4. 百丽集团生产各种男士、女士与儿童皮鞋，这采用了（　　）。
A. 单一市场集中化　　B. 产品专业化
C. 市场专业化　　D. 选择专业化

5. 某工程机械公司专门向建筑业用户供应推土机、打桩机、起重机、水泥搅拌机等建筑工程中所需要的机械设备，这是一种（　　）策略。
A. 单一市场集中化　　B. 产品专业化
C. 市场专业化　　D. 选择专业化

6. 集中性目标市场策略最适用于（　　）。
A. 大型企业　　B. 中、大型企业
C. 小型企业　　D. 各类型企业

7. 在海飞丝占据庞大的市场份额的情况下，清扬洗发水的市场定位是“去屑”，这采用了（　　）。
A. 避强定位　　B. 迎头定位
C. 重新定位　　D. 选择定位

二、多选题

1. 市场细分的有效性包括（　　）。
A. 可区分性　　B. 可进入性
C. 可退出性　　D. 可盈利性
E. 可测量性

2. 目标市场营销战略由三个步骤组成（　　）。
A. 细分市场　　B. 选择目标市场
C. 市场定位　　D. 市场细分
E. 市场环境分析

3. 企业在市场定位过程中（　　）。
A. 要了解竞争产品的市场定位
B. 要研究目标顾客对该产品各种属性的重视程度
C. 要避开竞争者的市场定位
D. 要充分结合企业自身优势寻找区隔概念
E. 要了解竞争对手的优势

三、问答题

1. 简述对消费者市场进行细分的变量。
2. 简述目标市场选择的五种模式。
3. 简述评估各细分市场的标准。
4. 简述市场定位的三大策略及具体方法。

四、案例分析

李嘉诚的微型公寓

2014年7月西宁晚报刊登了一篇标题为《李嘉诚香港卖微型公寓：居室面积8平米，被指像囚室》的新闻，内容如下：

香港楼市一回暖，首富李嘉诚又上了新闻头条。

长实在新界大埔区的新楼“岚山”本周开售，不声不响地刷新了新盘“小户型”的纪录——其中一套“开放式”户型实用面积仅177平方英尺，折合约16平方米。新盘资料一面世，长实马上被套上“无良开发商”的帽子，媒体冷嘲热讽，纷纷送上“劏房豪宅”（注：“劏房”在港指将一套住宅切割成多个套房出租）、“牢房豪宅”等称号。

香港楼价长年居高不下，小户型的面积就越来越小得令人称奇。包括恒基、华人置业、信和置业等开发商，近年来都曾推出总面积不到20平方米，居室面积小于10平方米的迷你户型。“岚山”这次引发争议的户型，居室面积只有8平方米左右，而香港赤柱监狱单人囚室甚至有7.5平方米。

然而，舆论骂归骂，开发商每次推出这类迷你户型，却总是意外地受欢迎，有时甚至要用“哄抢”来形容——最近信和置业推售的九龙大角咀新盘奥朗-御峰，其中包括一大批面积在20平方米左右的迷你户，仅仅开售半天就售罄，收到的预订更超购21倍，早上9点开售前售楼处已经排起长龙。

更加令人意外的是，香港的学界专家这回并没有像往常一样，跟媒体站在一起痛批开发商，反而纷纷表示认可，不少更指出这是“大势所趋”。香港中文大学未来城市研究所副所长姚松炎更引述调查数据指出，过去一年来面积在400平方英尺（约36平方米）以下的小型单位，无论租金、价格升幅还是成交量都远超平均水平，这反映了市场对小型单位的需求很大，因此日后开发商设计新盘时一定会增加这类单位。

提问：

1. 微型公寓的目标消费者是谁？
2. 李嘉诚的选择是否正确？为什么？

❖营销技能实训

实训项目：制定目标市场营销战略

【实训目标】

培养学生的进行市场细分、选择目标市场及进行市场定位的能力。

【实训内容与要求】

1. 自选一种产品，按市场细分的步骤对消费者进行细分。
2. 根据细分市场的评价标准对各细分市场进行评价，选择目标市场。
3. 设计市场定位。

第七章 竞争性营销战略

忽略了竞争对手的公司往往成为绩效差的公司；效仿竞争者的公司往往是表现平平的公司；在竞赛中获胜的公司则在领导着它们的竞争者。

——菲利普·科普勒

凡战者，以正合，以奇胜。故善出奇者，无穷如天地，不竭如江河。

——《孙子兵法》

❖教学目标

知识目标

（1）了解竞争者分析的内容。

（2）掌握竞争者分析的步骤。

（3）掌握竞争性营销战略的分类及其内容。

技能目标

（1）具备根据实际案例分析竞争者的能力。

（2）具备根据企业所处的市场定位，制定相关的竞争性营销战略的能力。

❖走进营销

快时尚品牌大战白热化 优衣库与ZARA的最新竞争战略

快时尚高烧不退，日本服装连锁品牌Uniqlo（优衣库）、瑞典快时尚巨头H&M和ZARA的母公司Inditex SA等巨头之间的竞争也日益激烈。由于暖冬等因素，服装零售业的整体情况并不算太好。

想要在休闲时尚领域取得成功，企业规模非常重要。相比其他零售巨头，优衣库的规模依然较小，在全球17个国家拥有1 734家门店，其中有44家门店位于美国，中国449家，日本846家。而H&M在全球门店数量超过4 000家，Gap Inc拥有3 700家门店，Inditex则为7 000家。

尽管规模相比其他集团并没有优势，但是规模大小并不能决定成败。许多分析师都认为，优衣库未来发展的关键，是在提供高性价比优质商品的同时，打造一个独特的品牌形象。

咨询公司Interbrand亚太地区的CEO Stuart Green表示："想要有所突破，优衣库必须提供更加个性化的购物体验。要在保持产品质量的同时，与消费者建立更深层次的情感联系，提高他们对品牌的忠诚度。这并不是一件很容易的事情。”

由于暖冬的影响，优衣库的外套、Heat Tech 内衣及其他冬季服装的销售均受到了不小的影响，导致利润增速出现了下滑，母公司迅销集团（Fast Retailing）也因此受到了冲击。

分析师认为，为了迈入新的增长阶段，优衣库需要进一步扩大线上销售的规模，并根据地区特色，调整亚洲以外市场的策略，吸引美洲郊区消费者等重要的消费群体。

为了进一步拓展全球市场，优衣库采取了几项关键策略：

招兵买马，雇佣关键人才

优衣库近年来吸收的部分人才包括曾经在 Hermès 和 Lacoste 供职的法国设计师 Christophe Lemaire。他目前是优衣库在巴黎的研究中心的负责人、国际品牌专家、美籍华裔 John Jay。他曾经为 Nike、Coca-Cola 和 Microsoft 等多家公司制作品牌宣传广告。

与各界意见领袖合作，强化产品特色

柳井正在未来的规划中，除了减少成本、提高效率、重新评估定价策略以外，最重要的策略之一，便是通过与各界意见领袖合作，为优衣库的产品加入更鲜明的时尚特色。

优衣库目前的合作对象包括日本潮牌 The Bathing Ape 的创始人 Nigo。优衣库与 Nigo 合作，让优衣库的 T 恤更加潮范。优衣库 T 恤的其他灵感来源还包括波普艺术家 Andy Warhol、米老鼠和日本传统的歌舞伎等。

《Vogue》法国版的前主编 Carine Roitfield，也为门店带来了别致的设计风格。

BNP Paribas（巴黎银行）的奢侈品行业分析师 Luca Solca 表示：“相比其他大型时尚零售商，优衣库的优势之一在于，他们并不把精力投入追随时尚潮流，而是努力为消费者提供质量好、价格合理的产品。在此基础之上，他们通过与意见领袖展开合作，为自己的服装增加时尚和前卫的元素，吸引消费者。”

问题：

1. 思考优衣库为拓展全球市场、增大市场份额，所采取的竞争性营销战略是什么？
2. 比较优衣库与 ZARA 品牌大战所采取的策略的区别。

企业的营销战略和战术必须从企业的竞争实力、地位出发，并根据企业同竞争者实力对比的变化，随时加以调整，使之与自己的竞争地位相匹配。由于现代市场营销中竞争的重要性，市场营销不应仅包括产品、价格、促销、渠道四方面因素，还应让竞争成为现代市场营销的第五大因素。竞争意识要在企业的营销决策、营销规划、营销组织中充分体现出来。在营销实践中也要采取有效的策略开展竞争，以不断提高企业竞争能力。

第一节　竞争者分析

现代市场营销要求企业不能仅仅被动地迎合市场需求，更重要的是走在市场前面，引导和刺激需要，并通过竞争来提高企业的综合素质。企业的营销战略和战术必须从自己的竞争实力地位出发，并根据自己同竞争者实力对比的变化，随时加以调整，使之与自己的竞争地位相匹配。因此，竞争者分析非常重要。

一、竞争者分析的含义

竞争者分析是指企业通过某种分析方法识别出竞争对手，并对它们的目标、资源、市场力量和当前战略等要素进行评价。

在市场竞争中，企业需要分析竞争者的各方面要素，才能以此为出发点采取各种行动，使得企业取得成功。比如分析竞争者的优势与劣势，做到知己知彼，才能有针对性地制定正确的市场竞争战略，以避其锋芒、攻其弱点、出其不意，利用竞争者的劣势来争取市场竞争的优势，从而来实行企业营销目标。

分析竞争对手的目的是了解市场上每个竞争对手已经采取或可能采取的战略行动，判断竞争对手对企业的战略举措会做出何种可能的反应，预测竞争对手在可能发生的行业变化和环境变化的情况下，会做出何种反应或调整。许多明智的企业深知跟踪竞争对手的价值，在资金投入上也不遗余力，力求建立一个有效的、竞争性的情报系统。

❖营销视野

战略的含义及演变

扫一扫

二、竞争者分析的步骤

（一）识别竞争者

竞争者一般是指那些与本企业提供的产品或服务类似，并且所服务的目标顾客也相似的其他企业。

识别竞争者，我们必须先分析现有竞争者和潜在竞争者两个方面，再对确定的竞争对手进行信息搜集和相关分析，以更好地适应和赢得竞争 。而许多企业只把重点放在了现有竞争者，忽视了对潜在竞争者的分析。公司的现实和潜在的竞争者的范围极其广泛，如果不能正确地识别，我们就会患上“竞争者识别近视症”。识别企业竞争者必须从消费者需求角度、行业、企业所处竞争地位三个方面分析。

（1）从消费者需求角度划分，可分为欲望竞争、类别竞争、形式竞争、品牌竞争四种竞争类型。本书第三章已对此种竞争类型进行了相关分析，此处不再赘述。

（2）从行业的角度来看，企业的竞争者类型有如下三种。

①现有厂商：指本行业内现有的与企业生产同样产品的其他厂家，这些厂家是企业的直接竞争者。

②潜在加入者：当某一行业前景乐观、有利可图时，会引来新的竞争企业，使该

行业增加新的生产能力，并要求重新瓜分市场份额和主要资源。另外，某些多元化经营的大型企业还经常利用其资源优势从一个行业侵入另一个行业。新企业的加入，可能导致产品价格下降、利润减少。

③替代品厂商：与某一产品具有相同功能、能满足同一需求的不同性质的其他产品，属于替代品。随着科学技术的发展，替代品将越来越多，某一行业的所有企业都将面临与生产替代品的其他行业的企业进行竞争。

（3）从企业所处的竞争地位来看，竞争类型有市场领导者、市场挑战者、市场追随者、市场利基者四种。

总之，企业应从不同的角度，识别自己的竞争对手，关注竞争形势的变化，以更好地适应和赢得竞争。

❖营销视野

继香奈儿之后 Bobbi Brown

将在“魔都”开一家快闪咖啡店

扫一扫

（二）判定竞争者的战略和目标

已经识别出主要的竞争者后，我们就要了解并判断每个竞争对手的战略和目标。

战略群体指在某特定行业内推行相同战略的一组公司。战略的差别表现在产品线、目标市场、产品档次、性能、技术水平、价格、服务、销售范围等方面。一般而言，公司最直接的竞争者是那些处于同一行业同一战略群体的公司。公司必须不断地观察竞争对手的战略而修改自己的战略。

企业不仅要识别主要竞争者的战略，还必须了解它们的目标。竞争者的最终目标是获取利润，但是每个公司对长期利润和短期利润的重视程度不同，对利润满意水平的看法不同。有的企业追求利润“最大化”目标，不达最大，决不罢休；有的企业追求利润“满足”目标，达到预期水平就不会再付出更多努力。

竞争者的目标由多种因素确定，包括企业的规模、历史、经营管理状况、经济状况等。具体的战略目标多种多样，如获利能力、市场占有率、现金流量、成本降低、技术领先、服务领先等，每个企业有不同的侧重点和目标组合。了解竞争者的目标可以判断他们对不同竞争行为的反应。

（三）评估竞争者的实力和反应

1. 评估竞争者的实力

对竞争对手实力的分析评估，目的在于揭示竞争对手的强项和弱项在哪里，而其优势与劣势将决定其发起战略反击行动的能力以及处理所处环境或产业中事件的能力。竞争性行动在本质上分为战略性和战术性两种。战略性行动需要获取大量的资源，并难以被成功地执行和改变。相反，采取战术性行动需要较少的资源，相对来说更容易执行和改变。

阿瑟·德利·特尔咨询公司把企业在目标市场的竞争地位分为以下六种：主宰型、强壮型、优势型、防守型、虚弱型、难以生存型。

2. 竞争者的市场反应模式

（1）迟钝型竞争者

某些竞争企业对市场竞争措施的反应不强烈，行动迟缓。这可能是因为竞争者受到资金、规模、技术等方面的能力的限制，无法做出适当的反应；也可能是因为竞争者对自己的竞争力过于自信，不屑于采取反应行为；还可能是因为竞争者对市场竞争措施重视不够，未能及时捕捉到市场竞争变化的信息。

（2）选择型竞争者

某些竞争企业对不同的市场竞争措施的反应是有区别的。例如，大多数竞争企业对降价这样的价格竞争措施总是反应敏锐，倾向于做出强烈的反应，力求在第一时间采取报复措施进行反击，而对改善服务、增加广告、改进产品、强化促销等非价格竞争措施则不大在意，认为不构成对自己的直接威胁。

（3）凶狠型竞争者

竞争企业对市场竞争因素的变化十分敏感，一旦受到来自竞争挑战就会迅速地做出强烈的市场反应，进行激烈的报复和反击，势必将挑战自己的竞争者置于死地而后快。这种报复措施往往是全面的、致命的，甚至是不计后果的，不达目的决不罢休。这些强烈反应型竞争者通常都是市场上的领先者，具有某些竞争优势。一般企业轻易不敢或不愿挑战其在市场上的权威，尽量避免与其做直接的正面交锋。

（4）随机型竞争者

这类竞争企业对市场竞争所做出的反应通常是随机的，往往不按规则出牌，使人感到不可捉摸。例如，不规则型竞争者在某些时候可能会对市场竞争的变化做出反应，也可能不做出反应；他们既可能迅速做出反应，也可能反应迟缓；其反应既可能是剧烈的，也可能是柔和的。

（四）进攻和回避对象的选择

企业在明确了谁是主要竞争者，分析了竞争者的战略、目标，评估其实力和反应之后，就要决定自己的竞争对策：进攻谁或回避谁。竞争者一般分为强竞争者或弱竞争者、近竞争者或远竞争者、好竞争者或坏竞争者。

各企业在事先确定了它的目标顾客群及营销组合后，就大致上确定了它的竞争者。它进一步考虑的是在这些竞争者中，选择谁是要攻击和要回避的竞争者，这样企业就能集中精力，有效作战。

当然，我们市场中也有许多的顽强的竞争，如宝洁在限制入侵者时，愿花费巨资对抗新的竞争品牌，并防止它们在市场上获得立足点。

如果竞争对手过于强大，自己目前还没有做好直接竞争的准备，在这种情况下通常选择回避策略。如果竞争对手与自己实力相当或者弱于自己，打击竞争对手会扩大自己的市场份额，并且在各方面基本做好直接竞争的准备，就可以对这样的竞争对手发起攻击。

扫一扫

❖营销案例

亚细亚案例

竞争对手研究是十分重要的，发现其竞争薄弱环节，帮助企业制定恰如其分的进攻战略，扩大自己的市场份额，另外，对竞争对手最优势的部分，需要制定回避策略，以免发生对企业的损害事件。此外，针对竞争对手进行长期跟踪研究，对其生产、经营、管理、开发等方面进行全方位跟踪与监测，可以在竞争中做到知己知彼，并据此对自己的战略战术做出实时的调整与改进。

第二节　竞争性营销战略的类型

竞争性营销战略（competitive marketing strategy）是指在市场经济条件下，企业作为商品生产者和经营者，为争取实现自身的经济利益而采取的客观决策和部署，直接关系到企业的生存和命运。竞争性营销战略的任务是把企业从目前的地位提升至一个更强、更具有竞争力的位置上。为此，企业需要有理念、目标和方向，需要运用资源和能力，把握机会，需要培育核心竞争能力和开发出新产品，以适应外部环境的变化，形成新的竞争优势，迎接新的挑战。从企业所处的竞争地位来看，它包括市场领导者战略、市场挑战者战略、市场跟随者战略、市场利基者战略。

一、市场领导者战略

（一）市场领导者的含义

市场领导者指占有最大的市场份额，在价格变化、新产品开发、分销渠道建设和促销战略等方面对本行业其他公司起着领导作用的公司。

（二）市场领导者战略

1. 扩大总需求

（1）开发新用户，吸引未使用者、进入新的细分市场、开发新的领地。

（2）寻找新用途，创新研发，寻找产品的新用途，吸引顾客。

（3）增加使用量，诱导顾客提高使用率、增加每次使用量。

2. 保护市场份额

市场领导者要保持领先地位，一方面要防止劣势出现，以免给竞争者可乘之机；另一方面，要善于变防守为进攻，而进攻的最好手段是不断创新。

3. 扩大市场份额

保持较大的广告投入，以巩固和提高产品在顾客心中的地位；根据顾客的要求不断地完善产品，改进服务；根据顾客需求的变化和对顾客需求变化趋势的预测，不断地推出新产品。

❖营销视野

著名的市场领导者包括通用汽车（汽车业）、柯达（摄影器材业）、IBM（电脑业）、全录（影印机业）、文验（消费性包装品业）、可口可乐（软性饮料业）、麦当劳（速食品业）以及吉列（刮胡刀片业）等。除非居主宰地位的公司能享有合法的独占权，否则它将面临艰辛的历程。它必须随时保持警觉，因为其他公司会不断地猛烈挑战，或者企图攻击其弱点。市场领导者可能很容易失去其优势，而沦为第二或第三的地位。市场上如果有产品创新，领导者可能失掉领导的地位（例如，Tylenol 的非阿斯匹灵止痛剂取代 Bayler 的阿斯匹林的领导地位）。

市场领导地位不是简单地由具有最大的市场份额实现的。领导地位的创立需要具有如下特征：

（1）在整个市场或主要的细分市场中拥有最大的市场份额。

（2）具有影响市场走势和竞争对手的能力。

（3）有单独或与其他竞争者共同领导的记录，反映在诸如产品创新、政府对行业标准的制定和技术变革立法等方面。

（4）市场认可的行业领导者。

二、市场挑战者战略

（一）市场挑战者的含义

市场挑战者指在行业中占据第二位及以后位次，有能力对市场领导者和其他竞争者采取攻击行动，希望夺取市场领导者地位的公司。

有些居次者仍然具有很大的势力，如福待汽车、百事可乐、肯德基等公司。这些居次位的厂商可以攻击市场领导者或其他的竞争者以夺取更大的市场占有率。

（二）市场挑战者战略

（1）正面进攻。正面进攻就是集中全力向对手的主要市场阵地正面发动进攻，即进攻对手的强项而不是它的弱点。

（2）侧翼进攻。侧翼进攻就是集中优势力量攻击对手的弱点。具体可采取两种策略：一种是地理性的侧翼进攻，即在全国或全世界寻找对手力量薄弱地区市场，在这些地区市场发动进攻。二是市场细分性侧翼进攻，即寻找还未被领先企业覆盖的商品和服务的细分市场，在这些小市场上迅速填空补缺。

（3）围堵进攻。围堵进攻是一种全方位、大规模的进攻策略。挑战者拥有优于对手的资源，并确信围堵计划的完成足以打垮对手时，可采用这种策略。

（4）迂回进攻。即完全避开对手的现有阵地而迂回进攻。具体做法有三种：一是发展无关的产品，实行产品多角化；二是以现有产品进入新地区的市场，实行市场多角化；三是发展新技术、新产品以取代现有产品。

（5）游击进攻。目的在于以小型的、间断性的进攻干扰对手的士气，以不断削弱防守者的力量。

❖营销案例

SoBe 饮料的竞争策略：市场挑战者战略

扫一扫

三、市场跟随者战略

（一）市场跟随者含义

市场跟随者指那些在产品、技术、价格、渠道和促销等大多数营销战略上模仿或跟随市场领导者的公司。

（二）市场跟随者战略

（1）紧密跟随战略。战略突出“仿效”和“低调”。跟随企业在各个细分市场上的市场营销组合方面，尽可能仿效领先者，以至于有时会使人感到这种跟随者好像是挑战者，但是它从不激进地冒犯领先者的领地，在刺激市场方面保持“低调”，避免与领先者发生直接冲突。有些甚至被看成靠拾取主导者的残余谋生的寄生者。

（2）距离跟随战略。战略突出在“合适地保持距离”。跟随企业在市场的主要方面，如目标市场、产品创新与开发、价格水平和分销渠道等方面都追随领先者，但仍与领先者保持若干差异，以形成明显的距离。对领先者既不构成威胁，又因跟随者各自占有很小的市场份额而使领先者免受独占的指责。采取距离跟随策略的企业，可以通过兼并同行业中的一些小企业而发展自己的实力。

（3）选择跟随战略。战略突出在选择“追随和创新并举”。跟随者在某些方面紧跟领先者，而在另一些方面又别出心裁。这类企业不是盲目跟随，而是择优跟随，在对自己有明显利益时追随领先者，在跟随的同时还不断地发挥自己的创造性，但一般不与领先者进行直接竞争。采取这类战略的跟随者之中有些可能发展成为挑战者。

四、市场利基者战略

（一）市场利基者含义

市场利基者指选择某一特定较小的区隔市场为目标，提供专业化的服务，并以此为经营战略的企业。

（二）市场利基者战略

市场利基者战略是指企业为了避免在市场上与强大的竞争对手发生正面冲突而受其攻击，选取被大企业忽略的、需求尚未得到满足、力量薄弱的、有获利基础的小市场作为其目标市场的营销战略。

营销大师菲利普·科特勒从市场营销角度界定的利基者战略是通过市场细分、再细分，选择一个未被服务好的利基市场进行营销，同时他还指出，在一个竞争性市场中，总是存在一定数量的市场利基者，它们的战略与该市场中的领先者、追随者有所不同。科特勒并未提及利基战略的适用范围，但从内容来看，市场营销的利基战略适用于所有的企业，不同的是地位和作用。其核心思想是“在市场中找到一个利基，然后在利基中做大市场”。

市场利基战略是适用于弱者/中小企业的成功战略，凝聚了以下战略思想与原则：

（1）避实击虚：不与大企业/强者展开硬碰硬的直接竞争，而是选择其忽视、不愿做或不会全力去做的业务范围为“战场”。

（2）局部优势：坚持“单位空间内高兵力比”原则，集中全力于某个狭窄的业务范围内，在这个局部形成相对于强大者的优势，努力成为第一。

（3）集中原则：分散是战略的大忌，利基战略要求集中于利基业务，集中于战略目标，集中于建造壁垒。

（4）根据地原则：在某地域市场获取第一并巩固之后，再向其他地域市场扩展，集中全力成为第一之后再扩展，如此持续下去，最终由各地的根据地组成一个大的根据地。

企业在目标市场中的竞争性营销战略、竞争地位等主要根据市场所占份额、其所拥有的竞争优势和劣势，对市场的影响力等来判定。表 7-1 是对竞争性营销战略的分类的比较。企业的竞争地位不同，其竞争性营销战略也不同。竞争地位并不是一成不变的。今日的市场主宰者不一定是明天的行业老大，因此，市场主宰者竭力维护自己的领导地位，其他竞争者则拼命往前赶，努力改变自己的地位。正是这种激烈的市场竞争，促使企业争创竞争优势，占据市场有利位置，从而推动行业和社会的发展。

表 7-1　竞争性营销战略的比较

竞争性营销战略	市场领导者	市场挑战者	市场跟随者	市场利基者
市场份额	第一位	占据第二位及以后位次	有着明显的市场份额	在一个很小的细分市场上拥有较大的份额，在整个市场上的份额很小
市场所占份额趋势	保持份额	份额不断增加	拥有或不断增加其细分市场份额	份额小但逐渐增大或逐渐减少
对整个市场的影响力	大	大	有限	很小

表7-1(续)

竞争性营销战略	市场领导者	市场挑战者	市场跟随者	市场利基者
优点	1. 覆盖主要市场 2. 拥有最大的利润，领导作用	1. 被看作另一个领导者 2. 创新并有进攻性 3. 为将来获利不断投资	1. 质量价格比适当 2. 紧跟行业的发展 3. 成本具有优势	1. 灵活且反响快 2. 避免与强大的竞争对手发生正面冲突而受其攻击
缺点	投资风险大	受市场领导者影响	处于被动地位	获利较小

❖本章小结

（1）了解竞争者一般是指那些与本企业提供的产品或服务类似，并且所服务的目标顾客也相似的其他企业。

（2）掌握竞争者分析的主要内容，理解与掌握竞争者分析的步骤，即识别竞争者，判定竞争者战略和目标，评估竞争者的实力和反应，以及选择进攻和回避的对象。

（3）企业的竞争地位不同，其竞争性营销战略也不同。竞争性营销战略主要包括市场领导者、市场挑战者、市场跟随者和市场利基者的战略。

❖趣味阅读

曾与苹果媲美的魅族，究竟败在了哪里？

扫一扫

❖课后练习

一、单选题

1. 竞争者分析是指企业通过某种分析方法识别出竞争对手，并对它们的目标、资源、（　　）和当前战略等要素进行评价。

A. 目的　　B. 市场力量
C. 资料　　D. 对手

2. 竞争者一般是指那些与本企业提供的产品或服务（　　），并且所服务的目标顾客也（　　）的其他企业。

A. 类似、不同　　B. 不同、相同
C. 不同、不同　　D. 类似、相似

3. 分析竞争对手，必须分析哪些方面？（　　）

A. 现有竞争对手和潜在竞争对手

B. 现有竞争对手

C. 潜在竞争对手

D. 现有竞争对手或潜在竞争对手

4. 某企业对竞争对手降价做出强烈的反应，在第一时间采取了报复措施，但对竞争对手强化促销的措施不大在意，这种竞争反应模式属于（　　）。

A. 从容型　　B. 选择型

C. 凶狠型　　D. 随机型

5. 集中优势力量攻击对手的弱点，这种战略属于（　　）。

A. 正面进攻　　B. 侧翼进攻

C. 围堵进攻　　D. 迂回进攻

二、多选题

1. 竞争性营销战略包括（　　）。

A. 市场领导者战略　　B. 市场挑战者战略

C. 市场跟随者战略　　D. 市场利基者战略

E. 总成本领先战略

2. 竞争者分析的步骤包括（　　）。

A. 识别竞争者　　B. 判定竞争者战略和目标

C. 评估竞争者实力和反应　　D. 进攻和回避对象的选择

E. 对竞争者决策的确定

3. 从消费者需求角度分析，企业的竞争者有哪些？（　　）

A. 欲望竞争者　　B. 类别竞争者

C. 形式竞争者　　D. 价格竞争者

E. 品牌竞争者

4. 从行业的角度来看，企业的竞争者有哪些？（　　）

A. 消费者　　B. 现有厂商

C. 潜在加入者　　D. 替代品厂商

E. 需求者

5. 市场跟随者战略有以下几种形式（　　）。

A. 紧密跟随战略　　B. 距离跟随战略

C. 选择跟随战略　　D. 游击跟随战略

E. 迂回跟随战略

三、问答题

1. 竞争者分析的目的是什么？

2. 简述竞争者分析的步骤。

3. 简析竞争性营销战略的内容。

四、案例分析题

2016年区域性乳企的竞争性营销战略

中国经济进入新常态，中国乳业也进入新常态。新常态反映出三个主要特征：一是经济增长速度放缓，二是供需矛盾突出，三是消费结构升级。新常态下的中国乳业同样表现出这三个特征，2014年整体液态奶同比增长11%，2015年整体液态奶同比增长5%，增速明显放缓。另外，行业产能过剩现象日益突出，尤其是大众化产品过剩，而有效供给不足，特别是随着消费升级的加快，供需矛盾愈加突出。随着城市中产阶层的扩大，他们对乳品消费提出新要求，需要更安全、品质更高的乳品，这将推动城市乳品消费结构升级，同时也驱动企业在今后一段时期内进行产品结构升级。

在告别了高速增长时代，区域性乳企如何来破解供需矛盾？如何来顺应消费结构升级？在2016年应该采取何种有效的竞争战略呢？乳业咨询公司的建议是：

突出专业型

区域性乳企应该走产品专业型路线。随着市场的成熟和竞争的充分性，专业性对于区域性乳企愈加重要，要做小而专、小而美的企业，不要做小而全的企业。

产品高端化

区域性乳企普遍定位于低档和中低档市场，在产品结构呈现底部宽而中上部窄，就是说低腰产品多，中腰和高腰产品少。无论是现在还是将来，低端产品需求饱和，低档市场空间拥挤，价格竞争激烈。所以讲，区域性乳企要谋求在高端产品领域的突破。在今后的一个时期内，产品高端化、提升市场定位是区域性乳企的主要战略目标之一。

产品差异化

产品高端化的基础是产品差异化，所以讲产品差异化是竞争战略的核心。如何实现产品差异化？关键一点是开展消费者需求调查，在调查数据的基础上运用科学的需求缺口分析模型，找出那些重要而未满足的需求。这些未满足的需求就是消费者的“痛点”，解决这些痛点就可以实现产品差异化。

产品结构合理化

企业不仅要经过产品线梳理淘汰那些利润低、增长慢的不良产品，还需调整产品结构，使得产品角色比例合理化。从目前来看，大多数区域性乳企的产品角色比例是不合理的，即战斗型和份额型的产品角色占比过高，而形象型和利润型的产品角色占比过低。调整目标是，形象型、利润型、份额型、战斗型的产品角色比例为10%：40%：45%：5%。

打造核心单品

成功企业的一个显著特征是有一两个核心单品，如光明有莫斯利安、畅优，蒙牛有特仑苏、冠益乳、优益C，伊利有金典、舒化奶、每益添。随着市场成熟与竞争加剧，有没有核心单品成为衡量一个企业成功与否的关键性指标。所以，区域性乳企在今后要集中力量打造一两个核心单品，要不断提高核心单品在销售中的权重，这也是配合精简产品线、完善产品结构的重要举措。

增加品牌活跃度

区域性乳企普遍存在品牌影响力问题，但这不会给区域性乳企的成功带来太大的阻力，因为在中国市场上品牌活跃度比品牌知名度更能促进销售，尤其像牛奶这类低关注度的快销品。因此，区域性乳企要增强品牌在终端的活跃度。

渠道全面化

一是线下渠道的完善，要传统渠道、现代渠道和社区订奶渠道齐发力，并且要有明确的各类渠道目标。比如，订奶渠道的目标是封闭性，传统小店的目标是便利性，现代渠道的目标是形象性。二是线上线下渠道融合，不仅要将线上渠道作为品牌推广渠道，更要当作销售渠道来建设。

思考：

1. 根据本案例分析区域性乳制品企业的竞争性营销战略，对区域性乳制品战略进行竞争者分析。

2. 举一个具体的有关我国乳制品的企业为案例，分析其所采取的市场性营销战略。

❖营销技能实训

实训项目：竞争性营销战略分析

【实训目标】

对现实企业的竞争性营销战略进行分析，培养学生分析问题、解决问题的能力。

【实训内容与要求】

1. 选一个自己所熟悉的企业，根据该企业所处的竞争地位及其竞争者的情况，分析其竞争性营销战略，并提出相应的营销建议。

2. 分小组完成，每组 4~5 人。

第四模块
营销策略的制定

第八章　产品策略

对产品质量来说，不是100分就是0分。

——松下幸之助

一家企业应该忠诚地为顾客设想新的特征、服务保证和特殊奖励，让他们从中获得方便和愉悦。

——菲利普·科特勒（Philip Kotler）

❖学习目标

知识目标

（1）理解产品整体概念和产品组合的概念。

（2）掌握产品生命周期的概念及各阶段营销策略。

（3）了解包装设计的内容和原则。

（4）了解新产品的概念及开发程序。

技能目标

（1）具备运用产品策略的理论知识分析营销案例的能力。

（2）具备根据市场实际情况制定产品策略的能力。

❖走进营销

小米CC9 Pro首次曝光1亿像素+骁龙730G

中关村在线消息：近段时间，小米在北京总部正式发布了MIX Alpha概念机型，这是全球首款亮相的1亿像素手机，但是该机目前并不售卖。不过，根据近日的相关爆料显示，小米将在下个月推出搭载1亿像素传感器的小米CC9 Pro机型。

传小米将推出CC9 Pro机型

据了解，小米CC9是小米今年7月推出的一款主打女性市场的拍照手机，作为一款主打拍照的手机，小米首先为该系列量产搭载1亿像素相机也确有可能。该机此前搭载了今年主流4 800万三摄时拍照效果就在一众小米机型中较为突出，在配备1亿像素相机之后的表现将会再次升级。

配置方面，据相关人士透露小米CC9 Pro作为主打女性市场的拍照手机并未搭载旗舰级的处理器，而是目前高通旗下最强的中端处理器——骁龙730G。该处理器在骁龙730基础上，专门加强了图像属性，着重升级了GPU、Vulkan 1.1技术，可实现流畅逼真的图形以及更快的帧速率。

目前还没有太多关于小米 CC9 Pro 的具体信息曝光，不过有媒体消息称小米将会在 10 月 24 日正式发布这款手机。

思考：请分析小米的产品策略？

（资料来源：http：//news. zol. com. cn/728/7284744. html，2019-10-4）

第一节 产品与产品分类

产品策略是市场营销 4P 组合的核心，是企业市场营销活动的基础，其他各种策略是以产品策略为核心来制定的。在市场经济条件下，企业深刻理解和把握产品的内涵，意义非常重大。

一、产品整体概念

关于产品的整体概念，西方学者曾有过多种分析与表述。最开始出现产品整体概念时提到了三个层次：核心产品、形式产品和延伸产品。随着时代的发展，产品整体概念也不断地丰富和充实。目前一般认为产品整体概念的层次组合有五个层次：核心产品、形式产品、期望产品、附加产品和潜在产品。如图 8-1 所示。

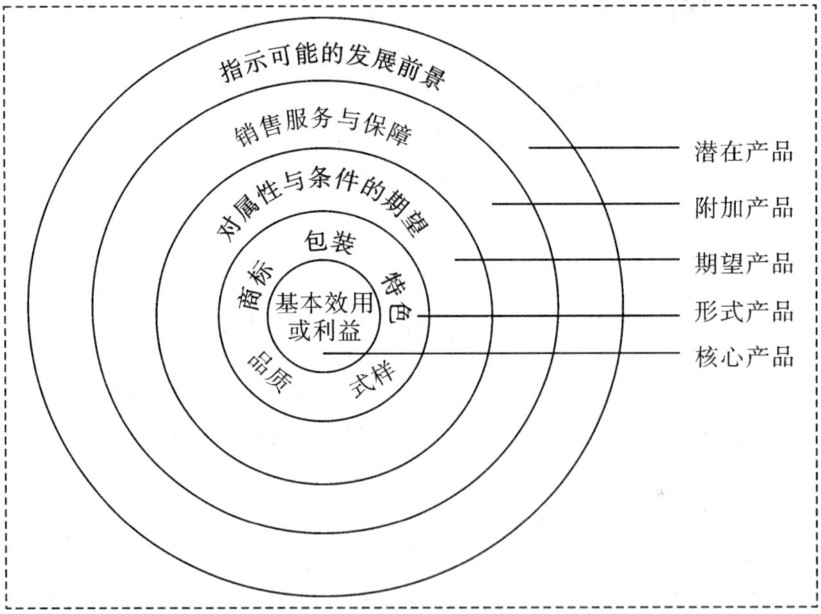

图 8-1 产品整体概念的 5 个层次

（一）核心产品

核心产品是指消费者购买某种产品时所追求的利益，是顾客真正要买的东西，因而在产品整体概念中也是最基本、最主要的部分。消费者购买某种产品，并不是为了占有或获得产品本身，而是为了获得能满足某种需要的效用或利益。比如一个人购买一辆汽车，其真正购买的不是一种能移动的交通工具，而是为了减少时间和体力的消耗，能解决交通不便，能获得生活快乐的感觉等。顾客购买任何东西，都是源于某种需要。他们之所以购买产品，是因为希望该产品能够向他们提供某种满足。所以与其说顾客是在购买产品，不如说他们是在购买一种满足。所以，企业应把握好产品的功效与目标顾客需求之间的必要联系。

（二）形式产品

形式产品是核心产品借以实现的形式，即向市场提供的实体和服务的形象。若有形产品是实体品，则它在市场上通常表现为产品质量水平、外观特色、式样、品牌名称和包装等。比如汽车可以分轿车、卡车、旅行车、大型巴士等形态种类，不同的外在形式具有不同的功能，它是构成一个产品的一般条件。产品的基本效用必须通过某些具体的形式才得以实现。市场营销者应首先着眼于顾客购买产品时所追求的利益，以求更完美地满足顾客需要，从这一点出发再去寻求利益得以实现的形式，进行产品设计。

（三）期望产品

期望产品是指购买者购买某种产品通常所希望和默认的一组产品属性和条件。一般情况下，顾客在购买某种产品时，往往会根据以往的消费经验和企业的营销宣传，对所欲购买的产品形成一种期望，如对于住旅店的客人，其期望是干净的床、香皂、毛巾、热水、电话和相对安静的环境等。任何产品都必须具备这样一些基本属性，顾客才期望得到它们。如果任何一个产品的提供者制造的产品连顾客期望的基本属性都不具备，那他的产品就缺乏了上市的基本条件。

（四）附加产品

附加产品又称产品的附加利益，是指在产品的销售和使用过程中企业向顾客提供的服务、便利以及可以用价值衡量的一切无形的东西。它们不是产品本身，它们还可能是无形的，但是附加产品能帮助消费者在购买和使用产品时获得更多的便利感、安全感、荣誉感等。

附加产品的概念来源于对市场需要的深入认识。因为购买者的目的是满足某种需要，因而他们希望得到与满足该项需要有关的一切。美国学者西奥多·莱维特曾经指出："新的竞争不是发生在各个公司的工厂生产什么产品，而是发生在其产品能提供何种附加利益（如包装、服务、广告、顾客咨询、融资、送货、仓储及具有其他价值的形式）。"

（五）潜在产品

潜在产品是指一个产品最终可能实现的全部附加部分和新增加的功能。许多企业通过对现有产品的附加与扩展，不断提供潜在产品，其给予顾客的就不仅仅是满意，还能使顾客在获得这些新功能的时候，感到喜悦。比如一辆汽车的制造者不仅建立了便利的维修网络，而且当顾客把坏车送去维修时，还可免费借用一辆车，以供维修期间使用。所以潜在产品指出了产品可能的演变，也使顾客对产品的期望越来越高。潜在产品要求企业不断寻求满足顾客的新方法，不断将潜在产品变成现实的产品，这样才能使顾客得到更多的意外惊喜，更好地满足顾客的需要。

产品整体概念的五个层次体现了以顾客为中心的现代营销观念。产品整体概念是建立在“需求=产品”这样一个等式的基础上的。

❖营销情境

先有鸡还是先有蛋?

有一个餐厅生意好，门庭若市，老板年纪大了，想要退休，就找了三位经理过来。老板逐一找他们问：“先有鸡还是先有蛋?”

问题：大家猜猜三个经理是怎么回答这个问题的?

二、产品分类

在进行市场营销管理的过程中，要根据不同类型的产品去制定不同的市场营销策略。对产品进行科学、合理的分类能使我们更有效地制定相应的营销策略。产品分类的方法各种各样，根据不同的分类方法可划分许多不同的产品类别。在这里，我们主要介绍根据消费者购买产品的目的不同而对产品进行的分类：消费品和产业用品。

（一）消费品

消费品指那些由最终消费者购买并用于个人消费的产品。一般可以分为：便利品、选购品、特殊品和非渴求品。由于消费者购买这些产品的方式不同，因而营销人员对产品采取的营销方法也不同。

1. 便利品

便利品也叫日用品，指消费者购买频繁，通常会立即购买，并且希望能随时买到的产品和服务。对于这类产品，顾客只会愿意花少量的时间和精力去对比各商品的品牌和价格。如洗衣粉、糖果和卫生纸就是日用品。它们的价格通常很低，并且购买点很多，如城市街角的便利店，车站的小卖部等。

2. 选购品

选购品是指顾客对使用性、质量、价格和式样等基本方面进行认真权衡后选购的产品。为了挑选最适当的商品，往往会去多家零售店了解并比较商品的价格、式样、质量、服务等，才能做出购买决定。选购品占到产品的大多数，价格一般也要高于便利品，消费者往往对选购品缺乏专门的知识，所以花费的购买时间也就比较长。服装、皮鞋、农具、家电产品等是典型的选购品。

3. 特殊品

特殊品是指具备独有特征和（或）品牌标记的产品。对这些产品，有相当多的购买者一般都愿意做出特殊的购买努力，如海外代购、前往专营店抢购等。消费者在购买前对于特殊品的品牌、特点、质量等有着充分的认识，并且只愿意购买特定品牌的某些产品，从而屏蔽其他品牌的产品。常见的特殊品有名牌奢侈品、小汽车、立体声音响、摄影器材等。

4. 非渴求品

非渴求品又称非渴求物品、非渴求产品或未觅求品，是指消费者不了解或即使了解也没有兴趣购买的产品或服务。传统的非渴求品有人寿保险、工艺类陶瓷以及百科全书等。刚上市的、消费者从未了解的新产品也可归为非渴求品。当然，非渴求品并不是终身不变的，特别是新产品，随着消费者对产品信息的了解，它可以转换为其他类别的产品。所以，对于非渴求品，企业营销人员往往需要开展大力度的营销工作并千方百计地吸引潜在的消费者，从而扩大销售。

（二）产业用品

产业用品是指不用于个人和家庭消费，而用于生产、转售或执行某种职能的产品，多属于中间产品或技术产品。产业用品在全部工业产品中占有相当大的比重。一般可以把产业用品分为三大类：

第一类是进入成品的物品，包括原材料、加工过的材料和零部件等。

第二类是间接进入成品的物品，包括建筑物及土地权，重型设备，轻型设备以及维护、修理和经营用品等。

第三类是无形产品——服务。虽然服务可以与产品实体一起购买，但它本身属于无形的产品。服务的项目是很广泛的，如建筑物的维修服务、运输公司的运输服务、广告社的广告服务、市场营销调查机构的服务、数据处理服务、各种咨询服务、银行业务及其他金融服务等。服务的无形性这个特点，增加了服务销售与购买的复杂性。

第二节　产品组合

一、产品组合及其相关概念

现代企业为了扩大销售、分散风险、保证连续稳定的发展、增加利润等，往往需要给目标市场提供系列产品组合而不是单一的产品或服务，这就涉及产品组合决策问题。

（一）产品组合、产品线及产品项目

产品组合是指一个企业提供给市场的全部产品线和产品项目的组合或结构，即企业的业务经营范围。企业为了实现营销目标，充分有效地满足目标市场的需求，必须设计一个优化的产品组合。产品项目是指产品目录上列出的各种不同质量、品种、规格和价格的特定产品。产品线即产品大类，是指一组具有相同使用功能，能满足同类需要，但型号规格不同的产品。一条产品线可以包括一系列产品项目，一个企业可以生产、经营一条或几条不同的产品线。

（二）产品组合的长度、宽度、深度和关联度

1. 产品组合的宽度（广度）

产品组合的宽度或广度是指一个企业所拥有的产品线的数量。如表 8-1 所示，宝洁公司生产清洁剂、牙膏、肥皂、纸尿布及纸巾，有 5 条产品线，表明产品组合的宽度为 5。

2. 产品组合的长度

产品组合的长度是指企业各条产品线所包含的产品项目总数。比如宝洁的产品长度是 25。每条产品线的平均长度，即全部产品品种数除以全部产品线所得的商（25/5=5），宝洁公司平均每条产品线中有 5 个品牌。

3. 产品组合的深度

产品组合的深度是指产品线中每种产品品牌有多少花色品种和规格。例如，宝洁公司的佳洁士牙膏有 3 种规格和 2 种配方，那么，它的深度为 6（3×2=6）。通过计算公司的每一品牌的种类数目，还可得到宝洁公司产品组合的平均深度。

4. 产品组合关联度

产品组合关联度是指各产品线的产品在最终用途、生产条件、销售渠道或其他方面相互联系的紧密程度。如宝洁公司的产品最终用途是消费品，又通过同一销售渠道进入市场，其关联度较大。但如果产品对不同购买者起不同的作用，那关联度较小。

产品组合的四个维度为企业制定产品战略提供了依据。

表 8-1 宝洁公司的产品组合

	产品组合的宽度				
	洗涤剂	牙膏	香皂	方便尿片	纸巾
产品线长度	象牙雪 1 930	格里 1 952	象牙 1 879	帮宝适 1 961	媚人 1 928
	德莱夫特 1 933	佳洁士 1 955	科克斯 1 885	露肤 1 976	粉扑 1 960
	汰渍 1 946		洗污 1 893		旗帜 1 982
	快乐 1 950		佳美 1 926		绝顶 1 992
	奥克雪多 1 914		爵士 1 952		
	德希 1 954		保洁净 1 963		
	波尔德 1 965		海岸 1 974		
	圭尼 1 966		玉兰油 1 993		
	伊拉 1 972				

❖营销情境

结合表 8-2 的条件，分析并详细说明上汽集团的汽车产品组合的广度、深度和长

度各是多少？

表 8-2　　上汽集团汽车产品组合广度和产品线的深度

<table>
<tr><td></td><td colspan="4">上海大众</td><td>上汽集团</td><td colspan="3">上海通用</td></tr>
<tr><td rowspan="9">产品线深度</td><td>第一代</td><td>第二代</td><td>第三代</td><td>第四代</td><td rowspan="9">七座旅行车</td><td rowspan="2">别克</td><td rowspan="2">赛欧</td><td>麒麟轿车</td></tr>
<tr><td>桑塔纳</td><td>桑塔纳 2000</td><td>帕萨特</td><td>波罗</td><td rowspan="8"></td></tr>
<tr><td>普通型</td><td>时代超人</td><td>基本型</td><td>基本型</td><td>GL</td><td rowspan="2">SL 基本型</td></tr>
<tr><td>警务用车</td><td>自由沸点</td><td>豪华型</td><td>舒适型</td><td>GLX</td></tr>
<tr><td>出租用车</td><td>俊杰</td><td rowspan="5">变型车</td><td>运动型</td><td>GS</td><td rowspan="3">SLX
选装Ⅰ型</td></tr>
<tr><td>LPG
双燃料车</td><td rowspan="4">时代阳光</td><td>豪华型</td><td>G</td></tr>
<tr><td>旅行轿车</td><td rowspan="3">GTI 型</td><td>新世纪</td></tr>
<tr><td>99 新秀</td><td rowspan="2">新一代
别克</td><td rowspan="2">SLX AT
选装Ⅱ型</td></tr>
<tr><td>世纪新秀</td></tr>
</table>

二、产品组合策略

产品组合决策是企业根据市场需求、市场竞争状况和企业自身能力，对优化产品组合的长度、宽度、深度和关联度做出的决策。

（一）扩大产品组合策略

扩大产品组合策略是开拓产品组合的广度和加强产品组合的深度。具体方式有：在维持原产品品质和价格的前提下，增加同一产品的规格、型号和款式；增加不同品质和不同价格的同一种产品；增加与原产品相类似的产品；增加与原产品毫不相关的产品。

（二）缩减产品组合策略

缩减产品组合策略是削减产品线或产品项目，特别是要取消那些获利小的产品，以便集中力量经营获利大的产品线和产品项目。缩减产品组合的方式有：减少产品线数量，实现专业化生产经营；保留原产品线削减产品项目，停止生产某类产品，外购同类产品继续销售。

（三）产品线延伸策略

每个企业的产品都有特定的市场定位，产品线延伸策略指全部或部分地改变原有产品的市场定位，具体有向下延伸、向上延伸和双向延伸三种实现方式 。

1. 向下延伸策略

向下延伸策略，即企业以高档品牌推出中低档产品，通过品牌向下延伸策略扩大市场占有率。一般来讲，采用向下延伸策略的企业可能是因为中低档产品市场存在空隙，销售和利润空间较为可观，也可能是在高档产品市场受到打击，企图通过拓展低档产品市场来反击竞争对手，或者是为了填补自身产品线的空档，防止竞争对手的攻击性行为。

2. 向上延伸策略

向上延伸策略，即企业以中低档产品的品牌向高档产品延伸，进入高档产品市场。一般来讲，向上延伸可以有效地提升品牌资产价值，改善品牌形象，一些国际著名品牌，特别是一些原来定位于中档的大众名牌，为了达到上述目的，不惜花费巨资，以向上延伸策略拓展市场。

3. 双向延伸策略

双向延伸策略是指原定位于中档产品市场的企业掌握了市场优势以后，决定向产品大类的上下两个方向延伸，一方面增加高档产品数量，另一方面增加低档产品数量，扩大市场阵地。

❖营销案例

微软发布折叠屏手机，更新 Surface 产品线

扫一扫

第三节　产品生命周期

随着科学技术的飞速发展和人们生活水平的不断提高，产品的市场生命周期呈现缩短的趋势。为此，企业管理者有必要深入研究产品生命周期理论，认识产品开发的规律，制定长远的产品开发战略，最大限度地延长产品的生命周期。

一、产品生命周期概述

产品生命周期理论是美国哈佛大学教授雷蒙德·弗农（Raymond Vernon）1966 年在其《产品周期中的国际投资与国际贸易》一文中首次提出的。产品生命周期（Product Life Cycle，PLC），是产品的市场寿命，即一种新产品从开始进入市场到被市场淘汰的整个过程。产品生命周期理论认为，如同动物的生命从出生到死亡有一个周期一样，产品在市场上的变化也要经历一个导入、成长、成熟和衰退的周期性过程。而这个周期在不同的技术水平的国家里，发生的时间和过程是不一样的，期间存在一个较大的差距和时差。一般情况下，新产品首先在母国市场商业化，然后再逐步向其他国家的市场进行扩散。在这一过程中，产品商品化程度最高的国家处于最高级阶段，其他工业国家次之。由于发展中国家处于初级阶段，因此，在经济特别落后的国家该产品可能还未进入其市场。生命周期概念可以被用来确定某种产品同一时期在不同国家或地区市场上的相应阶段。

（一）产品生命周期阶段划分

任何一种产品被人们接受都需要一个过程。同时，产品在市场上所占的销售份额和对企业的盈利贡献也是不断变化的，而且产品最终会被市场淘汰。

典型的产品生命周期一般可分为四个阶段，即导入期、成长期、成熟期和衰退期。如图 8-2 所示。产品导入期是指新产品进入市场的最初阶段，这是新产品能否在市场上站稳脚跟的关键时期。如果该产品在导入期即被消费者拒绝，那么，企业为此做出的努力将前功尽弃。成长期是指产品在市场上已经打开销路、销售量稳步上升的阶段。成熟期是产品在市场上普及且销售量达到高峰的饱和阶段。衰退期是指产品销售量持续下降，即将退出市场的阶段。

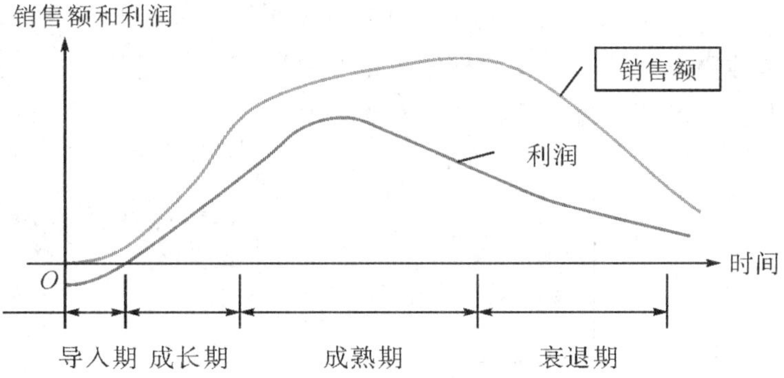

图 8-2　企业产品生命周期图

❖营销情境

请分析说明目前下列产品分别处于 PLC 的哪个阶段？

家用汽车、汽车电话、计算机、电视机、打字机、传呼机。

（二）产品生命周期的其他形态

产品的生命周期有多种形态，并不是每一种产品的生命周期的曲线都呈正态分布。有的产品一进入市场就快速进入成长期，而没有经过导入期；有的产品可能要经过很长时间才能进入成长期；有的产品可能会中途夭折。特殊的产品生命周期主要有以下三种形态：

1. 再循环形态

再循环形态是指产品销售进入衰退期之后，由于种种因素的作用重新进入第二个成长阶段，其原因可能是市场需求的变化或者是企业投入了更多的促销费用。如图 8-3 所示。

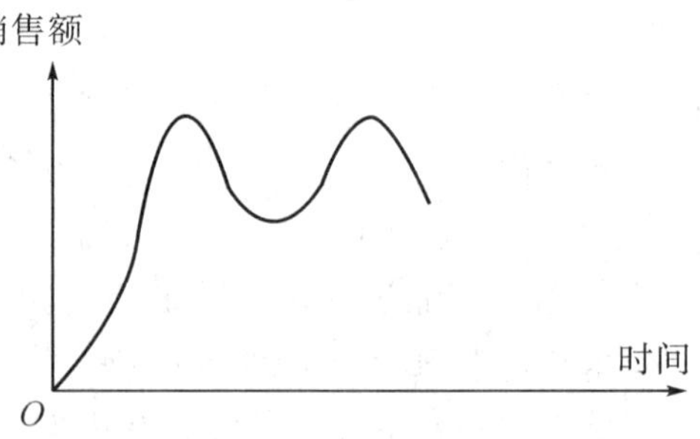

图 8-3　产品生命周期再循环

2. 多循环形态

多循环形态又称“扇形”运动曲线，是另外一种比较特殊的生命周期曲线。它表示一种产品进入成熟期之后，由于发现了新的特征，找到了新的用途，或者发现了新市场，从而使其生命周期不断延长。如图 8-4 所示。

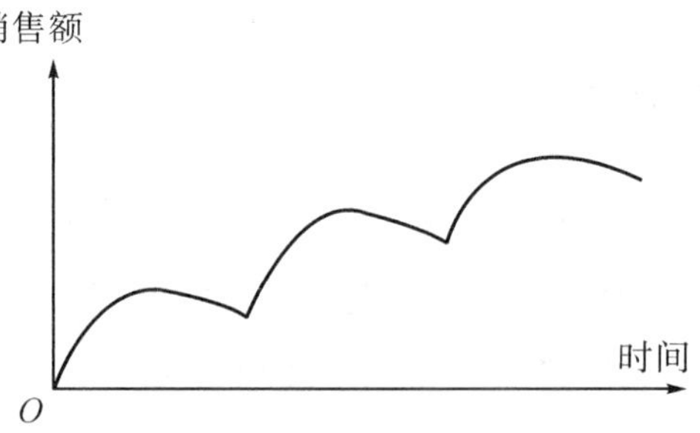

图 8-4　产品生命周期多循环

3. 非连续循环形态

这类商品一上市即热销，而后很快在市场上销声匿迹。大多数时髦商品属于非连续循环。厂商既无必要也不愿意做延长其成熟期的任何努力，而是等待下一周期的来临，如图 8-5 所示。

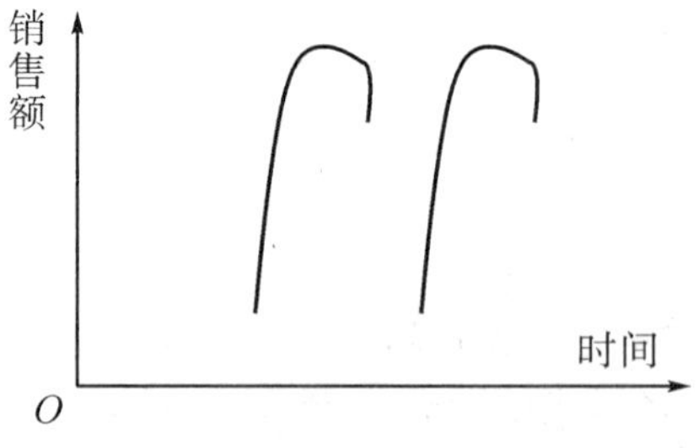

图 8-5　产品生命周期非连续循环

（三）产品种类、形式、品牌的生命周期

一般而言，产品种类（如香烟）、产品形式（如过滤嘴香烟）和产品品牌（如云烟）的生命周期各不相同。产品种类具有最长的生命周期。产品形式能够比产品种类更准确地体现标准的产品生命周期历程。相对于前两者而言，产品品牌显示了较短的生命周期历程。

二、产品生命周期各阶段的特征与营销策略

（一）导入期的特点及企业的营销策略

导入期是新产品进入市场的最初阶段。其主要特点是：

（1）消费者对该产品知之甚少，甚至一无所知。

（2）产品销售量少，销售额增长缓慢。

（3）为打开市场，企业投入的促销费用极高。

（4）企业利润很小，甚至亏损。

（5）市场竞争程度低，只有少数企业介入该市场。

（6）最先购买者是少数追求新奇、喜欢冒险的“创新者”。

在导入期，企业主要的营销目标是迅速将新产品打入市场，在尽可能短的时间内扩大产品的销售量。如图 8-6 所示，可采取的具体策略有：

（1）快速撇脂策略。高价高促销策略，即企业以高价和大规模促销将新产品推进市场，加强市场渗透与扩张。采用此策略必须具备如下条件：产品鲜为人知；了解产品的人急于购买，并愿意以卖主的定价支付；企业面临潜在的竞争，必须尽快培养对本产品“品牌偏好”的忠实顾客。

（2）缓慢撇脂策略。高价低促销策略，即企业以高价和低促销费用将新产品推进市场，以多获利润。采用此策略必须具备如下条件：市场规模有限，消费对象相对稳定；顾客已经了解该产品；顾客愿意支付高价；潜在竞争的威胁较小。

（3）快速渗透策略。低价高促销策略，即企业以低价和大规模的促销活动将新产品推进市场，以最快的速度进行市场渗透和扩大市场占有率。采用此策略必须具备如下条件：市场容量相当大，顾客并不了解该新产品；市场对价格比较敏感；潜在竞争威胁大；商品的单位成本可因大批量生产而降低。

（4）缓慢渗透策略。低价低促销策略，即企业以低价和少量的促销费用将新产品推向市场，以廉取胜，迅速占领市场。采用此策略必须具备如下条件：市场规模大；产品有较高的知名度；对价格较为敏感；有相当数量的潜在竞争者。

		促销水平	
		高	低
价格水平	高	快速撇脂策略	缓慢撇脂策略
	低	快速渗透策略	缓慢渗透策略

图 8-6　导入期可选择的市场策略

（二）成长期的特点及营销策略

成长期是产品在市场上已经打开销路，销售量稳步上升的阶段。其主要特点有：

（1）购买者对商品已经比较熟悉，市场需求扩大，销售量迅速增加。

（2）产品已具备大量生产的条件，生产成本相对较低。

（3）销售额迅速上升，利润迅速增长。

（4）竞争者相继加入市场，竞争趋向激烈。

在成长期，企业的主要营销目标是尽可能维持高速的市场增长率。可采取的具体策略有：

（1）增加花色品种，改进款式、包装，以适应市场的需要。

（2）进行新的市场细分，从而更好地适应增长趋势。

（3）广告促销从介绍产品、提高知名度转到提高产品品质、树立产品形象。

（4）拓宽销售渠道，扩大商业网点。

（5）适当地降低价格以提高竞争能力和吸引新的顾客。

（三）成熟期的特点及营销策略

成熟期是产品在市场上普及销售量达到高峰的饱和阶段，具体而言又可以分成三个时期：成长成熟期、稳定成熟期和衰退成熟期。总的来说，其主要特点是：

（1）产品已为绝大多数的消费者所认识与购买，销售量增长缓慢，处于相对稳定状态，并逐渐出现下降的趋势。

（2）此阶段销售量最高，并保持相对稳定。

（3）产量达到最高点，成本和价格降到了最低点，利润升到最高点。

（4）竞争十分激烈，后期已有部分企业开始退出竞争。

成熟产品是企业理想的产品，是企业利润的主要来源。因此，延长产品的成熟期是该阶段的主要任务。延长产品成熟期的策略可以从以下三个方面考虑：

（1）产品改良。它主要包括：①提高质量。②增加特性。③更新款式。

（2）市场改良。从广度和深度上拓展市场，争取新顾客，刺激老顾客增加购买。

（3）营销组合改良。它是指通过改进营销组合的一个或几个因素来刺激销售，延长产品的市场成熟期。通常使用的方法有：降低价格、加强促销、改进营销渠道等。

（四）衰退期的特点及营销策略

衰退期是产品销售量持续下降、即将退出市场的阶段。其主要特点有：

（1）产品逐渐老化，新产品不断涌入市场，销售量逐渐下降。

（2）同行业为减少存货损失，竞相降价销售，竞争激烈。

（3）生产规模萎缩，成本上升，利润显著下降。

（4）该产品逐渐被新产品代替，最后完全退出市场。

在衰退期，企业的主要任务是尽快退出市场，尽量减少因存货过多给企业造成的亏损。可选择的策略有：

（1）维持策略：维持原有投入，利用其他竞争者退出市场的机会，通过提高服务质量、降低价格等方法维持销售。

（2）集中策略：有选择地降低投资水平，放弃没有前景的顾客群，加强对有利可图的子市场的投资。

（3）榨取策略：大幅降低促销，增加目前利润，迅速榨取现金。

（4）放弃策略：即企业停止生产衰退期产品，上马新产品或转产其他产品。

产品生命周期各阶段的特点、目标和战略，如表 8-3 所示。

表 8-3　　产品生命周期各阶段的特点、目标和战略

阶段		导入期	成长期	成熟期	衰退期
特征	销售	销售量低	销售量剧增	销售量最大	销售衰退
	成本	单位顾客成本高	单位顾客成本一般	单位顾客成本低	单位顾客成本低
	利润	亏本	利润增长	利润高	利润下降
	顾客	创新者	早期使用者	中期大众	落后者
	竞争者	很少	增多	人数稳中有降	下降
营销目标		提高产品知名度，提高试用率	市场份额最大化	保护市场份额，争取最大利润	压缩开支，榨取品牌价值
策略	产品	提供基本产品	扩大服务保证	品牌和型号多样化	逐步撤出衰退产品
	价格	用成本加成法	渗透市场市价法	通过定价与竞争者抗衡或战胜他们	降价
	分销	建立选择性分销	密集分销	建立更密集的分销	有选择地减少无利润渠道出口
	广告	在早期使用者和经销商中建立知名度	在大众市场建立知名度，激发兴趣	强调品牌差异和利益	降低至维持绝对忠诚者的水平
	促销	加强促销，引诱试用	减少促销，利用使用者的要求	加强促销，鼓励转换品牌	降低到最低标准

第四节　包装策略

商品需要包装后再进入流通领域。设计良好的包装不仅可以保护商品，方便贮运，还可以促进销售，因此，包装也被许多营销人员称为 4P 之后的第 5 个 P。

一、包装的含义与种类

（一）包装的含义

包装是指对某一品牌商品设计并制作容器或包扎物的一系列活动。其构成要素有：

（1）商标与品牌——包装中最主要的构成要素，应占据突出位置。

（2）形状——包装中必不可少的组合要素，有利于储运、陈列及销售。

（3）色彩——包装中最具刺激销售作用的构成要素，对顾客有强烈的感召力。

（4）图案——在包装中，其作用如同广告中的画面。

（5）材料——包装材料的选择影响包装成本，也影响市场竞争力。

（6）标签——含有大量商品信息，包括印有包装内容和产品所含主要成分、品牌标志、产品质量等级、生产厂家、生产日期、有效期和使用方法等。

（二）包装的种类

（1）运输包装（外包装或大包装）——主要用于保护产品品质安全和数量完整。

（2）销售包装（内包装或小包装）——实际上是零售包装，不仅要保护商品，更重要的是要美化和宣传商品，便于陈列，吸引顾客，方便消费者认识、选购、携带和使用。

二、包装在营销中的作用

（一）保护商品

保护功能，是包装最基本的功能，即保证产品从出厂到消费整个过程中不致损坏、散失、溢出或变质。一件商品，要经多次流通，才能走进商场或其他场所，最终到消费者手中。这期间，需要经过装卸、运输、库存、陈列、销售等环节。在储运过程中，很多外因，如撞击、潮湿、光线、气体、细菌等因素，都会威胁到商品的安全。

（二）促进销售

包装具有识别和推销的功能。包装是产品的延伸，是整体产品的一部分。包装是“沉默的推销员”。在市场竞争日益激烈的今天，如何让自己的产品得以畅销，如何让消费者从琳琅满目的货架中挑出自己的产品，只靠产品自身的质量与媒体的轰炸，是远远不够的。因为，在各种自选卖场如雨后春笋般而起的今天，产品自身的包装是直接面向消费者的。美观大方、漂亮得体的包装不仅能够吸引顾客，而且能够刺激消费者的购买欲望，从而达到促销的目的。

（三）增加盈利

优良、美观的包装往往可抬高商品的身价，使顾客愿意付出较高的价格购买。苏州生产的檀香扇，在香港市场上原价是65元一把，后来改用成本是5元钱的锦盒包装，售价达165元一把，结果销量还大幅度提高。

❖营销案例

红星青花瓷珍品二锅头

作为一家有着50多年历史的酿酒企业，北京红星股份有限公司（以下简称“红星公司”）生产的红星二锅头历来是北京市民的餐桌酒，一直受到老百姓的喜爱。然而，由于在产品包装上一直是一副“老面孔”，红星二锅头始终走在白酒低端市场，无法获取更高的经济效益。

随着红星青花瓷珍品二锅头的推出，红星二锅头第一次走进了中国的高端白酒市场。红星青花瓷珍品二锅头在产品包装上融入中国古代文化的精华元素。酒瓶采用仿清乾隆青花瓷官窑贡品瓶型，酒盒图案以中华龙为主体，配以紫红木托，整体颜色构成以红、白、蓝为主，具有典型中华文化特色，将中国的传统文化与白酒文化结合在一起。

对此，红星公司市场部有关负责人告诉记者，红星青花瓷珍品二锅头酒是红星公司50多年发展史上具有里程碑意义的一款重要产品。“它的推出，使得红星二锅头单一的低端形象得到了彻底的颠覆，不仅创造了优异的经济效益，还提高了公司形象、产品形象和品牌形象。”记者了解到，红星青花瓷珍品二锅头在市场上的销售价格高达200多元，而普通的红星二锅头酒仅为五六元。

三、包装的要求与设计原则

（一）包装的要求

在市场营销中，为适应竞争的需要，包装要考虑不同对象的要求。

（1）消费者的要求。由于社会文化环境不同，不同的国家和地区对产品的包装要求不同。因此，包装的颜色、图案、形状、大小、语言等要考虑不同国家、地区、民族的消费者的习惯和要求。

（2）运输商的要求。运输商考虑的主要因素是商品能否以最少的成本安全到达目的地。所以要求包装必须便于装卸、结实、安全，不至于在到达目的地前就损坏。

（3）分销商的要求。分销商不仅要求外包装便于装卸、结实、防盗，而且内包装的设计要合理、美观，能有效利用货架，容易拿放，同时能吸引顾客。

（4）政府的要求。随着人们绿色环保意识的加强，要求企业包装材料的选择要符合政府的环保标准，节约资源，减少污染，禁止使用有害包装材料，实施绿色包装战略。同时要求标签符合政府的有关法律和规定。

（二）包装的设计原则

（1）安全。

（2）适于运输，便于保管与陈列，便于携带和使用。

（3）美观大方，突出特色。

（4）与商品价值和质量水平相匹配。

（5）尊重消费者的宗教信仰和风俗习惯。

（6）符合法律规定，兼顾社会效益。

❖营销视野

绿色包装

扫一扫

四、包装策略

（一）类似包装策略

类似包装策略指企业生产的各种产品，在包装上采用相同的图案、相近的颜色，体现出共同的特点，也叫产品线包装。这种包装策略可以节约设计和印刷成本，并且易树立企业形象，提高企业声誉及促进新产品推销，但是如果某一产品质量下降，那就会影响到类似包装的其他产品的销路。

（二）等级包装策略

等级包装策略指对不同质量等级的产品分别使用不同包装，表里一致，如高档优质包装、普通一般包装。或者对同一商品采用不同等级包装，以适应不同购买力水平或不同顾客的购买心理。如送礼商品和自用商品采用不同档次的包装。

（三）异类包装策略

异类包装策略指企业的各种产品都有自己独特的包装，在设计上采用不同的风格、色调和材料。

这种策略不会因某一种商品营销失败而影响其他商品的市场声誉，但也相应地会增加包装设计费用和新产品促销费用。

（四）配套包装策略

配套包装策略指企业将几种相关的商品组合配套包装在同一包装物内出售，如系列化妆品包装。这可以方便顾客购买、携带和使用，有利于新产品的销售，也利于带动多种产品销售及新产品进入市场。

（五）再使用包装策略

再使用包装策略指包装物内商品用完之后，包装物本身还可用作其他用途。这种策略通过给消费者额外的利益而扩大销售，同时包装物再使用可起到延伸宣传的作用。但这种刺激只能收到短期效果。

（六）附赠品包装策略

附赠品包装策略指在包装物内附有赠品以诱发消费者重复购买，是一种有效的营业推广方式。这一策略对儿童和青年以及低收入者比较有效。

（七）更新包装策略

更新包装策略指企业的包装策略随市场需求的变化而改变的做法。这可以改变商品在消费者心目中的地位，进而收到迅速恢复企业声誉之佳效。

第五节 新产品开发

一、新产品的概念和种类

当今的市场竞争日益激烈，生产力的发展和技术的进步使得产品不断地更新换代，传统产业不断地被新兴产业所取代，产品若不能满足人们日益增长的需求，则必然面临被淘汰的命运。企业也一样，在如今的市场环境下，企业想要获得长久的生存，就必须不断地发现市场新的需要，从而不断地推出新的产品。从企业的角度来说，新产品的概念不仅仅是由于科技的重大突破或产品技术的重大革新带来的全新物品。所谓新产品，是指与原有产品相比较，具备新的特征，并且新的特征能够吸引消费者的好奇心、满足消费者新的需要的产物。原有产品在规格、品质、功能、形态上发生比较明显、新颖的改变，与原产品产生明显的差异，就可以看作新产品。在这里，我们可以将新产品分为以下几类；

（一）全新产品

全新产品是指由于科技的重大发现或突破、技术的革新、新材料的引入等，研制出市场上从来没有过的产品，如首次推出的汽车、电脑、智能手机等。全新产品与其他新产品的概念有显著的不同，具备较高的特殊性和优越性；同时，全新产品往往可以申请发明专利，受相关知识产权法律保护，发明企业拥有专利权。成功的全新产品甚至可以改变人们的生产生活方式。当然，全新产品的研制需要耗费大量的人力、物力、财力，而且成功率有时很难掌握，风险比较大。

（二）换代产品

换代产品是指在原有产品的基础上，通过新技术、新材料等手段对其功能形态等进行较大程度的更新，使其产品性能得到大幅改善和创新。换代产品在新产品中比较常见，很多电子产品都是依赖产品换代寻求新的市场突破。

（三）改进产品

改进产品是指根据市场的反馈和各方需要对原有的产品进行各方面不同程度的改进。比如说在原有产品用途不变的基础上，对其设计和材料的使用进行改进，采取新的样式、包装、外观；也可以对产品的原有功能进行改进或加入新的功能；当然也对原有产品进行差异化改进，加深产品线的深度。

（四）仿制产品

仿制产品是指企业模仿既有产品生产并推出同样的或基本同样的产品。一般而言，当企业在新兴市场发现某些尚未在该市场上市的既有产品时，可以在法律允许的范围内，仿制相应产品进行第一次推广。

二、新产品的主要特征

（1）创新性。新产品往往具有新的原理、新的构思和设计，由新的材料和新的元器件构成，具有新的性能、用途等创新或改进内容。

（2）先进性。新产品必须满足技术先进的条件，在性能、质量、能耗等技术经济指标方面要比老产品有明显的提高。

（3）继承性。任何发明创造或新产品，都是在以往知识积累的基础上孕育产生的。

国外一些厨房创意神器（视频）

三、新产品开发的程序

新产品开发是指企业从事新产品的研究、试制、投产，以更新或扩大产品品种的过程。一个完整的新产品开发过程要经历八个阶段：构思产生、构思筛选、产品概念形成和测试、营销规划、商业分析、产品研制、市场试销、批量上市。如图 8-7 所示。

（一）新产品构思

构思是为满足一种新需求而提出的设想，大致勾画出新产品的轮廓及其市场前景。在这一阶段，营销部门的主要责任是：积极地在不同环境中寻找好的产品构思；积极鼓励公司内外人员发展产品构思；将所汇集的产品构思转送公司内部相关部门，征求修改意见，使其内容更加充实。

企业通常可从企业内部和企业外部寻找新产品构思的来源。公司内部人员包括：研究开发人员、市场营销人员、高层管理者及其他部门人员。这些人员与产品的直接接触程度各不相同，但他们的共同点是熟悉公司业务的某一个或某几个方面。企业可寻找的外部构思来源有：顾客、中间商、竞争对手、企业外的研究和发明人员、咨询公司、营销调研公司等。

（二）筛选

筛选的主要目的是选出那些符合本企业发展目标和长远利益，并与企业资源相协调的产品构思，摒弃那些可行性小或获利前景不好的产品构思。构思筛选的主要方法是建立一系列评价模型。评价模型一般包括：评价因素、评价等级、权重和评价人员。其中确定合理的评价因素和给每个因素确定适当的权重是评价模型是否科学的关键。

（三）产品概念的形成与测试

产品构思经筛选后，需要进一步发展，形成更具体、明确的产品概念。产品概念是企业从消费者的角度对产品构思进行的详尽描述。即将新产品构思具体化，描述出

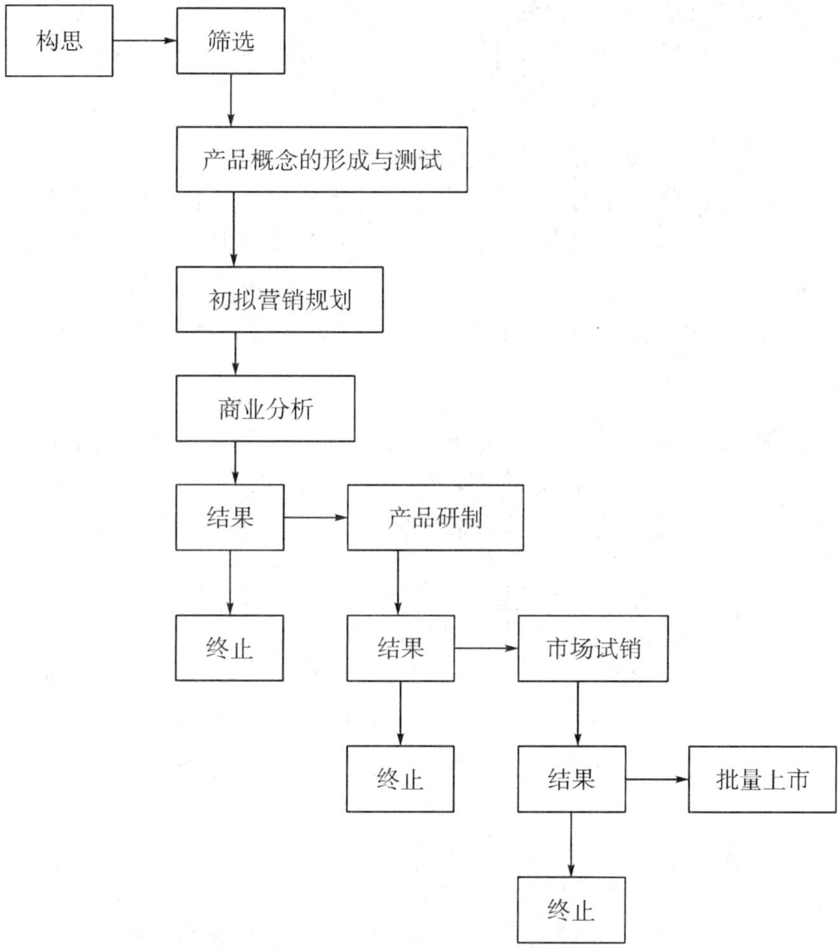

图 8-7　新产品开发程序

产品的性能、具体用途、形状、优点、外形、价格、名称、提供给消费者的利益等，让消费者能一目了然地识别出新产品的特征。因为消费者不是购买新产品构思，而是购买新产品概念。新产品概念形成的过程也是把粗略的产品创意转化为详细的产品概念。并通过产品概念测试筛选出可以进一步商业化的产品概念。

（四）初拟营销规划

对已经形成的新产品概念制订营销战略计划是新产品开发过程的一个重要阶段。该计划将在以后的开发阶段中不断完善。初拟营销规划包括三个部分：

第一部分是描述目标市场的规模、结构和消费者行为，新产品在目标市场上的定位，市场占有率及前几年的销售额和利润目标等。

第二部分是对新产品的价格策略、分销策略和第一年的营销预算进行规划。

第三部分则描述预期的长期销售量和利润目标以及不同时期的营销组合。

（五）商业分析

商业分析是指从经济效益分析新产品概念是否符合企业目标。它包括两个具体步骤：预测销售额和推算成本与利润。预测新产品销售额可参照市场上类似产品的销售发展历史，并考虑各种竞争因素，分析新产品的市场地位、市场占有率等。

（六）新产品研制

将通过商业分析后的新产品概念交送研究开发部门或技术工艺部门试制成产品模型或样品，同时进行包装的研制和品牌的设计。这是新产品研制的一个重要步骤。应当强调，新产品研制必须使模型或样品具有产品概念所规定的所有特征。根据美国科学基金会调查，新产品开发过程中的产品实体开发阶段所需的投资和时间分别占总开发总费用的30%、总时间的40%，且技术要求很高，是最具挑战性的一个阶段。

（七）新产品试销

新产品试销的目的是通过将新产品投放到有代表性的小范围目标市场进行测试，帮助企业真正了解该新产品的市场前景。市场试销的目的主要有两个：一是验证新产品开发技术经济设想的准确性；二是为制定新产品导入市场的营销组合策略收集信息。

（八）批量上市

新产品试销成功后，就可以正式批量生产，全面推向市场。这时，企业要支付大量费用，而新产品投放市场的初期往往利润微小，甚至亏损。因此，企业应在以下几方面慎重决策：

（1）何时推出新产品。针对竞争者的产品而言，有三种时机选择，即首先进入、平行进入和后期进入。

（2）何地推出新产品。新产品是否推向单一的地区、一个区域、几个区域、全国市场或国际市场。

（3）如何推出新产品。企业必须制定详细的新产品上市的营销计划，包括营销组合策略、营销预算、营销活动的组织和控制等。

❖营销案例

开发狩猎靴：了解顾客需求

扫一扫

❖本章小结

（1）产品是营销组合中最重要也是最基本的因素。产品整体概念包含五个层次，分别是核心产品、形式产品、期望产品、附加产品和潜在产品。

（2）产品组合策略和包装策略也日益重要。包装、商标都是产品不可分割的组成部分。企业必须从顾客的需求出发，诠释产品的概念和内容，并且提供顾客所需的产品和服务。

（3）随着需求的不断变化，产品的销售会出现一个导入、成长、成熟、衰退的周期性变化，任何一种产品最终都会有被淘汰的时候。企业在产品生命周期的不同阶段应采取不同的策略，并开发新产品满足不断变化的需求。

❖**趣味阅读**

百岁山广告（视频）

产品与故事
——百岁山天然矿泉水

扫一扫

❖**课后练习**

一、单选题

1. 在产品整体概念中最基本、最主要的部分是（　　）。

A. 核心产品　　B. 包装
C. 有形产品　　D. 附加产品

2. 产品组合的宽度是指产品组合中所拥有的（　　）的数目。

A. 产品项目　　B. 产品线
C. 产品种类　　D. 产品品牌

3. 产品生命周期是由（　　）的生命周期决定的。

A. 企业与市场　　B. 需要与技术
C. 质量与价格　　D. 促销与服务

4. 人们安装暖气设备是为了在寒冷的冬季满足温暖舒适的需求，这属于产品整体概念中的（　　）。

A. 核心产品　　B. 形式产品
C. 附加产品　　D. 期望产品

5.（　　）是指在原有产品的基础上，利用现代科学技术制成的具有新的结构和性能的产品。

A. 全新产品　　B. 换代产品
C. 改进产品　　D. 仿制产品

二、多选题

1. 企业往往不只经营一种产品，由此形成了产品组合，界定产品组合的主要特征就是（　　）。

A. 宽度　　B. 长度

C. 高度　　D. 深度

E. 关联度

2. 快速渗透策略，即企业以（　　）推出新品。

A. 高品质　　B. 高促销

C. 低促销　　D. 高价格

E. 低价格

3. 成熟产品是企业理想的产品，是企业利润的主要来源。延长产品成熟期的策略有（　　）。

A. 产品改良　　B. 市场改良

C. 营销组合改良　　D. 市场渗透

E. 市场撇脂

4. 在衰退期，企业的主要任务是尽快退出市场，尽量减少因存货过多给企业造成的亏损，可选择的策略有（　　）。

A. 维持策略　　B. 集中策略

C. 榨取策略　　D. 渗透策略

E. 放弃策略

5. 包装在营销中的作用有（　　）。

A. 保护商品　　B. 促进销售

C. 增加盈利　　D. 便于运输

E. 吸引顾客

三、问答题

1. 简述产品整体概念的五个层次。
2. 针对导入期的产品，可采取的营销策略有哪些？
3. 简述包装的作用。

四、案例分析题

J牌小麦啤酒生命周期延长策略

国内某知名啤酒集团针对啤酒消费者对啤酒口味需求日益趋于柔和、淡爽的特点，积极利用公司的人才、市场、技术、品牌优势，进行小麦啤酒研究。2000年利用其专利科技成果开发出具有国内领先水平的J牌小麦啤。这种产品泡沫更加洁白细腻、口味更加淡爽柔和，更加迎合啤酒消费者的口味需求，一经上市在低迷的啤酒市场上掀起一场规模宏大的J牌小麦啤的概念消费热潮。

J牌小麦啤的基本状况

J牌啤酒公司当初认为，J牌小麦啤作为一个概念产品和高新产品，要想很快获得大份额的市场，迅速取得市场优势，就必须对产品进行一个准确的定位。J牌集团把小麦啤定位于零售价2元/瓶的中档产品，包装为销往城市市场的500ML专利异型瓶装和销往农村、乡镇市场的630ML普通瓶装两种。合理的价位、精美的包装、全新的口味、高密度的宣传使J牌小麦啤酒2000年5月上市后，迅速风靡本省及周边市场，并且远销到江苏、吉林、河北等外省市场，当年销量超过10万吨，成为J牌集团一个新的经济增长点。由于上市初期准确的市场定位使J牌小麦啤迅速从诞生期过渡到高速成长期。

高涨的市场需求和可观的利润回报使竞争者也随之发现了这座金矿，本省的一些中小啤酒企业不顾自身的生产能力，纷纷上马生产小麦啤酒。一时间市场上出现了五六个品牌的小麦啤酒，而且基本上都是外包装抄袭J牌小麦啤，酒体仍然是普通啤酒，口感较差，但凭借1元左右的超低价格，在农村及乡镇市场迅速铺开，这很快造成小麦啤酒市场竞争秩序严重混乱，J牌小麦啤的形象遭到严重损害，市场份额也严重下滑，形势非常严峻。J牌小麦啤也因此出现：一部分市场迅速进入了成熟期，销量止步不前，而另一部分市场受杂牌小麦啤酒低劣质量的严重影响，消费者对小麦啤不再信任，J牌小麦啤销量也急剧下滑，产品提前进入了衰退期。

J牌小麦啤的战略抉择

面对严峻的市场形势，是依据波士顿理论选择维持策略，尽量延长产品的成熟期和衰退期最后被市场自然淘汰，还是选择放弃小麦啤酒市场策略，开发新产品投放其他的目标市场？决策者经过冷静的思考和深入的市场调查后认为：小麦啤酒是一个技术壁垒非常强的高新产品，竞争对手在短期内很难掌握此项技术，也就无法缩短与J牌小麦啤之间的质量差异；小麦啤酒的口味迎合了当今啤酒消费者的流行口味，整个市场有较强的成长性，市场前景是非常广阔的。所以选择维持与放弃策略都是一种退缩和逃避，失去的将是自己投入巨大的心血打下的市场，而且若研发新产品开发其他的目标市场，则研发和市场投入成本很高，市场风险性很大，但如果积极采取有效措施，调整营销策略，提升J牌小麦啤的品牌形象和活力，使其获得新生，重新退回到成长期或直接过渡到新一轮的生命周期，自己也将重新成为小麦啤酒的市场引领者。

事实上，该公司准确的市场判断和快速有效的资源整合，使得J牌小麦啤酒化险为夷，重新夺回了失去的市场，重新焕发出强大的生命活力，重新进入高速成长期，开始了新一轮的生命周期循环。

思考：

1. 分析J牌小麦啤的优势与劣势。
2. 如果你是公司的决策人，你会采取哪些具体措施来延长J牌小麦啤的生命周期？

❖营销技能实训

实训项目：模拟创办公司

【实训目标】

培养学生运用所学产品策略相关知识，分析与评价企业的核心产品定位及应对策略的能力。

【实训内容与要求】

五位同学一组，模拟创办公司，根据本企业目标顾客特点，列出经营产品表，说明本公司产品组合的关联度及核心产品定位。

第九章　品牌策略

我们全身心地投入取悦到顾客的工作中去，我们为品牌浇筑热情，我们是品牌的创造者、树立者和信徒。

——雷富礼 宝洁公司董事局主席兼 CEO

品牌的出现是伴随着消费者的不安全感而来的。

——让·诺尔·卡菲勒 法国品牌专家

❖教学目标

知识目标

（1）理解品牌与品牌资产的内涵、作用和重要性。

（2）掌握各种品牌策略及其特点。

（3）了解品牌保护与品牌管理的相关知识。

技能目标

（1）具备品牌命名与设计的能力。

（2）具备结合品牌定位制定品牌策略的能力。

（3）具备品牌保护和品牌管理的相关能力。

❖走进营销

为何 OPPO 成为年轻人最喜爱的手机品牌

全球领先的移动互联网第三方数据机构 iMedia Research（艾媒咨询）发布了《2016—2017 年中国智能手机市场监测报告》。报告显示，OPPO 以全年出货量 7 840 万部及 18.0%的销售占比领先于国内其他手机品牌。

据悉，在 OPPO 专注于用户关注的拍照、闪充等专利技术，凭借着品牌和产品与生俱来的“时尚基因”，让手机不再成为单一的通信工具，而这些成绩也获得了年轻用户对 OPPO 的认可。

同时，OPPO 手机还拥有时尚的外观以及多样化的配色，深受追求个性化的年轻用户喜爱。特别是 OPPO 推出的最新款 OPPO R9s 旗舰拍照手机，拥有时下最流行的“清新绿”配色，还未上市，即获得明星李易峰、陈乔恩、林允、董力及时尚潮人的追捧，成为今年春季最流行的时尚街拍必备手机潮品。

其次，OPPO R9s 还拥有 3 010mAh 大容量电池，以及 OPPO 独立自主研发的

VOOC 闪充技术，同时在国家专利总局申请了 18 项核心技术专利，有着智能全端式五级防护，在绝对安全的情况下将最快充电速度提升了 4 倍以上。超强的手机续航能力及闪充技术，让 OPPO R9s 在智能手机快速充电领域继续领跑。

这么多年来，OPPO 一直持续创新，不断打造出一款又一款拥有超高含金量的产品，OPPO R9s 连续 5 个月创下国产销量第一，不断受到年轻人的好评。值得一提的是，2016 年度 OPPO 发明专利申请量在智能移动终端公司中位列第一。

OPPO 十分善于洞察年轻用户的核心需求，手机产品不仅外形始终引领时尚风潮，更通过持续创新等技术手段，在年轻人最关注的拍照、续航、充电等方面均有优异表现，可见，OPPO 是真正在为年轻用户做手机的企业。

思考：根据你对本案例的学习，查阅相关资料，综合分析 OPPO 手机是如何成为年轻消费者喜爱的品牌的？这一结果又给 OPPO 带来了哪些影响？

过去在选购品牌的时候，消费者往往更看重品牌的功能性价值。随着消费者越来越老练，新的生活方式和新的消费趋势出现了。如今的消费者正朝着享乐性和符号性转变。我们的购买行为常常会凸显出我们的身份建构。因此，自我概念和自我形象对购买行为的影响越来越大，结果出现了两种主要的品牌化趋势：第一种是以隐喻的方式创建品牌内涵；第二种是发展消费者与品牌之间的管理。

第一节　品牌与品牌资产

一、品牌的内涵及作用

（一）品牌的概念

《营销术语词典》上对品牌的定义为：品牌是指以识别一个或一群卖主的商品或劳务的名称、术语、记号、象征或设计及其组合，并用以区分一个或一群卖主和竞争者。

著名的广告大师大卫·奥格威的定义则为：品牌是一种错综复杂的象征——它是产品属性、名称、包装、价格、历史声誉、广告方式的无形总和，品牌同时也因消费者对其使用的印象以及自身的经验而有所界定。

美国营销学的权威人物菲利普·科特勒认为：品牌是一个名字、名词、符号或设计，或是上述的总和。

总的来看，品牌是用以识别销售者的产品或服务，并使之与竞争对手的产品或服务区别开来的商业名称及其标志。通常由文字、标记、符号、图案和颜色等要素或这些要素的组合构成。

（二）品牌的内涵

品牌实质上代表着卖者对交付给购买者的产品特征、利益和服务的一惯性的承诺。最佳品牌就是质量的保证。但品牌还是一个复杂的象征，品牌的整体含义可分成六个层次。

1. 属性

品牌首先使人们想到某种属性。如家电品牌“海尔”意味着质量可靠、工艺精湛、服务上乘等。公司可以采用一种或几种属性为其家电做广告。

2. 利益

品牌不只意味着一整套属性。顾客不是在买属性，他们买的是利益。属性需要转化为功能性或情感性的利益。耐久的属性体现了功能性的利益：“多年内我不需要买同样功能的家电。”质量可靠可减少维修费用，上乘服务可方便消费者。

3. 价值

价值可以兼容多个产品的理念，是品牌向消费者承诺的功能性、情感性及自我表现型利益，体现了制造商的某种价值感。如“高标准、精细化、零缺陷”是“海尔”体现的服务价值。品牌价值需要通过企业的长期努力，使其在消费者心目中建立起一定的价值，再通过企业与客户之间保持稳固的联系加以体现。

4. 文化

品牌的内涵是文化，品牌属于文化价值的范畴，是社会物质形态和精神形态的统一体，是现代社会的消费心理和文化价值取向的结合。“海尔”体现了一种文化，即高效率、高品质。

5. 个性

品牌的个性是品牌存在的灵魂，品牌个性是品牌与消费者沟通的心理基础。从深层次来看，消费者对品牌的喜爱是源于对品牌个性的认同。“海尔”最突出的品牌个性是真诚。

6. 用户

品牌暗示着购买或使用产品的消费者类型。

所有这些都说明品牌是一个负责的符号。当受众可以识别品牌的六个方面时，我们称之为深度品牌；否则只是一个肤浅品牌。品牌的内涵在于它除了向消费者传递品牌的属性和利益外，更重要的是它向消费者所传递的品牌的价值、品牌个性及在此基础上形成的品牌文化。

❖营销视野

中国品牌日

扫一扫

(三) 品牌的作用

品牌对商品的消费者、生产经营者以及国家均具有重要的作用。

1. 品牌对消费者的作用

在消费者心中，品牌是一个复杂的实体。众所周知，消费者对品牌形成了一种依恋。这也就是大家所知的“品牌沉浸”——一个在消费者与品牌之间形成依恋的过程。此外，品牌创造和改变了消费者的感知、态度、信念、行为，使消费者萌生诸多情感（比如，“我爱 ipod”）。

例如胡椒博士（Dr Pepper）、Oasis 和 Five Alive 都是可口可乐公司的品牌，它们之间的差别在于品牌定位（另一个品牌化要素）。每个品牌都以某个特定细分市场为目标，并用不同的价值观与其相关联。

总体来说，品牌对消费者有以下五种作用：

（1）有助于消费者识别产品的来源或产品制造厂家，更有效地选择和购买商品。

（2）借助品牌，消费者可以得到相应的服务便利，如更换零部件、维修服务等。

（3）品牌有利于消费者权益的保护，如选购时避免上当受骗，出现问题时便于索赔和更换等。

（4）有助于消费者避免购买风险，降低购买成本，从而更有利于消费者选购商品。

（5）好的品牌对消费者具有很强的吸引力，有利于消费者形成品牌偏好，满足消费者的精神需求。

2. 品牌对生产者的作用

（1）有助于产品的销售和占领市场。品牌一旦形成一定的知名度和美誉度后，企业就可利用品牌优势扩大市场，促成消费者品牌忠诚，品牌忠诚使销售者在竞争中得到某些保护，并使它们在制定市场营销企划时具有较强的控制能力。

（2）有助于稳定产品的价格，减少价格弹性，增强对动态市场的适应性，减少未来的经营风险。由于品牌具有排他性，在激烈的市场竞争中，知名品牌以其信誉度和美誉度，使消费者乐意为此多付出代价，企业能够避免卷入恶性价格竞争而保持相对稳定的销售量。品牌的不可替代性又是产品差异化的重要因素，可以减少价格对需求的影响程度。

（3）有助于市场细分，进而进行市场定位。品牌有自己的独特风格，除有助于销售外，还有利于企业进行细分市场，企业可以在不同的细分市场推出不同的品牌以适应消费者个性化的差异，更好地满足消费者。

（4）有助于新产品开发，节约新产品市场投入成本。一个新产品进入市场，风险是相当大的，而且投入成本也相当大，但是企业可以成功地进行品牌延伸，借助已成功或成名的品牌，扩大企业的产品组合或延伸产品线，采用现有的知名品牌，利用其一定的知名度和美誉度，推出新产品。

（5）有助于企业抵御竞争者的攻击，保持竞争优势。新产品一经推出，很容易被竞争者模仿。品牌忠诚是竞争者无法通过模仿获得的。当市场趋向成熟，市场份额相对稳定时，品牌忠诚是抵御同行竞争者攻击的最有利的武器。另外，品牌忠诚也为其他企业的进入构筑了壁垒。所以从某种程度上说，品牌可以看成企业保持竞争优势的一种强有力的工具。

3. 品牌对国家的作用

一个大国的崛起远远不只是经济的崛起，更是自身的文化、意识形态和价值观在全球范围内形成强大的形象力。建立这样的影响力则需要一个国家积极地打造和推广自身的国家形象和品牌。

❖营销案例

维珍

扫一扫

二、品牌资产

❖营销案例

伊利：五星品质促进品牌资产攀升

扫一扫

（一）品牌资产的概念

国内外学者对品牌资产有不同的诠释，本书认为：品牌资产是一种超过商品或服务本身利益以外的价值。它通过为消费者和企业提供附加利益来体现其价值，并与某一特定的品牌紧密联系着。

（二）品牌资产的构成要素

品牌资产是基于消费者对该品牌形成相对稳定的形象认知，并在此基础上对该品牌产生偏好和忠诚，形成品牌资产的无形要素，而品牌资产的有形要素的形成则提供了物质层面的支撑。品牌资产的有形要素是指那些用以标记和区分品牌的商标设计等有形的事物，如品牌的名称、标志和标志、广告和广告乐曲以及包装等。

根据菲利普·科特勒的观点，品牌是一个复杂的符号标志，它能表达六个层次的意思，即属性、利益、价值、文化、个性和用户。只有让品牌的内涵和消费者之间建立起某种联系，即让消费者对品牌所包含的意义有所认知、感受和体验，并在消费者的头脑中占有一席之地进而才能形成品牌资产。正是从这个角度出发，通常将品牌资产分为品牌知名度、品牌认知质量、品牌联想、品牌忠诚度以及其他专有资产五个方面。如果把整体品牌资产看作是一朵鲜花的话，那么品牌资产的各个要素就可以被看作是这朵鲜花的花瓣（见图9-1）。

1. 品牌知名度

品牌知名度是指品牌被公众知晓的程度，是评价品牌资产的量化标准之一。从消费者的心理和行为反应来看，品牌知名度就是目标群体对商品、公司、商标等信息的学习和记忆的结果。而它作为一种条件联系，形成和消退也依赖于强化。这种强化的

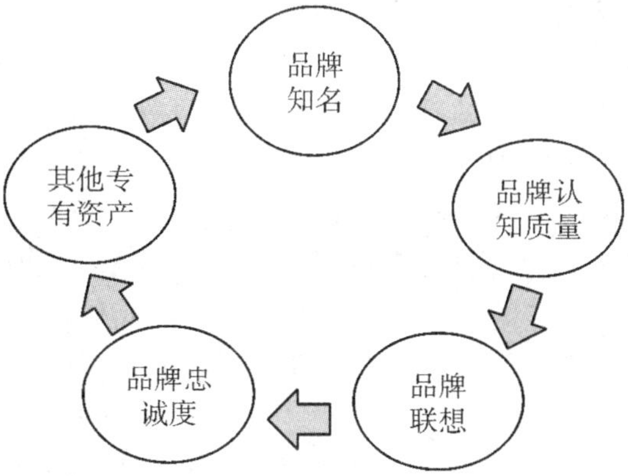

图 9-1　品牌资产的构成要素

根源在于对商品各种物理特性以及消费者通过体验和感受这些物理特性而形成的认知。消费者对品牌认知的不同程度可用品牌认知金字塔来表示（见图 9-2）。

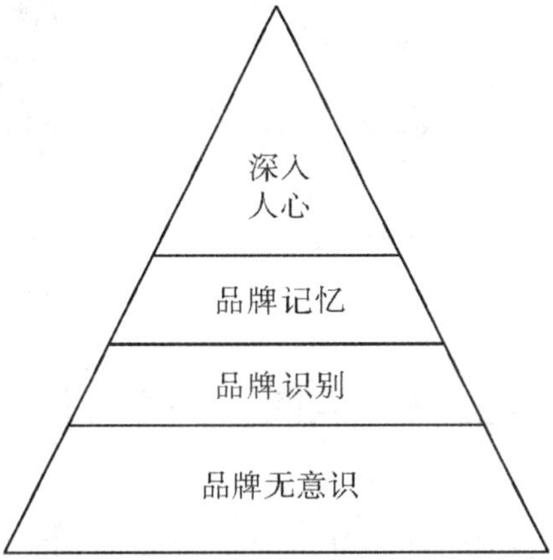

图 9-2　品牌知名度的层级

2. 品牌品质形象

当一种品牌所体现的品质被多数消费者看好时，即消费者感觉良好时，这个品牌就会走俏、吃香；而当一种品牌所体现的品质在消费者的感性认知中处于不佳状态时，这个品牌就没有希望，甚至会走向没落，即使努力改进产品的质量也无济于事，无法影响或改变消费者的成见。

3. 品牌联想

品牌联想是指消费者记忆中与某品牌相关联的每一件事情，是品牌特征在消费者心目中的具体体现。当人们想起一个特定的品牌时，会很自然地与某种特定的产品、服务、形象，甚至愉快的场景等联系起来；或者当时某种产品或服务存在需求，或者体验到某种场景时，就会和某一特定的品牌对接起来，这些都是品牌联想的具体表现。例如，提到肯德基，人们就会想到和蔼可亲的哈兰·山德士上校白色的西装、满头的白发、饶有趣味的山羊胡子、亲切的微笑，还有香辣鸡翅、原味鸡块、土豆泥等美味，温馨、恬静的氛围以及令人“吮指回味”的感觉……

4. 品牌忠诚度

品牌忠诚度是指消费者在与品牌的接触过程中，由于该品牌所标识的产品或服务的价格、质量因素，甚至是由于消费者独特的心理和情感方面的诉求所产生的一种依恋而又稳定的感情，并由此形成偏爱而长期重复购买该品牌产品的行为。

品牌忠诚度的形成不完全是依靠产品的品质、知名度、品牌联想及传播，它与消费者本身的特征密切相关，它的形成有赖于消费者的产品使用经历。提高品牌忠诚度，对一个企业的生存发展、市场份额的扩大都具有极其重要的作用。

5. 其他资产

作为品牌的重要资产组成部分，它主要是指那些与品牌密切相关的、对品牌的增值能力有重大影响的、不宜准确归类的特殊资产，一般包括专利、商标、专有技术、分销渠道、购销网络等。

❖营销案例

算了吧！别再迷信品牌跨界和 IP 联名了！

扫一扫

第二节　品牌策略的制定

品牌策略是一系列能够产生品牌积累的企业管理与市场营销方法，主要有：品牌化决策、品牌使用者决策、品牌名称决策、品牌战略决策、品牌再定位决策、品牌延伸策略、品牌更新。品牌策略的核心在于品牌的维护与传播，如何把品牌做到消费者心坎里去，是品牌策略中最重要的一个环节。

一、品牌命名与设计策略

孔子曰：“名不正则言不顺。”品牌名称，是品牌的核心要素，是品牌传播获得成功的基本前提。里斯与特劳特就曾说道：“在定位时代，你能做的唯一重要的营销决策就是给产品取一个名字。你必须取一个能启动定位程序的名字，一个能告诉预期客户该产品主要特点的名字。”好的品牌名称，是产品传神的眼睛，能慑住消费者的心神，能使品牌传播收到事半功倍的效果。同时使得品牌无形资产得以具象化，并产生效益。正如美国强生公司手册上所写：“我们公司的名称和商标是我们迄今为止最有价值的资产。”

当然，一个好的品牌名称，虽然仅寥寥二三字，得来却颇为不易。往往是百般求索而不得，偶然之中却倏忽而至。在品牌命名与设计过程中，我们一般应坚持以下几个基本原则：

（一）简洁醒目，好读易记

为了便于消费者认知、传诵和记忆，品牌设计的首要原则就是简洁醒目，好读易记。因此，品牌名称不能有过长的和难以诵读的字符串，品牌标志的符号、颜色、图案也不宜呆板，要有特色。例如，“华为”“格力”“娃哈哈”就两三个字，显得简洁、明快，便于识记。

（二）构思巧妙，暗示属性

一个与众不同，充满感召力的品牌，在设计上还应充分体现产品的优点与特性，暗示产品的优良属性。例如，奔驰那个构思巧妙、简洁明快、特点突出的圆形的汽车方向盘似的特殊标志，已经成为了豪华优质高档汽车的象征。这个品名和品标的有机结合，不仅暗示品牌所标定的商品是汽车，而且是可以“奔驰”的优质汽车。

（三）富蕴内含，联想美好

品牌，大多都有其独特的含义爱或释义。有的是一个地方的名称，有的是一种产品的功能，有的是一个典故。富蕴内含的品牌，能唤起消费者和社会公众美好的联想，而使其备受青睐。例如，小米手机之所以取名叫“小米”，是因为米是中国人的主要粮食，大家都离不开它，一提起来，大家就觉得很有亲近感。因此最后取名小米。除此之外，小米这个米字的 LOGO，除了汉语拼音 MI 的意思外，还是“移动互联网”英文的首字母缩写，倒过来又是少了一点的汉字“心”，寓意让用户省一点心。

（四）避免雷同，超越时空

品牌设计雷同，是品牌运营的大忌。因为品牌运营的最终目标是通过不断提高品牌竞争力而超越竞争对手。若品牌的设计与竞争对手雷同，一方面容易被起诉，另一方面也可能永远居于人后，达不到最终超越的目的。曾有这样一首打油诗：“红棉遍地开，珠江到处流，五羊满街跑，熊猫遍地走。”它讽刺了国内企业产品命名雷同、拾人牙慧、缺乏个性的现象，而这是命名的大忌。

另外，为了延长品牌使用时间，扩大品牌的使用区域，在品牌的设计上我们还应注意尽可能超越时空限制。具有时代特征的名称，可能在当时会很热门，但随着时间的推移，品牌的感召力就会越来越小。

❖营销案例

品牌命名的 13 个角度

扫一扫

二、品牌组合策略

（一）品牌归属策略

品牌归属策略是指企业在决定使用产品品牌后，就产品品牌所有权归属问题做出的决策。品牌归属有三种选择：

1. 自有品牌

即生产者采用自己的品牌，如海尔、美的、联想、苹果等。

2. 他人品牌

（1）中间商品牌。即制造商将其品牌卖给中间商，再由中间商用自己的品牌为产品包装并转卖出去，换而言之就是由批发商或零售商开发并使用自有品牌。如武商量贩、三福、苏宁、国美等。

中间商开发自己品牌的条件及中间商品牌战略的价值

（2）其他生产者品牌。其他生产者品牌也称为贴牌品牌。贴牌生产（Original Equipment Manufacturer，OEM），英文原义是原始设备生产商。其本质是指拥有优势品牌的企业为了降低成本，缩短运距，抢占市场，委托其他企业进行加工生产，并向这些生产企业提供产品的设计参数和技术设备支持，来满足对产品质量、规格和型号等方面的要求，生产出的产品贴上委托方的商标出售的一种生产经营模式。

3. 混合品牌

混合品牌，即一部分产品使用生产企业品牌，一部分产品使用经销商品牌。采用混合品牌的做法有两种形式：

其一，生产者在一部分产品上使用自己的品牌，在另外一部分产品上使用中间产品品牌。这样，既能保持企业的特色，又能扩大销路。其二，为了进入新市场，企业先使用中间商的品牌，取得一定市场地位后再使用自己的产品品牌。

（二）品牌统分策略

品牌统分策略是指某个企业或企业的某种产品在某种市场定位之下，采用一个或多个品牌，从而有助于最大限度地形成品牌的差别化和个性化，企业进而以品牌为单位组织开展营销活动。

1. 个别品牌

个别品牌是指企业各种不同的产品分别使用不同的品牌。其好处主要包括：一是企业的整个声誉不至于受其某种商品的声誉的影响。例如，如果某企业的某种产品失败了，不致给这家企业的脸上抹黑（因为这种产品用自己的品牌名称）。二是某企业原来一向生产某种高档产品，后来推出较抵档的产品，如果这种新产品使用自己的品牌，也不会影响这家企业的名牌产品的声誉。

2. 多品牌

多品牌策略是指企业根据各目标市场的不同利益分别使用不同品牌的品牌决策策略。宝洁公司从洗发水的功能出发及时地向市场上推出了不同功能和不同品牌的洗发水，为满足不同目标市场上消费者的不同需求，多个品牌各自沿着各自的路走入市场，各有各响亮的牌子，各有各特殊的用途可供消费者“各取所需”。不同品牌的洗发水沿着各自的路子走入市场，共同提高了企业产品的市场占有率，使产品迅速覆盖了中国大江南北。

3. 统一品牌

统一品牌是指企业所有的产品都统一使用一个品牌名称。例如，美国通用电气公司的所有产品都统一使用“GE”这个品牌名称。企业采取统一品牌名称的主要好处包括：一是企业宣传介绍新产品的费用开支较低；二是如果企业的名声好，其产品必然畅销。

4. 分类品牌

分类品牌是指企业的各类产品分别命名，一类产品使用一个牌子。西尔斯·罗巴克公司就曾采取这种策略，它所经营的器具类产品、妇女服装类产品、主要家庭设备类产品分别使用不同的品牌名称。这主要是因为：

（1）企业生活或销售许多不同类型的产品，如果都统一使用一个品牌，这些不同类型的产品就容易互相混淆。例如，美国斯维夫特公司同时生产火腿和化肥，这是两种截然不同的产品，需要使用不同的品牌名称，以免互相混淆。

（2）有些企业虽然生活或销售同一类型的产品，但是，为了区别不同质量水平的产品，往往也分别使用不同的品牌名称。例如，我国最大的现代化皮鞋生产企业森达集团将高档男鞋的品牌定为“法雷诺”，高档女鞋为“梵诗蒂娜”，都市前卫男鞋为“百思图”，都市前卫女鞋为“亚布迪”，工薪族男女鞋为“好人缘”。

（三）复合品牌策略

复合品牌策略是指对同一种产品赋予其两个或两个以上的品牌。根据同一产品的两个品牌或两个以上品牌的相互关系，复合品牌策略可细分为主副品牌策略与品牌联合策略。

1. 主副品牌策略

主副品牌策略是指同一产品使用一主一副两个品牌的做法。在主副品牌策略下，企业用涵盖若干产品或全部产品的品牌做主品牌，借其品牌之势；同时，给各个产品设计不同的副品牌（专属于特定产品的品牌），以副品牌来突出不同产品的个性。

企业采用这种策略的原因有两个：其一，因为形象定位是抽象的标志性品牌，难以表达具体的标识性功能信息，因此很多企业选择以标志品牌为主、标识性的功能品牌为辅的策略解决这一矛盾。其二，单一品牌策略风险在于，一项产品失败后，整个品牌都会被损毁。为了防止此类风险，有些企业按照产品的不同特点，采用补充说明的形式另行表达。这也是采用主副品牌策略的主要原因。

2. 品牌联合策略

品牌联合策略是指同一产品使用不分主次的两个或两个以上品牌的做法。两个或更多品牌相互联合，相互借势，使品牌本身的各种资源因素达到有效的整合，从而创造双赢的营销局面。由于各个品牌在不同类的产品中占有主导地位，联合品牌可以适应更多的消费者，从而创造更大的品牌价值。例如，由索尼公司和爱立信公司联合生产的手机使用“Sony Ericsson”作为品牌名称，联想公司的个人电脑上印有“Intel Inside”的标识，等等。

三、品牌扩展

品牌扩展也称品牌延伸，主要是指企业将某一知名品牌或某一具有市场影响力的成功品牌扩用到与成名产品或原产品完全不同的产品上，以凭借现有成功品牌推出新产品的过程。例如，海尔集团成功地推出了海尔冰箱之后，又利用这个品牌及其图样牲，成功地推出了洗衣机、电视机、空调等新产品。

（一）品牌扩展的作用

在国际市场，尤其是西方国家，品牌扩展已经成为企业发展的核心，受到了广泛的关注。概括起来，品牌扩展的作用主要表现在以下几个方面：

1. 品牌是企业进行市场扩张的有力手段

这种品牌策略充分利用了原始品牌的资源，有利于新产品快速进入市场并降低市场推广费用，避免了开发新品牌的成本，降低了新产品进入市场的风险。因此，将原始品牌已经建立起来的知名度、忠诚度转移到延伸品牌，可以凭借消费者对原始品牌的好感与印象降低对新产品的抵触而增加对其的接受程度。

2. 品牌扩展有利于丰富品牌组合以及适应消费多元化的趋势

品牌扩展可以使产品组合更加丰富，为消费者提供更多的选择。同时，在扩大产品线的基础上，增加了品牌的整体竞争实力，丰富了原始品牌的形象并注入活力，增强了对原始品牌的品牌联想，使品牌形象富于创新并更加丰满。同时，由于新产品的加入，也增加了原始品牌的新鲜感，使顾客对原始品牌具有更多的不同感受。

3. 品牌经营者可用某个强劲的品牌来使新产品很快获得识别

当新品牌或重新定位的品牌有消费者已熟悉的成分时，消费者对此新定位所传达的信息会有一种熟悉的感觉，这种感觉是通过对原有品牌的认知和品牌扩展而获得的。

4. 品牌扩展可以增加消费者的新鲜感及对零售商的依赖

成功的品牌延伸能为现有的品牌或产品带来新鲜感，令它们增加活力，为消费者提供更完整的选择。一般来说，很少有消费者某一品牌忠诚到对其他品牌不想试一试的程度。扩展消费群体的唯一办法就是进行品牌扩展，为目标市场提供几种品牌。例如，可口可乐退出的第一个扩展品牌“健怡可口可乐”，就获得了极大的成功。“健怡可口可乐”迅速成为美国第三畅销的不含酒精饮料以及美国销售量第一的低糖饮料。品牌也能增加零售商对生产商品牌的依赖程度，为生产企业赢得竞争中的优势。

5. 品牌扩展能够增强核心品牌的影响

品牌能够提高整体品牌的投资效益，即整体的营销投资达到理想经济规模时，核心品牌和主力品牌都将因此而获益。如海尔的品牌扩展使之成为“中国家电大王”，比竞争者更胜一筹。

（二）品牌扩展的潜在问题

1. 损害品牌形象

一些企业把消费者心目中的高档产品扩展到低档产品上。近几年来，茅台酒面对五粮液的攻势乱了方寸，将品牌从“国酒”的高端市场拉到中低端市场，稀释了品牌“尊贵”的内涵，也挫伤了茅台酒原有的消费群体的忠诚度，销售状况自然不佳。无限向下延伸的结果就是品牌价值的掠夺性开采，最终会降低销售额和市场占有率，损害企业形象。

2. 淡化品牌特征

品牌鲜明、独特的个性是塑造强势品牌的基础和根本，当一个品牌的独特个性逐渐被消费者所接受，并形成品牌忠诚度就不容易改变。消费者对品牌偏爱和忠诚度越高，品牌延伸商品被目标消费群体认知、接受的可能性就越大。但不当延伸往往会稀释品牌的个性，从而迅速瓦解目标消费群对品牌的偏爱度和忠诚度。“金利来，男人的世界”这句广告语揭示了产品的核心主张以及品牌定位。当精巧的“金利来”女用皮包上市后，就淡化了品牌的特征，既削弱了品牌原有的男子汉的阳刚之气，也没有赢得女士们的欢心。

3. 破坏销售关系

一个品牌的产品从少数的几款上升到几十款，随着这种数量的增加，使得包装消费品的库存品种数量逐日增加。然而，零售商不仅仅因为某一大类商品有更多品种的产品，就为其提供更多的货架空间。随着制造商信誉的不断降低，零售商把越来越多的货架空间分给它们的自营商标产品。制造商之间对剩余的有限安置空间的竞争，提高了总的促销费用，并使利润转移给了实力不断增强的零售商们。

❖营销案例

海尔品牌延伸战略分析

扫一扫

第三节　品牌保护与品牌管理

一、商标与品牌的区别

品牌与商标是极易混淆的一对概念，两者既有联系，又有区别。品牌与商标都是用以识别不同生产经营者的不同种类、不同品质产品的商业名称及其标志。尽管如此，品牌并不完全等同于商标。品牌是市场概念，是产品或服务在市场上通行的牌子，它强调与产品及其相关的质量、服务等之间的关系。品牌实质上是品牌运营者对顾客在产品特征、服务和利益等方面的承诺。而商标属于法律范畴，是法律概念，它是经过注册获得商标专用权从而受到法律保护的商业名称及标志。企业品牌注册成商标，即获得了商标专用权，并受到法律保护。显然，商标是品牌的法律形式。从这个意义上说，商标是品牌的一部分。

不论商标是否标在商品上被使用，也不论商标所标定的商品是否有市场，只要采用成本法对其评估，它就必然有商标价值；而品牌不同，品牌的价值是其在使用中通过品牌标定的产品或服务在市场上的表现进行评估的。

二、商标的法律属性

（一）商标权

商标权是商标专用权的简称，是指商标主管机关依法授予商标所有人对其注册商标受国家法律保护的专有权。商标注册人拥有依法支配其注册商标并禁止他人侵害的权利，包括商标注册人对其注册商标的排他使用权、收益权、处分权、续展权和禁止他人侵害的权利。商标是用以区别商品和服务不同来源的商业性标志，由文字、图形、字母、数字、三维标志、颜色组合、声音或者上述要素的组合构成。

中国商标权的获得必须履行商标注册程序，而且实行申请在先原则。商标是产业活动中的一种识别标志，所以商标权的作用主要在于维护产业活动中的秩序，与专利权的作用主要在于促进产业的发展不同。

根据《中华人民共和国商标法》的规定，商标权有效期 10 年，自核准注册之日起计算，期满前 6 个月内申请续展，在此期间内未能申请的，可再给予 6 个月的宽展期。续展可无限重复进行，每次续展注册的有效期为 10 年。自该商标上一届有效期满次日起计算。期满未办理续展手续的，注销其注册商标。

（二）商标侵权

商标侵权是指：行为人未经商标权人许可，在相同或类似商品上使用与其注册商标相同或近似的商标，或者其他干涉、妨碍商标权人使用其注册商标，损害商标权人合法权益的其他行为。行为人销售明知或应知是假冒注册商标的商品，商标专用权被侵权的自然人或者法人在民事上有权要求侵权人停止侵害、消除影响、赔偿损失。

❖**营销案例**

美国高通被诉商标侵权

扫一扫

三、商标注册

商标注册是商标使用人取得商标专用权的前提和条件，只有经核准注册的商标，才受法律保护。商标注册原则是确定商标专用权的基本准则，不同的注册原则的选择，是各国立法者在这一个问题中对法律的确定性和法律的公正性二者关系进行权衡的结果。

（一）使用在先

使用在先是指最早用以确定商标权利归属的原则。根据这一原则，没有对商标的使用即不拥有任何权利，如果双方对商标都进行过使用，商标权利属于首先使用之人。

适用使用在先原则的国家不仅认为这样确定的权利归属对于双方才算公平，而且认为唯有在商业中已经使用的商标才有保护的必要。

目前，美国、加拿大、英国、和澳大利亚等国采用这种归属原则进行商标认定。

（二）注册在先

商标的专用权归属于依法首先申请注册并获准的企业。其原则告诉我们，某一品牌不管谁先使用，法律只保护依法首先申请注册该品牌和商标专用权的企业。

与使用在先原则不同，注册在先原则不仅不要求先使用才能取得权利，而且单纯使用不产生任何权利，决定权利取得的唯一标准是注册与否，具体到申请，则依申请的先后顺序确定权利归属。

注册在先原则的确立一方面提高了效率，结束了商标权利归属难以考查的历史，另一方面也在一定程度上牺牲了公平，因为该原则使已经使用的商标在被他人首先注册的情况下可能付出高昂的代价，造成不公平的结果。

目前，国际上采用此原则的国家主要有：中国、日本、法国、德国等。《中华人民共和国商标法》明确规定："两个或两个以上的商标注册申请人，在同一种商品或者类似商品上，以相同或者近似的商标申请注册的，初步审定并公告申请在先的商标；同一天申请的，初步审定并公告使用在先的商标，驳回其他人的申请。"

2014 年商标十大典型案例

❖本章小结

（1）品牌是用以识别销售者的产品或服务，并使之与竞争对手的产品或服务区别开来的商业名称及其标志，通常由文字、标记、符号、图案和颜色等要素或这些要素的组合构成。

（2）品牌资产由品牌的知名度、品牌形象、品牌联想度、品牌忠诚度以及品牌的其他资产构成。

（3）品牌策略包括品牌命名与设计策略、品牌组合策略、品牌扩展策略等。

（4）品牌与商标是极易混淆的一对概念，两者既有联系，又有区别。品牌是市场概念，而商标属于法律范畴，是法律概念。

❖趣味阅读

嘀嘀打车更名滴滴打车

扫一扫

❖课后练习

一、单选题

1. 宝洁公司从洗发水的功能出发，向市场上推出了不同功能和不同品牌的洗发水，这种品牌策略是（　　）。

A. 个别品牌　　B. 多品牌

C. 统一品牌　　D. 分类品牌

2. 雀巢公司的所有产品（包括咖啡、奶粉、米粉等）都以“雀巢”为品牌。这种品牌策略属于（　　）。

A. 个别品牌　　B. 多品牌

C. 统一品牌　　D. 分类品牌

3. 当人们想起一个特定的品牌时，会很自然地与某种特定的产品、服务、形象，甚至愉快的场景等联系起来，这是指（　　）。

A. 品牌知名度　　B. 品牌品质形象

C. 品牌联想　　D. 品牌忠诚度

4. 品牌扩展不具有以下作用（　　）。

A. 市场扩张　　B. 丰富品牌组合

C. 适应多元化趋势　　D. 强化品牌特征

5. 在商标注册时，（　　）未采用注册在先的原则。

A. 中国　　B. 法国

C. 德国　　D. 美国

二、多选题

1. 企业采用同一品牌策略，(　　)。
   A. 能够降低新产品的宣传作用
   B. 有助于塑造企业形象
   C. 易于区分产品质量档次
   D. 促销费用较低
   E. 适合于企业所有产品质量水平大体相当的情况
2. 海尔先有产品及新上市的产品均使用"海尔"商标，属于（　　）。
   A. 制造者商标策略　　B. 经销商商标策略
   C. 统一商标策略　　D. 商标拓展策略
   E. 中间商商标策略
3. 品牌的含义可以分为几个层次，包括（　　）。
   A. 属性　　B. 利益
   C. 价值　　D. 文化
   E. 环境
4. 品牌统分策略包括以下几种（　　）。
   A. 个别品牌　　B. 多品牌
   C. 统一品牌　　D. 分类品牌
   E. 主副品牌
5. 国际上对商标权的认定，有（　　）并行的原则。
   A. 注册在先　　B. 象征性使用在先
   C. 使用优先辅以注册有限　　D. 注册优先辅以使用优先

三、简答题

1. 为什么说高度的品牌资产能为公司带来竞争优势?
2. 品牌扩展有什么好处和风险?
3. 企业实行多品牌战略的好处有哪些?

四、案例分析题

大众汽车：转变认知和定位——拓展品牌

大众汽车是一个国际知名品牌，历年来与大众市场相联系，其最著名的车型是甲壳虫（Beetle)。事实上，大众汽车公司目前正在利用怀旧之情推出新的复古甲壳虫车型。可是，不满足于坚持做曾获得成功的单一类别，大众汽车公司也尝试进入目前由奔驰和宝马主导的高档豪华轿车细分市场。

大众汽车公司首先冒险进入该细分市场的是一款新的帕萨特 V6 汽车，其价格超出了典型的大众汽车购买者的消费能力范围。显然，它还计划将其他车型引入高层次和高价位的细分市场。尽管大众汽车公司已拥有了奥迪、宾利（Bentley）和兰博基尼（Lamborghini）等品牌，但当消费者认知仍然将以大众为品牌的汽车与小车型和中低档汽车相联系时，许多人还是对大众汽车公司对其品牌进行向上延伸抱有疑虑。

大众的徽章价值（品牌联想）不会吸引宝马、奔驰或奥迪的顾客。其他品牌（如沃尔沃和丰田的雷克萨斯）也正将它们的定位专项高端的目标市场，这些人需要性能、奢侈以及符号。大众也这么做的话，会有一些问题接踵而来。大众承认这个问题，但声称将给消费者带来更多产品。可是，高档车拥有者购买的是产品吗？根据研究，更有可能是地位、声誉和自我表达决定了消费者的购买决策。要想让任何以大众类品牌的车型走进高端市场，大众汽车公司都需要做大量的消费者认知管理和经销商教育工作。

问题：

1. 什么是奢侈品的品牌化？

2. 如果步入高档豪华汽车市场，那大众的定位战略或重定位战略需要怎样处理？

❖营销技能实训

实训项目：品牌设计与传播

【实训目标】培养学生的品牌设计能力与品牌营销能力

【实训内容与要求】

请你为未来公司的某产品设计一个品牌，并对其进行广告宣传（产品可以自己选择）。

1. 品牌的创作：要求设计品牌名称和品牌标志（用 PPT 的形式进行展示）。

2. 为你的品牌进行相关的广告宣传。

（1）写一份广告文案（用 PPT 的形式进行展示）。

（2）拍一段广告宣传视频。

第十章　定价策略

没有任何一个地方比错误定价更让你白白送钱给别人。

——西蒙

没有降价两分钱抵消不了的品牌忠诚。

——菲利普·科特勒

❖教学目标

知识目标

（1）理解并掌握定价的主要因素。

（2）掌握定价的主要方法。

（3）掌握营销定价的基本策略。

（4）了解价格调整与企业对策。

技能目标

（1）具备在分析影响定价因素的基础上进行定价的能力。

（2）具备灵活运用各种定价方法制定定价策略的能力。

❖走进营销

定价策略玩的就是另类

团购的兴起实际上是一种定价策略的胜利，只通过价格就能玩出一种新的商业模式，而且火遍全球。下面要讲的案例打破了常规的定价方法，显得比较另类，却可能成为下一个热点。

还记得那个宣称“下雪就免费”的小珠宝店老板吗？他对美国北卡州 Asheville 市的市民们说：“各位！只要 Asheville 市在圣诞节那天积了 3 英寸厚的雪，你买的珠宝就免费！”消费者只要在 2010 年 11 月 26 日至 12 月 11 日期间，买下任何一种珠宝，就可以玩这个游戏。如果当天真的积了 3 英寸厚的雪，老板就会退钱给你。

消费者一听到这样的消息，就觉得有趣，至少先在 Asheville 市传开了。有些人本来就想买珠宝，两家一比较，肯定直接选这家。

珠宝店的老板给我们上了一课——玩营销，不如玩价格！好的定价创意，往往可以事半功倍！

想一想：

1. 价格是个神奇的工具，珠宝店老板为何如此大胆？

2. 这种策略的定制考虑了哪些因素？

价格是营销组合中唯一与收益相关的因素，其他因素都是与成本相关。价格也是营销组合中最敏感和最难控制的因素，它直接关系着市场对产品的接受程度，影响着市场需求和企业利润的多少，涉及生产者、经营者、消费者等各方面的利益。因此，定价策略是企业市场营销组合策略中一个极其重要的组成部分。

第一节　影响定价的主要因素

一、定价目标

所谓定价目标（Pricing Objectives）是企业在对其生产或经营的产品制定价格时，有意识的要求达到的目的和标准。它是指导企业进行价格决策的主要因素。企业制定营销价格的目标主要有两个：获取利润目标和占有市场目标。

（一）获取利润目标

从狭义的收入、费用来讲，利润包括收入和费用的差额，以及企业日常活动中发生的直接计入损益的利得、损失，是考核和分析企业营销工作好坏的一项综合性指标，是企业最主要的资金来源。

以利润为定价目标有三种具体形式

（二）占领市场目标

市场占有率能准确反映企业在同行业的地位和竞争实力，因此，许多企业以市场占有率作为自己的价格目标。

❖营销视野

八家大公司的定价目标如表 10-1 所示。

表 10-1　　八家大公司的定价目标

公司名称	定价主要目标	定价相关目标
阿尔卡公司	投资报酬率（税前）为 20%；新产品稍高（税后投资率为 10%）	对新产品另行制定促销策略；求价格稳定
两洋公司	增加市场占有率	全面促销（低利润率政策）
杜邦公司	目标投资报酬率	保证长期的交易；根据产品寿命周期对新产品定价

表10-1(续)

公司名称	定价主要目标	定价相关目标
埃克森公司	合理投资报酬率目标	保持市场占有率；求价格稳定
通用电气公司	投资报酬率（税后）为20%；销售利润率（税后）为7%	新产品促销策略；保持全国广告宣传产品的价格稳定
通用汽车公司	投资报酬率（税后）为20%	保持市场占有率
海湾公司	根据各地最主要的同业市场价格	保持市场占有率；求价格稳定
堪尼克特公司	稳定价格	增加市场占有率

二、产品成本

产品成本是企业为了生产产品而发生的各种耗费，可以指一定时期为生产一定数量产品而发生的成本总额，也可以指一定时期生产产品单位成本。

一个企业的成本有两种形式：固定成本和变动成本。固定成本（Fixed Cost）又称固定费用，是指成本总额在一定时期和一定业务量范围内，不受业务量增减变动影响而能保持不变的成本，如企业内所需的机器设备、厂房的折旧、管理人员的薪水等支出，是与企业的产量无关的费用。变动成本是指那些成本的总发生额在相关范围内随着业务量的变动而呈线性变动的成本。总成本是一定水平的生产所得的固定成本和变动成本的总和。

企业定价必须首先使总成本费用得到补偿，要求价格不能低于总成本费用，企业的销售收入正好补偿固定成本和变动成本的这一点，被称为盈亏平衡点。图 10-1 为盈亏平衡分析图。

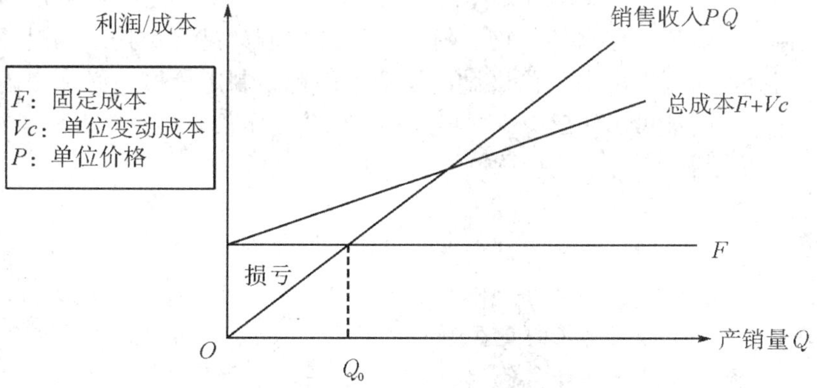

图 10-1　盈亏平衡分析图

图 10-1 表明，随着销售量的增长，必定存在着盈亏平衡点，可以进一步发挥企业的生产能力，降低产品的成本。

三、市场需求

市场需求是影响企业定价的最重要的外部因素，产品价格不能高到无人购买，也不应低到供不应求。市场需求是指一定的顾客在一定的地区、一定的时间、一定的市场营销环境和一定的市场营销计划下对某种商品或服务愿意而且能够购买的数量。

（一）需求与供给的关系

一般情况下，商品供过于求时价格下降，供不应求时价格上涨。在完全竞争的市场条件下，价格完全在供求规律的自发调节下形成，企业只能随行就市定价，无所谓定价策略。在不完全竞争的市场条件下，企业才有选择定价方法和策略的必要和可能。

（二）消费者对产品价格与价值的感受

最终评定价格是否合理的是消费者，因此企业在定价时必须考虑消费者对产品价格和价值的感受及其对购买决策的影响决策，也必须如其他营销组合决策一样，以消费者为中心。

（三）需求的价格弹性

价格弹性即产品价格变动对市场需求量的影响。不同产品的市场需求量对价格变动的反应程度不同，也就是弹性大小不同。

四、竞争者的产品与价格

如果企业向市场提供的产品与竞争者的产品相比是属于无差异的产品，那么竞争者的价格对企业定价必然产生约束；只有低于或等于竞争者产品的价格，企业才会具有价格竞争力。究竟是采用低于还是等于竞争者产品的价格，则要视市场的供求状况而定。如果企业所提供的产品属于差异性产品，产品本身所表现出来的优点非常明显，那么就可以制定比竞争者更高的价格。但价格制定与调整是一个连续的过程，竞争者可能也必然对企业所制定出来的价格做出反应。因此，制定价格还必须考虑到一个价格出台后，竞争者可能做出的反应，并把这种反应作为定价时的一个因素来看待。

❖营销案例

佳能需要针对竞争对手的成本设定自己的成本基准点，以便了解它的经营成本处于优势还是劣势。一旦佳能掌握了竞争对手的价格和市场供应情况，便可以利用这些信息作为自己定价的起点。如果佳能的某款照相机情况类似于尼康的某款照相机，那么佳能将不得不把价格定得接近于尼康，否则就会销售不出去；如果佳能的某款照相机不如尼康的好，佳能就不能把产品的价格定得和尼康的一样高；如果佳能的某款产品比尼康的产品好，佳能就可以把价格定得高些。一般来讲，佳能会参照竞争对手的情况对其产品进行价格定位。

五、政府的政策法规

价格是国家调控经济的一个重要参数，国家通过税收、金融、海关等手段间接地控制价格，同时对垄断价格进行限制，因此企业定价的自由度要受政策因素影响。例如，美国某些州政府通过租金控制法将房租控制在较低的水平上，将牛奶价格控制在较高的水平上；法国政府将宝石的价格控制在低水平，将面包价格控制在高水平；我国某些地方为反暴利，对商业毛利率进行了限制等。

世界各国对市场物价都有相应的规定，有监督性的，有保护性的，也有限制性的。《中华人民共和国价格法》《关于商品和服务实行明码标价的规定》《价格违法行为行政处罚规定》等对价格的制定有明确的规定。在通货膨胀情况下，政府甚至会对商品的价格进行全面冻结，以减缓通货膨胀。

❖营销案例

政策频出，猪肉保供稳价可期

扫一扫

六、产品所处生命周期的不同阶段

每一产品在某一市场上通常会经历引入期、成长期、成熟期和衰退期四个阶段。在产品引入阶段可采用两种策略：一是撇脂定价法，就是在产品刚进入市场时，采用高价位策略，以便在短期内尽快收回投资；二是渗透定价法，既是将新产品初期价格定于较低水平，以求迅速开拓市场，抑制竞争者的渗入。在成长阶段，产品的销售量开始迅速上升，促销的平均费用已比引入阶段低，此时的销售策略应以市场渗透为主。在产品成熟阶段的价格策略，因市场竞争激烈，首要工作是降低价格。由于价格不断降低，企业盈利不断下降，大量小型企业价格在竞争中被淘汰，从而形成以大型企业为主的垄断局面。针对产品衰退期的价格策略，企业应在对企业规模、产品性质、消费者心理等进行分析的基础上选择方案，包括：保持原有价格不变，以静制动；降价；追随其他厂商价格；预测竞争者的行动后采取对策；在同一品牌下，以成本较低的同质产品来维持产品价格。

总而言之，企业价格的决定是考虑许多内部和外部因素而做出的，见图 10-2。

第二节　定价方法

定价方法是指企业为实现其定价目标所采用的具体手段。尽管影响产品价格高低的因素很多，但现实生活中企业在为其产品定价时往往侧重于其中的某一个因素。基于此，根据企业定价时侧重点的不同，可以将企业基本定价方法分为成本导向定价法、需求导向定价法和竞争导向定价法三种。

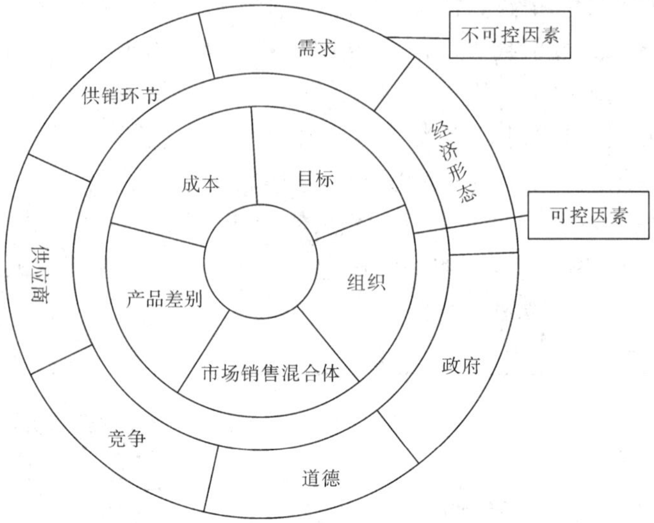

图 10-2　影响定价的因素

一、成本导向定价法

成本导向定价法是以企业生产商品的全部成本为基础，加上企业预期利润的定价方法。中间商的成本加成，则以进货成本为基础，加上一定比例的商业利润来确定转售商品的价格。成本导向定价法是企业定价中采用最为广泛的一种方法。

（一）成本加成定价法

按照单位成本加上一定百分比的加成制定销售价格。加成的含义就是一定比率的利润。

这种方法定价公式是：

$$P = C(1 + R)$$

其中，P 是价格，C 是成本，R 是加成率。

采取这种方法定价的关键是加成率的确定。如考虑不周，产品定价过高或过低都可能给企业造成不应有的损失。一般来说，高档消费品和生产批量较小的产品，加成比例应适当高一些，而生活必需品和生产批量较大的产品，其加成比例应适当低一些。

此种方法的优点在于简单易行，不足之处包括：它以卖方的利益为出发点，不利于企业降低成本；没有考虑市场需求及竞争因素；加成率是个估计值，缺乏科学性。

❖**营销视野**

关于定价的学问

扫一扫

（二）收支均衡定价

收支平衡定价法又叫盈亏平衡定价法、损益平衡定价法、临界点定价法等，是指以产品销售收入和产品总成本保持平衡为原则的定价法。

在已知产品销售量的情况下，收支平衡点的销售量计算公式为：

单位产品价格=（固定成本÷收支平衡点销售量）+单位变动成本

在已知产品售价的情况下，收支平衡点的销售量计算公式为：

收支平衡点销售量=固定成本÷（单位产品价格-单位变动成本）

❖营销情境

假定某产品固定成本为15万元，单位变动成本为2元，预计销售量为5万件，请计算收支平衡点的单位产品售价。

这种定价方法比较简单，单位产品的平均成本就是其价格。在市场不景气的情况采用这种方法比较适用，因为保本经营要比停业的损失要小，而且企业有较灵活的回旋余地。

二、需求导向定价法

需求导向定价法就是以需求为中心的定价方法，即企业在产品定价时首先考虑顾客需求的强弱和对价格的接受能力，然后才考虑能否弥补成本，在现代社会备受推崇，尤其是以实现当期最高利润、维护企业形象、履行社会责任、保持价格稳定等作为定价目标的企业所经常采用的一种定价方法。其具体定价方法有以下几种：

（一）感受价值定价法

它是指根据消费者理解的产品价格，消费者的价值观念来制定价格的方法。价格对于不同消费者的意义是不一样的，消费者对价格的敏感程度也不一样。因此，企业必须先通过市场调查等方式了解消费者的期望价格；其次了解经销该产品的中间商的成本构成及其他费用情况，推算产品出厂价；最后在成本分析基础上，综合考虑非价格因素如消费者心理、需求弹性等的影响，研究其预先拟订的价格能否被消费者接受，制定出该产品的最终价格。

（二）需求差别定价法

这种定价法以销售对象、销售地点、销售时间、产品式样等条件变化而产生的需求差异作为定价依据，针对每种差异决定在基础价格上加价。采用这种定价方法，首先要具备一定的前提条件，其中主要的是准确进行市场细分，各个细分市场的需求差别应比较明显；其次要避免和防止转手倒卖；最后要防止引起顾客的不满。

（三）逆向定价法

逆向定价法是依据消费者能够接受的最终销售价格，逆向推算出中间商的批发价和生产企业的出厂价格。这样使制定的价格能反映市场需求情况，有利于加强与中间商的良好关系，保证中间商的正常利润，使产品迅速向市场渗透，并可根据市场供求情况及时调整，定价比较灵活。分销渠道中的批发商和零售商多采取这种定价方法。

三、竞争导向定价法

竞争导向定价法是指企业通过研究竞争对手的生产条件、服务状况、价格水平等因素，依据自身的竞争实力、参考成本和供求状况来确定价格的方法。其显著特点是：企业不是根据自己的成本或需求，而是根据竞争对手的价格来制定自己产品的价格。

（一）随行就市定价法

随行就市定价法是指企业根据市场竞争格局，一般采用行业领导者价格或行业平均价格。参考行业定价是竞争导向定价法中最普遍的一种定价法。平均价格水平在人们观念中常被认为是“合理价格”，易为消费者接受。企业试图与竞争者和平相处，避免激烈竞争产生的风险，一般能为零售店带来合理、适度的盈利。随行就市定价法适用于竞争激烈的同质商品，如大米、面粉、食油及某些日常用品的价格确定。但需注意的是，此法要求企业的生产成本与行业平均成本大致接近。

此定价法的优点是：

（1）定价简单，无须对成本和需求做详细了解，对测算成本及市场调查困难的企业非常适用。

（2）较能适应竞争的需要，防止同行之间发生价格战。

其缺点是：

（1）适应性有限，主要是不适用于大型企业或是市场领先者。

（2）在一个行业中，如果企业普遍采用这种方法，很容易被视为垄断行为，即可能与反垄断立法相冲突。

（3）当市场领先者率先发动价格变动或降价时，就很难应对。

（二）投标定价法

投标定价法是买方引导卖方通过竞争成交的一种定价方法。一般有买方发出招标公告，卖方竞争投标，密封递价，招标人从中择优选定。企业参加投标的目的就是为了中标，所以自己的报价应该低于竞争对手的报价。一般而言，报价高，则利润大，但中标机会小，若因价高不能中标，则丧失机会；若报价低，则利润低，中标机会大，但价格过低，其机会成本可能要大于其投资成本。因此，报价时不仅要考虑实现企业目标利润，还应结合竞争状况考虑中标概率。

视频：实用定价策略（上）

第三节　定价策略的制定

定价策略的抉择是较高层次的决策。由于企业所处的市场环境不同、定价对象不同以及实施方法上的差异，企业定价策略也多种多样，主要有以下几种策略。

一、新产品定价策略

在激烈的市场竞争中，企业开发的新产品能否及时打开销路、占领市场和获得满意的利润，这不仅取决于适宜的产品策略，而且取决于其他市场营销手段和策略的协调配合。其中新产品定价策略就是一种必不可少的营销策略。新产品定价策略有以下三种可供选择：

（一）撇脂定价策略

在新产品上市之初就制定高价，以便在产品寿命周期的开始阶段尽快收回投资和获取最大利润，等竞争者进入市场或市场容量萎缩时，再逐渐降低价格的策略。这种策略利用了消费者求新、求奇的心理，以新奇来弱化消费者对价格的敏感，强化心理满足。宝利来公司在首次推出立即成像照相机时，根据其新产品独一无二的优势，定下了最高价格。

❖营销情境

圆珠笔在1945年被发明时，其生产成本仅为0.5美元一支，发明者却利用广告宣传和求新求异心理，采用高价格销售，仍然旺销。

问题：你猜猜宝利来公司的一支圆珠笔当时卖多少美元?

采用撇脂策略的优点是达到短期最大利润目标，有利于企业树立高档产品形象，确立企业的竞争地位，有利于企业调整营销价格，有利于限制新产品市场的快速扩展。但撇脂定价也有一定风险，若价格偏离价值过远，容易招致公众的反对，得不到渠道成员的支持和消费者认可，一旦销售不出去，产品就有夭折的危险；同时，高价厚利会吸引众多的生产者和经营者转向此产品的生产和经营，加速市场竞争的白热化，不利于企业长期经营。

因此，实行这种策略必须具有以下条件：第一，新产品比市场上现有产品有明显的技术经济优势，产品质量与高价格相符合；第二，在产品初上市阶段，商品的需求价格弹性较小或者早期购买者对价格反应不敏感；第三，短时期内竞争者不容易进入该产品市场，或者有专利保护，竞争者短期内无法与之抗衡。

（二）渗透定价策略

这种策略表现为企业将它的新产品的价格定得相对较低，以吸引大量购买者，提高市场占有率；或者将新产品价格定得低于竞争者的价格，积极竞销，以促进销售，控制市场。

如果企业具备下述市场条件之一，就可以采用此种策略：

（1）市场需求显得对价格极为敏感，即降低价格市场需求会增加，低价会刺激市场的需求迅速增加。

（2）企业的生产和分配单位成本会随生产经验的增加而下降。

（3）低价不会引起实际的竞争或潜在的竞争。

采用渗透定价策略，企业无疑只能赚取微薄利润，而且还有可能会给消费者造成新产品档次较低的印象，这是渗透定价的弱点。但是，由于价格低廉，新产品却能迅速为市场所接受；销路扩大、产量增加，企业的生产成本会逐渐下降，而且微利也阻止了竞争者的进入，可以增强企业的市场竞争力。

以上两种定价策略各有利弊，采用哪一种策略更为合适，应根据市场需求、竞争情况、市场潜力、生产能力和成本等因素综合考虑。各因素的特征及影响作用如表10-2所示。

表 10-2　两种策略的比较

策略 因素	撇脂定价策略	渗透定价策略
市场需求水平	高	低
与竞争产品的差异性	较大	不大
价格需求弹性	小	大
生产能力扩大的可能性	小	大
消费者购买水平	高	低
市场潜力	不大	大
仿制的难易程度	难	易
投资回收期长短	较短	较长

二、心理定价策略

这一策略是指利用消费者在购买决策时的一些心理特点，通过制定迎合消费者心理需求的价格来促成消费者的购买行为。心理定价策略有以下几种。

（一）声望定价策略

这是适应消费者“一分钱一分货”的心理制定产品价格的技巧。企业可对知名度高的优质、名牌、有特色的产品，制定较高的价格。价格档次时常被当作商品质量最直观的反映，特别是质量不易鉴别的商品，顾客往往通过价格来判断质量。高价与名牌产品比较协调，高价可增强消费者对名牌产品的吸引力，所以一些名牌产品，尽管价格很高，但仍比低价的货品畅销。当然，高价也必须在消费者可以接受的范围内。

❖营销情境

一条金项链成本为1 490元，你会定价多少呢？

（二）尾数定价策略

尾数定价是指企业有意将商品制定一个与整数有一定差额的价格，使顾客产生心理错觉从而促进购买的一种价格策略，由于商品价格的尾数一般用奇数，并且特别习惯用“9”，故又称奇数定价法。

❖营销情境

一家餐厅将它的汉堡类食品统一标价为9.8元，比标价10元更受欢迎。为什么？你可否猜测一下消费者的心理呢？

（三）招徕定价策略

招徕定价是指企业利用消费者的求廉心理，在制定产品价格时，有意按接近成本甚至低于成本的价格进行定价的策略。通过降低少数商品价格吸引顾客登门购买，以达到推销其他正常价格商品的目的。如酒家饭店推出的每日一个“特价菜”都是招徕定价的做法。

采用招徕定价策略要注意以下问题：

（1）特价品应是消费者经常使用的产品，为消费者所熟悉，其“特价”对消费者应有相当的吸引力。

（2）特价品是真正削价，以取信于消费者。

（3）企业所经营的商品应是品种繁多，以利于顾客在购买特价品时选购其他产品。

（4）特价产品的品种和数量要适当，因为数量太少会使大多数顾客失望，而数量太多又会使损失过大。

❖营销案例

北京地铁有家每日商场，每逢节假日都要举办1元拍卖活动，所有拍卖商品均以1元起价，报价每次增加5元，直至最后定夺。但这种由每日商场举办的拍卖活动由于基价定得过低，最后的成交价就比市场价低得多，因此会给人们产生一种卖得越多，赔得越多的感觉。岂不知，该商场用的是招徕定价术，它以低廉的拍卖品活跃商场气氛，增大客流量，带动了整个商场的销售额上升。这里需要说明的是，应用此术所选的降价商品，必须是顾客都需要，而且市场价为人们所熟知的才行。

日本创意药房在将一瓶200元的补药以80元超低价出售时，每天都有大批人潮涌进店中抢购补药。按说如此下去肯定赔本，但财务账目显示出盈余逐月骤增，其原因就在于没有人来店里只买一种药。人们看到补药便宜，就会联想到其他药也一定便宜，促成了盲目的购买行动。

（四）习惯定价策略

它指根据消费者的愿望、购买习惯和接受水平制定价格。日用消费品的价格通常容易在消费者心目中形成一定的习惯性标准。如用作馈赠的礼品，消费者一般要求要体面一些，同时价格与自己习惯预算一致。对于有些商品，消费者长期习惯于某种价格，一般应考虑这种习惯，不宜轻易变动，以免造成全面涨价的恐惧心理。

视频：实用定价策略（中）

三、折扣定价策略

这种策略是指企业为鼓励客户及早付清货款、大量购买、淡季购买或奖励渠道成员积极推销本企业的产品，而在基本价格的基础上按一定的折扣率给予优惠。折扣让价的形式多种多样，常见的有以下几种：

（一）现金折扣策略

现金折扣是对及时付清账款的购买者的一种价格折扣。许多行业习惯采用此法以加速资金周转，减少收账费用和坏账。现金折扣在给企业带来好处的同时，也会增加企业的成本，即价格折扣损失。所以，当企业给予顾客某种现金折扣时，应当考虑折扣所能带来的收益与增加的成本孰高孰低，权衡利弊后再做出选择。

（二）数量折扣策略

数量折扣是根据购买者购买数量的大小给予不同的价格减让，以鼓励顾客购买更多的货物。顾客购买数量越多，折扣越大。例如，买方购买各种商品 100 件以下时为每件 45 元，购买 100 件以上时为每件 40 元。

（三）交易折扣策略

交易折扣是指根据各中间商在市场营销中的作用和功能差异，分别给予不同的折扣，促使其愿意执行某种市场营销功能（如推销、储存、服务），故又称功能折扣。一般来说，给予批发商的折扣较多，零售商的折扣较少，中间环节越多，折扣率也就越大。通常的做法是，先定好零售价格，然后按不同的差价率顺序倒扣，依次制定各种批发价和零售价；也可先定出商品的出厂价，然后按不同的差价相加，依次制定各种批发价和零售价。

（四）季节折扣策略

季节折扣是指企业对生产经营的季节性产品，为鼓励买主提早采购，或在淡季采购而给予的一种价格折让。在季节性商品销售淡季，资金占用时间长，这时如果能扩大产品销售量，便可加快资金周转，节约流通费用。零售企业在销售活动中实行季节折扣，能促进消费者在淡季提前购买商品，减少过季商品库存，加速资金周转。如冬天买空调、夏天买羽绒服等。商品销售的季节性折扣率，应高于银行存款利率。

（五）推广折扣策略

推广折扣是指生产企业为报答中间商在广告宣传、展销等推广方面所做的努力，在价格方面给予一定比例的优惠。例如一个零售商，在电视上做服装广告，因而扩大了某服装厂的销售，服装厂为了鼓励和报答零售商的努力而给零售商一定比例的折扣或折让，以弥补零售商支付的广告费。

（六）运费折让策略

运费折让即供应商对距离较远的购买者减价，补偿部分或全部运输费用。其实质是由买方和卖方共同承担运输费用，以鼓励外地顾客进货，拓展企业的市场范围。

（七）跌价保证策略

跌价保证即生产企业向中间商保证，当生产企业下调商品价格时，对于买主的原有存货，依其数量退回或补贴其因跌价造成的损失，这种方法对于中间商和用户是一种有效的保证措施，使它们安心进货而不用顾虑进货损失，在竞争激烈或开拓市场时，有利于调动中间商的积极性。

视频：实用定价策略（下）

四、地区定价策略

由于商品产地与销地之间的地理差距，在经营中就要花费运输、搬运、装卸、仓储、保险等多种费用。为了补偿这些费用，就要在价格上有所反映，并有不同的定价策略。

（一）产地交货定价策略

产地交货价格是指卖方按照出厂价交货或按产地某种运输工具交货的价格。交货后，从产地到目的地的一切风险和费用都由买方承担。这一定价方法具有通用性，在国际贸易中通常称为“离岸价格”或“船上交货价格”（英文缩写 FOB）。采用这种价格，对卖方来说比较简单。对购买者来说，既要承担运输费用和一定的风险，又要办理货物托运等杂务，会影响其购买的积极性，特别是对于远途顾客，这一问题更为突出。

（二）统一交货定价策略

所谓统一交货定价，就是企业销售给不同地区顾客的产品，按照相同的厂价加相同的运费（按平均运费计算）定价。不同地区的顾客不论远近，实行一个价格，这种定价又叫邮资定价。

（三）分区定价策略

这种形式介于前两者之间。所谓分区定价，就是企业把全国（或某些地区）分为若干价格区，对于卖给不同价格区顾客的某种产品，分别制定不同的地区价格。距离企业远的价格区，价格定得较高；距离企业近的价格区，价格定得较低。在各个价格区范围实行一个价。

（四）运费津贴定价策略

运费津贴定价是指卖方按出厂价格统一出售商品。但对于路途遥远的买主，因其负担运费很高，从而增加购买成本，故由卖方适当对买方给予一定的价格补贴，或承担其部分甚至全部运费，以此吸引更多的远地购买者，扩大市场、扩大销售。

（五）基点定价

所谓基点定价，就是企业选定某些城市作为基点，然后按一定的厂价加从基点城市到顾客所在地的运费来定价。有些企业为了提高灵活性，选定多个基点城市，按照离顾客最近的基点计算运费。

五、差别定价策略

差别定价是指根据销售的对象、时间、地点的不同而产生的需求差异，对相同的产品采用不同价格的定价方法。

（一）顾客差别定价

它是指根据不同消费者消费性质、消费水平和消费习惯等差异，制定不同的价格。如会员制下的会员与非会员的价格差别；学生、教师、军人与其他顾客的价格差别；新老顾客的价格差别；国外消费者与国内消费者的价格差别等。可以根据不同的消费者群的购买能力、购买目的、购买用途的不同，制定不同的价格。

（二）产品形式差别定价

它是指对花色品种、式样不同的产品分别制定不同的价格，但这种价格之间的差异与成本费用之间的差异不成比例。

（三）产品地点差别定价

由于地区间的差异，同一产品在不同地区销售时，可以制定不同的价格。例如班机与轮船上由于舱位对消费者的效用不同而价格不一样；电影院、戏剧院或赛场的不同座位由于观看的效果不同而价格不一样。

（四）销售时间差别定价

在实践中我们往往可以看到，同一产品在不同时间段里的效用是完全不同的，顾客的需求强度也是不同的。在需求旺季时，商品需求价格弹性化，可以提高价格；在需求淡季时，价格需求弹性较高，可以采取降低价格的方法吸引更多顾客。

❖营销案例

亚马逊公司的差别定价实验

扫一扫

六、产品组合定价策略

产品组合是指企业所生产和经营的全部产品线和产品项目的总和。当产品属于产品组合中的一部分时，定价策略就应进行调整，并以整个产品组合的利润最大化为目标。

（一）产品线定价

当企业生产的系列产品存在成本与需求的内在关联性时，为充分发挥这种内在关联性的积极效应，企业往往采用产品线定价策略，即在企业产品中，某种产品的品牌质量是最优的，以其最高价格来标明这种性质，这样其他产品就依据各自在产品线中的不同位置来确定不同的价格。

（二）分级定价策略

分级定价策略是企业将系统产品按等级分为几组，形成相对应的几个档次的价格的策略。其目的是便于顾客按质选择、比较，满足不同类型消费者的需求，从而促进销售。如鞋店可将女鞋（不论颜色、大小、款式）分为 1000 元、500 元和 200 元，消费者即会了解三种不同档次的鞋。消费者会根据自己的需求预期有目的地选购。这种分级定价策略可以满足不同层次消费者的需求。

❖营销情境

某大型服装商场一女装部共有 3 层，根据日常生活中所见所闻，您将如何为此大型服装商场女装部分级定价？

（三）相关品定价策略

相关品即相互补充品，它必须与主体产品相搭配才能使主体产品的功能得以发挥，例如剃须刀片和胶卷。一般来说，制造商通常为主体产品（剃须刀和照相机）制定较低的价格，而为附属产品制定较高的价格以弥补低价出售主体产品所减少的收益。如目前爱普生产了几款低价位的打印机，吸引大量消费者购买，但墨盒的价格却一直处于比较稳定的状态，成为利润的主要来源。另外，还有一种策略是把主体产品价格定得较高，而相关品价格定得偏低，这主要是为了满足售后服务和安装维修质量的需求，一方面可以抵制各种假冒零件和服务，另一方面也可消除顾客购买主体产品的后顾之忧。

（四）分部定价策略

企业经常将原本可以以整体形式销售的产品分拆开来出售，并对不同的产品组件单独定价，这些分拆开来的产品组件在功能上往往具有一定的互补性。例如，吉列公司在销售剃须刀时将刀架和刀片分开定价，服务行业的企业通常将服务费分为固定费用和可变的使用费，称为两部分定价。如电话公司，固定电话每月的基本使用费可能很低，目的是吸引很多人来使用其服务，然后从可变使用费用中获得利润。服务类企业需要解决的问题是合理确定基本服务费金额及可变的使用费率。

（五）附属品定价策略

附属品是指附着主要产品销售的产品，如汽车企业向用户提供除雾器、减光器等配件。

❖营销情境

通用汽车的广告是每辆 9 000 美元而不附加任何设备的基本车型，您被吸引到店选购，但发现大部分是配件齐全的豪华车型，定价多为 11 000 美元或 12 000 美元，您会如何选择？为什么？

（六）副产品定价策略

在生产加工肉类、石油产品及其他化学产品时，常常有副产品。如果副产品没有价值而且事实上在处理它们时花费也很大，这将会影响主要产品的定价。制造厂商将为这些副产品寻找市场，并接受比储存和利用这些副产品的费用更多些的价格。这样，企业就可以降低主要产品价格，提高其竞争能力。

（七）产品组合定价策略

企业经常会为其出售的一组产品定价，如化妆品套装、旅游公司旅行套餐等。一组产品的价格通常低于单独购买其中每一产品的费用总和，有助于吸引本来不打算购买产品组合中所有产品的消费者，同时能增加每次交易的成交量，减少交易时间。采用这种定价策略要注意产品组合的货真价实，组合产品的销售一定要有单件产品的销售相配合，让消费者有直观的比较。

❖营销情境

1 个杯子，8 种不同的营销方案，价格翻了 700 倍！

一家红酒公司为了达到更高的销售额，请了产品策划公司来进行包装策划。在制定价策略策划时，该公司与策划者发生了激烈争论，原因是定价太高了，每款产品都比原来高了将近一倍，该公司感觉高得离谱，肯定没法卖了。

这时，策划者对该公司负责人说："如果你只想卖原来的价格，那就用不着请我们来策划。策划最大的本事就是将好产品卖出好价钱。"策划者向公司负责人讲了"一个杯子到底能卖多少钱"的例子，不仅说服了负责人，更充分证明了策划对产品价值创新的意义。

思考：想想看，你会怎么卖？才能让价格翻了 700 倍？

七、网络营销定价策略

在网络营销中，市场还处于起步阶段的开发期和发展时期，企业进入网络营销市场的主要目标是占领市场求得生存发展机会，然后才是追求企业的利润。网络营销产品的定价一般都是低价甚至是免费，以求在迅猛发展的网络虚拟市场中寻求立足机会。

（一）低价定价策略

借助互联网进行销售，比传统销售渠道的费用低廉，因此网上销售价格一般来说比流行的市场价格要低。根据研究，消费者选择网上购物，一方面是因为网上购物比较方便，另一方面是因为从网上可以获取更多的产品信息，从而以最优惠的价格购买商品。

（二）拍卖竞价策略

网上拍卖是目前发展比较快的领域，经济学认为市场要想形成最合理价格，拍卖竞价是最合理的方式。网上拍卖由消费者通过互联网轮流公开竞价，在规定时间内价高者赢得。根据供需关系，网上拍卖竞价方式有下面几种：

（1）竞价拍卖。最大量的是 C2C 的交易，包括二手货、收藏品，也可以是普通商品以拍卖方式进行出售。

（2）竞价拍买。它是竞价拍卖的反向过程，消费者提出一个价格范围，求购某一商品，由商家出价，出价可以是公开的或隐蔽的，消费者将与出价最低或最接近的商家成交。

（3）集体议价。集合竞价模式是一种由消费者集体议价的交易方式。这在目前的国内网络竞价市场中，还是一种全新的交易方式，提出这一模式的是美国著名的 Priceline 公司。

（三）使用定价策略

所谓使用定价，就是顾客通过互联网注册后可以直接使用某公司的产品，顾客只需要根据使用次数进行付费，而不需要将产品完全购买。这一方面减少了企业为完全出售产品而进行的不必要的大量的生产和包装浪费，同时还可以吸引过去那些有顾虑的顾客使用产品，扩大市场份额。如微软公司计划在 2000 年将其产品 Office2000 放置到网站，用户通过互联网注册使用，按使用次数付钱。

（四）定制生产定价策略

定制定价策略是在企业能实行定制生产的基础上，利用网络技术和辅助设计软件，帮助消费者选择配置或者自行设计能满足自己需求的个性化产品，同时承担自己愿意付出的价格成本。Dell 公司的用户可以通过其网页了解本型号产品的基本配置和基本功能，根据实际需要和在能承担的价格内，配置出自己最满意的产品，使消费者能够一次性买到自己中意的产品。目前这种允许消费者定制定价订货的尝试还只是初步阶段，消费者只能在有限的范围内进行挑选，还不能完全要求企业满足自己所有的个性化需求。

第四节　价格调整与企业对策

产品价格的稳定是相对的，其变动是绝对的。产品价格确定后并不是固定不变动，随着销售时间、销售地点、目标市场、市场供求、定价目标等诸多因素的变化，企业的产品价格也需要做相应的调整（如图 10-3 所示）。

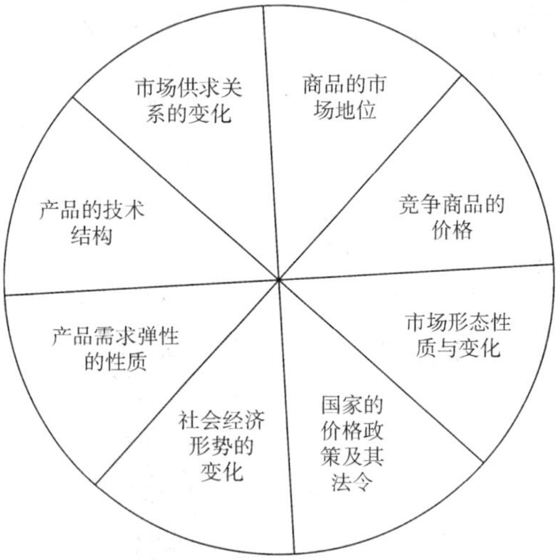

图 10-3　价格策略调整的决定性因素

一、价格调整的两种情况

（一）降价

当企业遇到下列情况时，一般需要主动调低价格：

（1）生产能力过剩，市场上商品供过于求。如企业增加了新的生产线，生产能力大大提高，但市场却是有限的，为挤占竞争对手的市场份额，必然降价。近年我国家电业中一些大企业挑起价格战的原因即在于此。

（2）企业产品市场占有率下降。这通常发生在竞争对手采取了更具进攻性的营销策略，以挤占市场，企业为防止市场份额继续丧失，不得不采取削价竞争。但此种策略可能风险很大，导致恶性循环，对中小企业来说难以持久。

（3）经济形势恶化，顾客收入和需求减少。经济不景气，消费者实际收入和预期收入均下降，消费者购买意愿下降，这在一些选择性商品上更为突出。对一些可买可不买的商品会推迟购买，或选择价格较低的商品购买，这就迫使企业不得不降价。

（4）企业生产成本降低。企业的成本费用比竞争者低，试图通过降价来掌握市场或提高市场占有率，从而扩大生产和销售量，降低成本费用。在这种情况下，企业也往往发动降价攻势。

当然，企业也可以采取不直接降价而是通过进一步提高产品质量、增加产品技术含量和附加价值、提供更多服务、开展促销活动等方法间接降价，让顾客得到更大的价值和满足。

（二）提价

成功提价给企业带来的直接好处是利润的增加，因此许多企业对提价十分关心。企业提价的一个主要原因是由于通货膨胀，成本提高，迫使企业不得不提价。引起提价的另一个原因是产品供不应求。企业提价应讲究技巧，一般说来，企业提高产品的价格有两种基本模式，即明调与暗调。明调就是把产品的价格直截了当地提高；暗调则是产品的标价不变，但在产品上做了调整，以降低成本，实际上是提高了价格。

企业只有在发生下列情况之一时，才能对产品提价：

（1）在产品供不应求，又一时难以扩大生产规模时，可考虑在不影响消费者需求的前提下，适当提高价格。

（2）对需求弹性较小的产品，企业为促进单位产品利润的提高和总利润的扩大，在不影响销售量的前提下，可适当提高价格，如食盐等。

（3）产品的主要原材料价格提高，影响企业的经济效益，在大多数同类企业都有提高价格意向的前提下，提价可适当提高效益。

（4）产品的技术性能有所改进，或功能有所提高，或服务项目有所增加，可在加强销售宣传的前提下适当提高价格。

（5）与竞争对手相比，企业确信自己的产品在品种、款式等方面更受用户欢迎，在市场上建立良好的信誉，而原定价格水平偏低，可适当提价。

（6）产品的生命周期即将结束，经营同类产品的企业大多转产，营销人员在出售产品时，面对一些具有怀旧心理的消费者，可以使自己的产品“奇货可居”，提高价格出售。

（7）在国家统一调价时，企业可在国家规定的幅度内提高价格。

❖营销案例

涨价的妙用

扫一扫

二、价格调整策略

（一）一次性调整策略

一次性调整策略包括一次性提高价格和一次性降低价格两种形式。其目的都是调整原来的高价策略和低价策略，使之更符合经营的实际。这一策略调整的特点是：

（1）事先绝对保密，以使竞争对手和消费者措手不及，待他们反应过来时，时机已经过去。

(2) 为了在短期内收到调整的效果一般提价和降价的幅度都较大，否则，将难以充分强化市场吸引力。

当然，调整幅度的大小也不是任意的，而必须以调整价格能给企业带来的总体利益为转移。并且，对于那些需求弹性较小，甚至需求弹性完全不足的商品，无论采用何种调整价格的策略也无济于事。

(二) 渐进性调整策略

这是企业根据一定时期的定价目标，把现行价格分阶段调整，使原有价格策略失去效应。采用这种调整策略，或者是因为一些产品成本和质量较低，随着工艺技术的完备，产品质量不断提高，而产品成本相应提高了，为了使产品价格和价值基本相适应，必须调整原有的低价策略；或者是因为批量生产，产品成本下降，为了扩大市场销量，必须调整原有的高价策略；或者是竞争者和消费者的原因而使企业改变原有的价格策略。但是，不论调整的原因如何，采用这一调整策略的特点是渐进性的，即调整的幅度不宜过大。

(三) 特殊性调整策略

这是企业采用特殊方式改变原有价格。例如，企业根据市场需求情况，对原有产品的式样，在颜色与包装装潢等方面进行改革，使之具有新的特色。即使在这样的情况下，企业也不马上改变自己原有的价格策略，而是采用变相调整的做法，无形中使低价的策略丧失其功能，按照调整后的新的价格策略定价。

三、企业对竞争者调价的反应

在市场竞争条件下，企业必须具备对竞争对手的价格调整做出及时正确反应的能力。竞争对手在实施价格调整策略之前，一般都要仔细权衡利弊，并大多采取保密措施，以保证发动价格竞争的突然性。在这种情况下，企业贸然跟进或无动于衷都是不对的，正确的做法是尽快地对以下问题进行调查研究。

(1) 竞争者调价的目的。

(2) 竞争者询价是长期的还是短期的。

(3) 竞争者调价格对本企业的市场占有率、销售量、利润、声誉等方面的影响。

(4) 同行业的其他企业对竞争者调价行动的反应。

(5) 企业的反应方案。

(6) 竞争者对企业每一个可能的反应的反应。

一般而言，在同质产品市场上，如果竞争者降价，企业必须随之削价，否则顾客将转向价格较低的竞争者；如果竞争者提价，本企业既可以跟进，也可以暂且观望，因为提价不是行业的集体行为，多数会失败。在异质产品市场上，由于每个企业的产品在质量、品牌、包装等方面有着明显的不同，所以面对竞争者的调价策略，企业有较大的选择余地。它包括如下几种情况：第一，价格不变，任其自然。以不变应万变，寻找机会谋求更大的突破。一般实力较强的企业为巩固和稳定本企业产品高质、优价的地位都会使用这一策略。另外，对需求价格弹性小的产品，企业也可维持价格不变。第二，价格不变，运用非价格竞争手段。比如加强广告攻势，强化售后服务，提高产品质量，或者对产品进行改进。第三，部分或完全跟随竞争者的价格变动，维持原来的市场格局，巩固已有的市场地位。第四，以优于竞争者的价格跟进，即以比竞争者更大的幅度削价或以更小的幅度提价，并强化非价格竞争，形成产品差异，利用较强的经济实力或优越的市场地位，给竞争者以致命打击。

❖本章小结

价格策略是企业运用价格手段进行市场竞争的一种十分重要的策略和手段。采用灵活多变的价格策略，对于企业促进和扩大销售，提高企业整体效益具有十分重要的意义。

（1）影响企业定价的因素是多方面的，本章讲述六大主要因素：定价目标、产品成本、市场需求、竞争者的产品和价格、政府的政策法规及产品所处的生命周期的不同阶段。

（2）定价方法是指企业为实现其定价目标所采用的具体手段，主要有成本导向定价法、需求导向定价法和竞争导向定价法。

（3）价格的制定是否具有策略性，直接关系到企业战略目标的实现。可供企业选择的定价策略，主要有以下几种：新产品定价策略、心理定价策略、折扣定价策略、地区定价策略、差别定价策略、产品组合定价策略、网络营销定价策略。

❖趣味阅读

为什么连锁餐饮如肯德基、麦当劳都有同城差价的价格策略，而星巴克则是同城同价？

扫一扫

❖课后练习

一、单选题

1. 为鼓励顾客购买更多物品，企业给那些大量购买产品的顾客的一种减价称为（　　）。

A. 功能折扣　　B. 数量折扣

C. 季节折扣　　D. 现金折扣

2. 在经济比较发达，国民教育程度比较高，社会风气比较好的地区成功推行（　　）策略的可能性较高。

A. 撇脂定价　　B. 顾客自行定价

C. 疯狂减价　　D. 逆向提价

3. 统一交货点定价又称为（　　）。

A. 分区定价　　B. 运费津贴定价

C. 基点定价　　D. 邮资定价

4. 企业在竞争对手价格没有变得情况下率先降价的策略称为（　　）策略。

A. 被动降价　　B. 主动降价

C. 渗透定价　　D. 撇脂定价

5. 在商业企业，很多商品的定价都不进位成整数，而保留零头，这种心理定价策略称为（　　）策略。

A. 尾数定价　　B. 招徕定价

C. 声望定价　　D. 习惯定价

二、多选题

1. 影响定价的主要因素有（　　）。

A. 定价目标　　B. 产品成本

C. 市场需求　　D. 竞争者的产品和价格

E. 政府政策

2. 需求导向定价法包括（　　）。

A. 边际贡献定价法　　B. 感受价值定价法

C. 逆向定价法　　D. 盈亏临界点定价法

E. 需求差别定价法

3. （　　）属于心理定价策略。

A. 尾数定价策略　　B. 声望定价策略

C. 招徕定价策略　　D. 习惯定价策略

E. 整数定价法

4. 引起企业调高价格的主要原因有（　　）。

A. 通货膨胀，物价上涨　　B. 企业市场占有率下降

C. 产品供不应求　　D. 企业成本费用比竞争者低

E. 产品供大于求

5. 价格折扣主要有（　　）等类型。

A. 现金折扣　　B. 推广折扣

C. 数量折扣　　D. 季节折扣

E. 交易折扣

三、问答题

1. 影响定价的因素有哪些？

2. 试比较成本导向定价法、需求导向定价法和竞争定价法的差异。

3. 企业在什么样的条件下采用降价策略？在什么样的条件下采用提价策略？

4. 新产品推出可采用哪些策略？

5. 企业应如何应对竞争者主动挑起的“价格战”?

四、案例分析

提价促销

重庆食品公司是一家生产“中国炒面”的美国公司，其目标顾客是中等收入的美国人。该公司以“给美国人换换口味”为经营口号，通过具有东方神秘色彩的广告宣传，在激烈竞争的美国食品市场上占有一席之地。但随着市场竞争的日益加剧，许多美国公司开始采用薄利、降价、为市场份额而战的竞争策略，以提高自己产品的市场竞争能力。重庆公司的市场份额开始出现萎缩，企业面临着是否加入价格竞争的抉择……

该公司经理鲍格奇深知，重庆公司在资金实力上属于行业中的中等企业，加入降价的行列，只会使公司变得更为被动。为了保持公司的市场份额，施洛奇仔细分析“中国炒面”的目标顾客后发现，这些人的收入并不丰厚，但虚荣心却很强，喜欢在亲友面前保持自己富裕的形象。在对目标顾客的消费者行为进行分析之后，鲍洛奇另辟蹊径，制定出与其竞争者截然相反的营销策略——提价促销，将重庆公司的“中国炒面”定为同类产品中最高价位产品。具体营销步骤如下：

首先，公司在各类媒体上做了大量的广告宣传，营造出吃“中国炒面”是某种象征，是三餐之外最佳营养食品的社会文化氛围。

接下来，公司更换产品的包装，通过全新的包装和标识、优良的产品品质，进一步确立了重庆公司的“中国炒面”在市场上的高质形象。

4个月后，公司传出提价的消息，但公司并没有通过正式的传播渠道予以确认和否定。市场上的消费者、商业企业出现了投机心理，发生储存式购买，“中国炒面”开始脱销。

又过了30多天，公司提高了新包装的“中国炒面”的价格，成为美国面食食品中的最高价格产品。提价以后，消费者不仅不认为“中国炒面”价格高而且认为其“货真价实”，“中国炒面”的市场份额反而比提价以前提高了。鲍洛奇的提价促销策略取得了巨大成功，公司的经营业绩也因此稳步上升。

问题：

1. 分析重庆食品公司提价促销成功的原因。
2. 总结出企业运用提价促销的条件。

❖营销技能实训

实训项目：感知价格竞争，理解并运用价格策略

【实训目标】培养学生分析企业定价存在问题并运用所学相关定价策略解决问题的能力

【实训内容与要求】

1. 学生自主收集市场上某行业某类产品的价格竞争现状的基本资料。

2. 学生以小组为单位，以实际市场情报为依据，为其中的一项产品提出变价的依据，并拟出相应的变价策划方案。

3. 在市场上收集该类产品中相近产品的不同企业的定价情报，并了解定价中存在的问题。

第十一章　分销策略

一致是强有力的，而纷争易于被征服。

——伊索

上下同欲者胜。

——孙武

❖教学目标

知识目标

（1）理解分销渠道的概念及类型。

（2）掌握分销渠道的管理及窜货。

（3）了解零售商与批发的概念、特点及类型。

技能目标

（1）掌握设计不同类型的分销渠道的能力。

（2）具备应对处理分销渠道中存在的各种冲突的能力。

❖走进营销

把手机卖到美国有多难?

以渠道为例，线上、公开市场以及运营商是国内手机市场的三个主要渠道，随着运营商补贴的骤减，这部分市场手机的出货量已经开始减少，公开市场成为所有手机厂商争夺高地，最主要的表现就是增加线下实体店，入驻到国美、苏宁等卖场中。

美国的不同之处在于它仍然是以运营商渠道为主，截止到今天，超过95%的手机是通过运营商渠道销售。虽然这几年美国公开市场的出货量在增加，但是这种变化非常缓慢，在未来两到三年内，这个比例也不会超过10%。

瞄准这个市场的国内手机厂商主要是华为和中兴，以出货量来算，前者是去年国产手机厂商的第一名，全球范围内大约出售1.09亿部手机，其中国内出货量为6 300万部，剩下的则是海外市场。目前华为尚未打开美国市场，它的海外市场主要是在欧洲国家，因此美国成为其今年国际市场的重点。外界不会质疑华为的“狼性”和魄力，它看上的市场，很少有失手的时候。

另外一家手机厂商中兴正好相反，海外市场要比国内市场的成绩单好看不少。2015年中兴全球智能手机出货量为5 600万部，国内市场占到1 500万部，美国市场也是这一数字，中兴智能手机在美国的市场份额为8.1%。

不同于华为，中兴从去年开始逐渐摸清了手机的玩法，就去年中兴手机出货量而言，仍然有4 400万部是功能手机，占到将近一半的出货量份额。如何迅速降低低端功能机，打造品牌定位是中兴去年摸索的主要任务。

中兴在美国市场以中高端市场为主，价位多是在两百多到四百美元之间，AXON天机在北美地区的裸机售价为499.98美金，这也是目前国内手机厂商在美国售价最高的产品。目前中兴在美国主要销售两个系列手机：主打商务的AXON天机系列和主打时尚的Blade系列，后者在价位上相当于国内千元机。

思考：手机厂商将手机销往国外主要是通过哪些分销渠道来进行的？对于海外市场的争夺，在分销渠道的选择上要注意哪些方面？

产品创意萌生或者成品做出来以后，企业都会面临销售渠道的问题，产品怎么卖？往哪儿卖？对企业来说，寻找到合适的渠道是件非常重要的事情，无论是自主发起还是寻求第三方合作，都是为了让更多用户接触并使用产品。所以结合自己资源条件快速达成结果才是最重要的事情。那么在渠道方面，如何建设呢？

第一节　分销渠道的概念和类型

从系统工程的角度看，分销是一个人造系统的整体功能。这个人造系统在市场营销中被称为分销渠道。分销管理的重点是分销渠道管理。

一、分销渠道的概念

所谓分销渠道，是指某种商品和服务从生产者向消费者转移过程中，取得这种商品所有权或帮助所有权转移的所有企业和个人。因此，分销渠道包括商人中间商（因为他们取得所有权）和代理中间商（因为他们帮助转移所有权），还包括处于渠道起点和终点的生产者、中间商和最终消费者（用户），但是不包括供应商和辅助商（如支持分销活动的仓储、运输、金融、广告代理等机构）。

❖营销案例

家用空调的分销渠道

扫一扫

❖**营销案例**

天海邮轮 CEO：
共赢的分销渠道有助于提升邮轮品质

扫一扫

二、分销渠道的类型

（一）分销渠道的级数

根据商品在流通过程中使用中间商的多少，又可分为长分销渠道和短分销渠道。不同国家、不同地区、不同行业的分销渠道的长短，均有很大差异。但是，可归纳为以下四种有代表性的分销渠道类型（见图 11-2）。

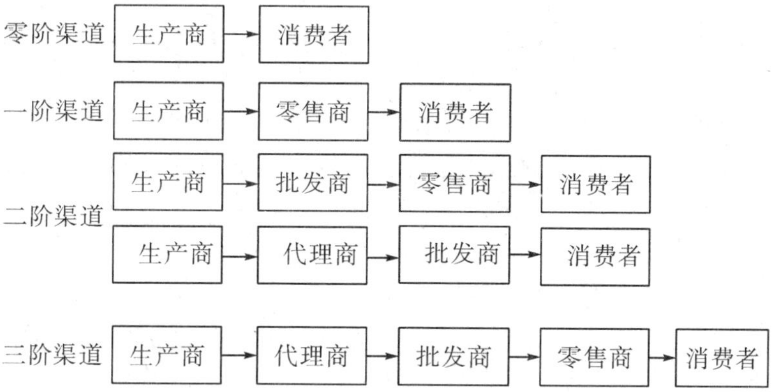

图 11-2 四种有代表性的渠道类型

1. 零阶渠道

零阶渠道通常叫作直接分销渠道，指生产商直接把产品交给消费者或用户，不经过任何中间商转手的分销渠道。这种流通形式也叫直销型。

2. 一阶渠道

一阶渠道含有一个分销中介机构，是指生产商把商品出售给一个中间商，再由该中间商把商品转售给消费者或用户的流通形式。它在生产资料商品流通中，一般是指生产商把商品出售给一个批发商或委托给一个代理商，再由该批发商或代理商转售给用户的流通形式。

3. 二阶渠道

二阶渠道含有两个分销中介机构，是指在商品流通过程中有两个或两种分销中介机构的渠道结构形式。在消费者市场，分销中介机构通常是指批发商和零售商；在生产者市场，则通常是指代理商和批发商。

4. 三阶渠道

三阶渠道含有三个分销中介机构，是指在商品流通过程中有三个或三种分销中介机构的渠道类型。肉类食品及包装类产品的生产商通常采用这种分销渠道形式。这种渠道的特点是，在生产商与批发商之间又增加了代理商这一中间机构。

❖营销情境

农民说："我们全家一年到头辛辛苦苦生产出上好的玉米，但是卖不出好价钱。可是，当我看见在超级市场内人们购买的玉米和所有玉米产品要支付这样高的价格时，我简直不敢相信消费者要支付这样高的价格，而我却只能卖到非常低的价格，所以有人在其中赚了大笔的钱。"

问题：我们能抛弃中间商吗？

（二）分销渠道的宽度

分销渠道的宽度指渠道的每个层次中使用同种类型中间商数目的多少。宽的分销渠道，就是生产商通过许多批发商和零售商将其产品在广泛的市场上销售；窄的分销渠道，即生产商只利用较少的批发商或零售商，使其商品在有限的市场上销售。

在分销渠道宽窄的选择上，一般有以下三种形式，即密集性分销、选择性分销和独家分销。

1. 密集性分销

密集性分销即生产企业尽可能通过许多批发商、零售商推销其产品。这种策略的出发点是扩大市场覆盖面或快速进入一个新的市场。

2. 选择性分销

选择性分销即生产企业在某一地区仅通过几个精心挑选的、最合适的中间商推销其产品。这种策略的出发点是着眼于维护本企业产品在该地区的良好信誉，巩固企业的市场地位。

3. 独家分销

独家分销，即生产企业在某一地区仅通过一家中间商推销其产品。双方协商签订的独家分销合同规定：生产商在某个特定市场内，就不能再请其他中间商同时经销其产品；而这家中间商也不能再经销其他竞争者的同类产品。

❖营销案例

沃尔玛的跨国分销

扫一扫

第二节 分销渠道策略

一、分销渠道的设计

（一）影响分销渠道设计的因素

有效的渠道设计以确定企业所要进入的市场为起点。原则上讲，目标市场的选择是渠道设计的问题。事实上，市场选择与渠道选择是相互关联的，有利的市场加上有利的渠道才能使企业获得利润。因此，渠道设计问题的中心环节是确定进入目标市场的最佳途径。影响渠道设计的主要因素有以下几个方面：

1. 顾客因素

渠道设计受顾客人数、地理分布、购买频率、平均购买数量以及对不同促销方式的敏感性等因素影响。当顾客人数较多时，生产者倾向于利用每一层次都有许多中间商的长渠道。购买者人数的重要性又受地理分布的修正。

2. 产品因素

产品特性也影响渠道的选择。通常来说，产品的体积和重量、单位价值、新颖性、工艺与非工艺特点及产品耐用性、经久性都是影响渠道选择的变量。

3. 中间商因素

中间商是生产者和消费者之间的媒介，中间商能力状况决定选择对象。一般来说，每个中间商在促销、顾客接触、配送商品、金融信用等方面的能力是不同的，企业愿意选择能力更强的中间商。有的企业就是因为找不到合适的代理商，省去了代理商这一环节，直接把产品输送给零售商或顾客。

4. 竞争者因素

分销渠道的设计必须考虑竞争者所使用渠道的影响。某些行业的生产者希望在与竞争者相同或相近的经销处，与竞争者的产品抗衡。例如，食品行业竞争品牌经常摆在一起销售，有时竞争者使用的分销渠道又成为其他企业避免使用的渠道。

5. 企业因素

企业自身的因素主要包括三个方面：其一，财务能力。财力雄厚的企业有能力选择短渠道，财力薄弱的企业只能依赖中间商。其二，渠道的管理能力。渠道管理能力和经验丰富的企业，适宜短渠道；管理能力较差的企业，适宜长渠道。其三，控制渠道的愿望。企业控制渠道的愿望强烈时，往往选择短而窄的渠道；愿望不强烈时，则选择长而宽的渠道。

6. 环境因素

营销环境的变化会使分销渠道的策略发生改变。营销环境是指企业面临的宏观环境，如人口环境、经济环境、自然环境、技术环境、政治环境和文化环境等。例如，经济萧条、衰退时，企业往往采用短渠道；经济形势好时，企业就会考虑长渠道。

（二）分销渠道设计的步骤

一般而言，企业要设计一个有效的渠道系统，必须经过以下步骤：

1. 分析消费者的服务需求

企业在进行分销渠道设计时必须要以确立的分销目标为基础，而这个目标的确定必须以消费者的服务需求为基础。通常渠道可提供期望的服务产出水平如下：

（1）批量大小。批量是指在购买过程中，企业提供给顾客的单位数量。

（2）等候时间。等候时间是顾客等待收到货物的平均时间，顾客一般喜欢快速交货渠道，而快速服务要求较高的服务水平 。

（3）空间便利。空间便利是指渠道为顾客购买提供的方便程度。

（4）产品齐全。一般来说，顾客喜欢花式较多的品种，这使得他们有更多的选择机会。

（5）售后服务。售后服务是指分销渠道为顾客提供的各种附加服务，包括信贷、送货、安装、维修等内容。消费者对不同的商品有不同的售后服务要求，分销渠道不同，企业提供的售后服务水平也不同。

2. 设定分销渠道目标

企业在确定分销渠道目标时会有多种选择，专家们的看法也不尽一致，但至少有四个方面是必须要考虑的。

（1）购买便利性。分销的目的就是使顾客能顺利而又方便地买到所需的产品。渠道目标应该尽可能使顾客的购买实现最大的便利，如使顾客走多远距离、等待多长时间能买到商品，从而决定整个市场的铺货率。

（2）较大利润性。企业行为动机是获取利润，分销目标也必须有相应的销售额及利润指标。当然利润指标不单是靠销售额提高来实现，还要考虑分销渠道成本的降低。

（3）成员支持度。前两个目标的实现，必须以各成员的支持为基础，使中间商全力配合企业的各项营销策略，推广产品，包括促销活动、公关活动等方面的支持等。

（4）售后服务度。企业必须确定一个基本的售后服务水平。达到它，可以使销售活动正常展开；达不到它，可能影响产品的形象及销路。这是设计分销渠道的重要基础。

3. 找出可选择的渠道方案

确定分销渠道目标之后，就要考虑有哪些渠道有可能实现这一目标，尽可能把所想到的方案全部列出。无论何种方案，至少应该有四大基本内容：长度、宽度、广度和系统。每项内容中可以有多种选择。

4. 对方案进行评估与选择

列出备选的渠道方案并不难，困难的是最终选择一条或几条适宜的分销渠道。一般认为，每项渠道方案的评估都必须依据三项标准：经济性标准、控制性标准和适应性标准。

❖营销案例

娅丽达移动电商的蜕变秘诀

扫一扫

二、分销渠道的管理

分销渠道管理的任务是要正确地设立和选择利用必要的分销机构，在各种机构之间进行合理分工和协调，推动它们有效地运转。具体职责包括分销机构的设立或选择决策、分销政策的制定、组织分工与活动计划、绩效考评等管理工作。

（一）分销渠道成员管理

1. 选择分销渠道成员

所谓“得渠道者，得天下”，分销渠道成员的选择，对产品的销售起着至关重要的作用。选择分销渠道成员的原则如下：

（1）目标性原则

指供应商为了达到某个特定市场目标而选择分销商的原则。从企业的角度来说，不同的产品、不同的时期，有着不同的市场目标。有的时候是为了快速占领某个细分市场、区域市场，企业会把其他原则暂时搁置，目的就是实现对这个市场的占领。

（2）可控性原则

可控性原则是指供应商在选择分销商时，充分考虑日后厂商合作中分销商管理、分销协作的原则。这就要求在选择分销商的时候，对该分销商的合作目标和意愿、与其他供应商的合作历史有一定程度的了解和把握。

（3）效率与效益原则

效率与效益原则指企业选择的分销商要能有效、快速地实现企业的市场目标。效益原则是指企业选择分销商后，在一个合适的考核期，要有较好的投入-产出的原则。这往往与双方在合同中确定的销售量、销售额以及按照一定的标准和比例提供的费用、返利等指标相结合。

（4）互利双赢原则

互利双赢原则是指分销商选择过程中应坚持的兼顾双方利益，而且获利程度能够促使双方长期合作的原则。商业领域中，任何两个不同的利益主体之间关系的发生，都是源于对利益的追求，应该是一种合作关系。

❖营销视野

嘉豪公司从“劲霸”牌青介辣在调味品市场的“单项冠军”，到“劲霸”牌超浓缩系列复合调味品成功占据餐饮行业市场，并成为举足轻重的一员，除了产品有“卖点”之外，公司倡导“弘扬中华饮食文化，真情创造健康生活”的饮食文化理念，促进客户端逆向拉动的分销商选择策略的有效执行；而面向家庭消费者的“詹王”牌系列调味品的成功上市，则得益于对沿海发达地区市场的分销商和大型连锁卖场这一终端分销商的重点突破策略。

2. 激励分销渠道成员

激励分销渠道成员的方式主要有两种：

（1）直接激励。直接激励是指通过给予物质或金钱奖励来肯定经销商在销售量和市场规范操作方面的成绩。

（2）间接激励。间接激励是指通过渠道成员进行销售管理，以提高销售的效率和效果来激发渠道成员的积极性和销售热情的一种激励手段。

此外还有，伙伴关系建立和信息共享。有关研究认为，制造商可以通过建立经销商之间的信任关系，通过告知其计划、详细目标等方式来确立双方共同愿景，建立长期稳定的合作关系。

3. 评估分销渠道成员

评估渠道成员的绩效有许多可用的标准。表 11-1 列出了较为详尽的定性指标和定量指标。

表 11-1　　渠道成员绩效评估指标

定量指标		定性指标	
销售总额	新品市场销售额在总销售额中的份额	分销渠道成员间调整的进度	实现分销渠道内部协调的程度
利润总额	折扣价商品的比例	广告关系	POP 陈列关系
利润率	新成员占总成员的比例	分校渠道内部冲突的程度	分销渠道成员分工认识的建立
每件商品平均总流通费用	停业成员占总成员的比例	与消费者团体的接触情况	最佳库存标准的使用情况
每件商品平均运输费用	破损商品发生率	全体成员对最终目标的承认	分销渠道领导者的能力的发展
每件商品平均保管费	商品亏损率	在机能方面发生重复的情况	市场状态
定量指标		定性指标	
每件商品平均生产成本	新产品上市成功率	分销渠道成员承担义务的程度	与新技术的融汇及发展情况
防止商品脱销的费用	非经济订货发生率	分销渠道凝聚力的发展	赞助情况
商品脱销发生率	顾客抱怨发生率	各成员应该担负任务的长期化	同一商标内（商品）的竞争程度
陈旧商品的库存率	顾客投诉单	分销渠道的弹性情况	流通上的技术个性
不良债权发生率		营业推广情况	宣传与公共关系情况

表11-1(续)

定量指标		定性指标	
销售预测的正确性		公司内部组织变动	利用情报、信息的可能性
订货处理错误发生率		提供服务	推销员及推销情况
进入新市场的费用		商品的价格体系	商品库存情况
订货的数量		促销情况	商品的特性

在对渠道成员进行绩效评估时，大多数制造商会采用重点指标进行测评，这些指标包括：渠道成员的销售业绩、库存维持状况、渠道成员的销售能力、渠道成员的态度、竞争状况和渠道成员的发展前景。

此外，还可以从财务状况、品质声誉、服务质量方面对渠道成员进行评价，全面地了解渠道成员的绩效。

❖营销案例

七匹狼渠道冲突及管理案例分析

扫一扫

（二）窜货现象及整治

1. 窜货的含义

窜货是指经销商置经销协议和制造商长期利益于不顾，进行产品跨地区降价销售。

2. 窜货的原因

形成窜货的具体原因有很多，既有厂家的各种原因，也有经销商的各种原因。

其一，价差诱惑。目前，许多企业在产品定价上仍然沿用老一套的“三级批发制”，即总经销价（出厂价），一批、二批、三批价，最后加个建议零售价。这种价格体系中的每一个阶梯都有一定的折扣。如果总经销商直接做终端，其中两个阶梯的价格折扣便成为相当丰厚的利润。

其二，销售结算便利。使用银行承兑汇票或其他结算形式（如易货贸易）时，经销商已提前实现利润或成本压力较小，出于加速资金周转或侵占市场份额的考虑，就会以利润补贴价格，向周边市场低价冲货。

其三，销售目标过高。当企业盲目向经销商增加销售指标时，也很容易诱导或逼迫经销商走上窜货的道路。

其四，经销商激励不当。通常，厂家与经销商在签订年度目标时，往往以完成多少销量，奖励多少百分比来激励经销商，超额越多，年终奖励的折扣就越高。于是只赚取年终奖励就够的经销商为了获得这个百分比的级数差额，开始不择手段地向外

"放水"。

其五，推广费运用不当。一些厂家因为缺乏相关的企划人才，又不愿同经销商争论，往往会同意经销商的要求，按一定销量的比例作为推广费拨给经销商使用。因此，推广费由经销商自己掌握后就变相为低价位，造成新的价格空间，从而造成窜货。

3. 窜货管理策略

为了维护市场秩序，企业应该从增强自身的渠道管理能力入手，采取相应的策略，以便有效地遏制恶性窜货的发生或将其降低到最低的限度。

其一，完善价格体系。企业在制定价格时，可将分销渠道内的经销商分为总经销商、二级批发商、三级零售商，分别制定总经销出厂价、批发价、团体批发价和零售价等。在确保分销渠道中各个层次各个环节的中间商都能获得相应利润的前提下，根据经销商的出货对象，规定严格的价格，控制好每一层级的利润空间，以防止经销商跨越其中的某些环节，出现窜货行为。

其二，坚持以现款或短期承兑结算。对窜货风险的预防，还可以从结算手段上做起，其基本思路是采取一定的措施来控制商家因利润提前实现或短期内缺少必要的成本压力而构成的窜货风险。

其三，采取有效的激励措施。在确定销售奖励额时，不应仅对销售量进行考评，而应对价格控制、销量增长率、销售盈利率等多项指标进行综合考评，而且还可以把是否窜货也作为奖励的一个考核指标，从根本上来消除窜货现象。

其四，制定合理的销售目标。制造商要结合经销商的实际情况，制定合理的年终销售目标，这样才能避免因目标制定过高而导致经销商的越区销售。

其五，加强分销渠道的管理，规范经销商的行为。通常分销渠道管理者与各地经销商之间是平等的经济关系，因此，分销网络管理制度的实施不能依靠上级对下级的管理实现，但是可以用双方所签订的合同来体现。

其六，强化市场监督。企业强化市场监督可以通过设立市场总监，建立市场巡视员工作制度来实现，从而把制止越区销售行为作为日常工作长期坚持。对发生越区销售行为的经销商视其窜货行为的严重程度分别予以警告与处罚。

其七，市场总监的职责就是带领或派遣市场巡视员到各地市场进行视察，及时发现并解决各地市场中出现的问题与矛盾。一旦发现低价越区销售行为，他们有权对其加以制止并给予处罚。很多企业对销往不同地区的产品外包装实行差异化，或印一些仅供内部人员识别的代码，这样便于市场总监对窜货现象的监督与查处。

❖营销案例

海天公司分销渠道管理中的冲突处理

扫一扫

第三节 中间商

中间商是指在制造商与消费者之间“专门媒介商品交换”经济组织或个人。合格的中间商具有以市场为主导的经营理念，具有维持合理的市场竞争秩序内在动力机制，具有长远的经营战略。

一、批发商

批发和零售一样，是商品流通领域的一项重要的职能。批发属于大宗商品的买进和卖出，主要为产业用户（如生产商、零售商、批发商、政府机关以及非盈利性的大型社会组织）采购和供给商品。

（一）批发商的特征

（1）处于企业之间。批发商联结的是生产商和零售商（也是企业）或其他生产者，也是各个商业企业之间的商品流通的桥梁，为产业用户服务。

（2）大宗交易。由于是在企业之间进行商品买卖，通常要向零售商或者生产商供应数量较大的产品，以便满足购买者的转卖或生产的需要。其顾客大量购买的特点导致他们必须进行大量采购。

（3）其交易完成后产品一般不进入消费领域。批发商的主要销售对象是零售商，产品到了零售商手中后，仍要进一步流通才能最终到达消费者手中。

（二）批发商存在的必要性

不可能所有厂商都是自己把产品卖给零售商，也不可能是所有零售商都直接向厂商采购商品。无论是厂商，还是零售商都需要有为其服务的中介。

1. 小型厂商需要利用批发商

小型厂商规模和财力都十分有限，很难采取直接销售的方法，否则很有可能陷入鸡飞蛋打的窘境。

2. 大型厂商需要利用批发商

大型厂商虽然规模较大，财力也相对雄厚，但是从资金利用效率来说，专业化比多元化更具普遍意义。大多数厂商希望投资于扩大再生产，而非投资于批发业。

3. 社会经济需要利用批发商

社会经济的发展，依赖于各个部门分别地、专门地从事某项活动。从一般意义上讲，越是专业化，效率越高。因此，批发商专门从事批发业务，有利于凝结和发展专有技术，自然会比厂商从事批发业务更有效率。

4. 零售商需要利用批发商

大多数零售商，经营商品品种成千上万，它们难以一个一个、分散地向厂商直接采购，需要一个或是多个批发商进行组织和搭配。

（三）批发商的类型

1. 商人批发商

商人批发商也称为独立批发商，是指的是自己进货，取得商品所有权后再批发出售的商业企业。商人批发商是批发商的最主要的类型。

商人批发商按职能和提供的服务是否完全来分类，可分为两种类型：

（1）完全服务批发商

这类批发商执行批发商业的全部职能，他们提供的服务，主要有保持存货，雇佣固定的销售人员，提供信贷，送货和协助管理等。他们分为批发商人和工业分销商两种。批发商人主要是向零售商销售，并提供广泛的服务；工业分销商向制造商而不是向零售商销售产品。

（2）有限服务批发商

有限服务批发商为了减少成本费用，降低批发价格，因而只执行批发商的部分职能。有限服务批发商主要有以下六种类型：

其一，现购自运批发商。现购自运批发商不赊销不送货，客户要自备货车去批发商的仓库选购货物并即时付清货款，自己把货物运回来。现购自运批发商主要经营食品杂货，客户主要是小食品杂货商、饭馆等。

其二，承销批发商。承销批发商拿到客户（包括其他批发商、零售商、用户等）的订货单后，就向制造商、厂商等生产者求购，并通知生产者将货物直接运送给客户。承销批发商不需要有仓库和商品库存，只需要一间办公室或营业所办公，因而也被称为“写字台批发商”。

其三，卡车批发商。卡车批发商从生产者处把货物装车后立即运送给各零售商店、饭馆、旅馆等客户。由于卡车批发商经营的商品多是易腐或半易腐商品，所以一接到客户的要货通知就立即送货上门。实际上卡车批发商主要执行推销员和送货员的职能。

其四，托售批发商。托售批发商在超级市场和其他食品杂货店设置货架，展销其经营的商品，商品卖出后零售商才付给其货款。这种批发商的经营费用较高，主要经营家用器皿、化妆品、玩具等商品。

其五，邮购批发商。邮购批发商指那些全部批发业务均采取邮购方式的批发商，主要经营食品杂货、小五金等商品，其客户主要是边远地区的小零售商等。

其六，农场主合作社。它是指为农场主共同所有，负责将农产品组织到当地市场上销售的批发商。合作社的利润在年终时分配给各农场主。

2. 经纪人和代理商

经纪人是买卖双方介绍交易以获取佣金的中间商人。

代理商又称商务代理，是在其行业惯例范围内接受他人委托，为他人促成或缔结交易的一般代理人。代理商可分为制造商代理商、销售代理商、采购代理商、佣金商四类。

3. 制造商及零售商的分店和销售办事处

生产制造商及销售机构和办事处是生产制造商所拥有的批发渠道，由生产制造商开办和经营。

❖营销情境

批发商的明天

扫一扫

二、零售商

（一）零售的概念及职能

所谓零售是将产品和服务出售给消费者，满足其个人和家庭需要，增加产品和服务价值的一种商业活动。它是消费者市场分销渠道的最后一个环节，产品和服务通过该环节之后，退出分销渠道，进入到消费领域。

具体来说，零售有四大职能：

1. 提供便利和服务

零售企业通过科学的选址、合理的配套服务、合适的营业时间等，为消费者提供购买和使用商品的便利条件。

2. 提供所需的商品

零售企业的最终目的就是提供满足消费者需要的商品和服务，从而完成一个完整的商品流通和消费过程。一般仓储式食品百货超市所提供的商品数量在 8 万~10 万件之间；仓储式建材超市的商品在 5 万~7 万件。

3. 引导生产

厂家根据零售商掌握的终端市场信息来规划生产或改进商品的功能，使生产厂家的生产安排与市场消费需求相吻合；零售商的连锁规模化，进一步提高了信息收集的全面性，而零售商规模化发展也同时提高了生产厂家的销售量，使生产厂家更自觉地为零售商提供服务。

4. 服务社会

零售业对社会经济的贡献是巨大的。从世界来看，目前 500 强企业之首是零售行业，也就是说，零售业是为社会创造利润最大的行业之一。其次，零售行业又是一个劳动密集型产业，需要很多的员工来进行经营，所以为社会提供了大量的就业机会，为政府分担了就业压力。最后，零售行业为人们提供了休闲娱乐的场所，丰富了人们的业余生活，对社会的稳定起到一定的积极作用。

（二）我国的零售业态

在我国改革开放以后，零售领域已经出现多种经营方式或新的业态。

1. 店铺零售商

店铺零售商是指有长期固定的店铺或卖场的零售商。它有以下几种类型；

杂货商店。杂货店在我国的零售业中占有非常重要的地位，特别是在广大农村，见到最多的零售商就是杂货店。它是出售家庭日常用品、炊事用品和卫生用品等杂物的商店，其主要特点是商品来源多、价值小、品种杂。

专业商店。它专门经销某类商品或某类商品中的一部分，一般以经销商品的类别或商品名称作为店名，如食品商店、家电商店、妇幼用品商店、鞋帽商店等。其主要特点是商品牌中较为单一、服务专业化。

专卖店。专卖店是指经营较少产品线或单一品牌产品的零售商，突出品牌形象在零售业中的作用。这种零售业态在我国各类城市中都能见到，拥有较为固定的消费群，其商品定价一般较高。专卖店又可分为两类：一类是经营专门产品，如家具店、服装店、文具店、化妆品专卖店、体育用品专卖店等；另一类是经营专门品牌的产品，如比利牛仔专卖店、海尔电器专卖店、TCL 专卖店等。

百货商店。百货商店是指经营许多产品线产品的零售商。作为我国较为传统的一种店铺零售商，在我国很普遍。“上海一百”曾经是我国多年最大的零售企业，另外还有王府井百货公司、广州百货大楼、友谊商场、新大新商场等也有一定的名气。20 世纪一度出现过快速发展的局面，但很快就被超级市场、平价商店、大型商业城（Mall）所代替。

超级市场。超级市场是指规模大、自我服务型的零售商。超级市场从 20 世纪 30 年代出现以后，在发达国家一直发展很快。我国在 1981 年引进这种零售方式，但由于经营规模等方面达不到相应要求，所以发展缓慢。近年来，由于人们消费习惯的改变，超级市场呈现蓬勃发展的良好势头。

折扣店。折扣店是以低价销售为特征的一种零售商店。折扣店的低成本一船是通过减少服务、选择租金较低的销售地点、节省装潢开支等途径来实现的。在经济不景气时期，它受到普通消费者的青睐。

方便店。方便店是指设在居民区附近的、经营规模小、营业时间长的一种零售商。其主要特点是商品品种繁多、价格适中，顾客多为附近居民。

仓库商店。仓库商店是指以仓库陈列和相应的管理来低价销售产品的零售商。1993 年，我国第一家仓库商店开始在广州出现，近年来在北京、上海、成都、郑州、汕头、深圳等地都相继出现了这种商店。

2. 无店铺零售商

上门推销。企业销售人员直接上门，挨门挨户逐个推销。著名的雅芳公司就是这种销售方式的典范。

电话电视销售。这是一种比较新颖的无店铺零售形式。其特点是利用电话、电视作为沟通工具，向顾客传递商品信息，顾客通过电话直接订货，卖方送货上门，整个交易过程简单、迅速、方便。

自动售货。利用自动售货机销售商品。第二次世界大战以来，自动售货已被大量运用在多种商品上。如香烟、糖果、报纸、饮料、化妆品等。

购货服务。主要服务于学校、医院、政府机构等大单位特定用户。零售商凭购物证给该组织成员一定的价格折扣。

❖营销案例

7-Eleven 对新零售还有哪些借鉴意义

扫一扫

❖本章小结

（1）分销渠道是指某种商品和服务从生产者向消费者转移过程中，取得这种商品所有权或帮助所有权转移的所有企业和个人。在分销渠道宽窄的选择上，有密集性分销、选择性分销和独家分销三种形式。

（2）分销渠道策略包括分销渠道设计、分销渠道成员管理及窜货的整治等。

（3）分销渠道设计大体分为四大步骤：一是分析消费者的服务需求；二是设定分销渠道目标；三是找出可选择的渠道方案；四是对方案进行评估与选择。

（4）分销渠道成员的管理包括选择分销渠道成员、激励分销渠道成员和评估分销渠道成员三方面。

（5）窜货是指经销商置经销协议和制造商长期利益于不顾，进行产品跨地区降价销售。

（6）中间商是指在制造商与消费者之间“专门媒介商品交换”经济组织或个人。合格的中间商具有以市场为主导的经营理念，具有维持合理的市场竞争秩序内在动力机制，具有长远的经营战略。中间商主要包括两大类：批发商和零售商。

❖趣味阅读

后流量时代，快消品如何玩转年轻化营销？

扫一扫

❖课后练习

一、单选题

1. 消费者中的内用消费品、高档消费品等一般选择的分销策略是（　　）。

A. 选择性分销　　B. 独家分销

C. 大量分销品　　D. 密集性分销

2. 向最终消费者直接销售产品和服务，产品用于个人及非商业性用途的活动属于（　　）。

A. 零售　　B. 批发
C. 代理　　D. 直销

3. 在产品分销过程中，不具有产品所有权的渠道成员是（　　）。
A. 商人批发商　　B. 经纪人
C. 农场主合作社　　D. 完全服务批发商

4. 分销渠道的每个层次使用同种类型中间商数目的多少，被称为分销渠道的（　　）。
A. 宽度　　B. 长度
C. 深度　　D. 关联度

5. 制造商尽可能地通过负责的、恰当的批发、零售商推销其产品，这种市场策略是（　　）。
A. 选择分销　　B. 独家分销
C. 大量分销　　D. 密集分销

二、多选题

1. 渠道成员包括（　　）。
A. 生产企业　　B. 用户
C. 物流公司　　D. 代理商

2. 对渠道方案进行评估时，常用的评估标准有（　　）。
A. 渠道通常标准　　B. 经济性标准
C. 可控性标准　　D. 适应性标准

3. 直接激励渠道成员的方式有（　　）。
A. 返利政策　　B. 价格折扣
C. 促销活动　　D. 实施伙伴关系

4. 在分销渠道中，属于中间商的有（　　）。
A. 批发商　　B. 经纪人
C. 代理商　　D. 零售商
E. 银行

5. 在分销渠道中，属于分销渠道成员的有（　　）。
A. 供应商　　B. 制造商
C. 银行　　D. 经纪人
E. 顾客

三、简答题

1. 为什么说营销渠道能够增强企业竞争优势？
2. 营销渠道设计策划应考虑哪些因素？
3. 简述现代的营销渠道网络具有哪些功能？

四、案例分析

家电制造企业的营销渠道管理

美的集团董事局主席何享健认为“以事业部为经营主体开展营销工作”已不适应目前市场，目前美的集团营销资源浪费严重，所以，美的集团众高层探索新营销模式，媒体渠道营销案例对美的集团旗下多个事业部的营销资源进行了大整合。

翻开家电制造商自建渠道历史，美的自建营销渠道的行动始于2005年年底。当时，包括美的、创维、海尔、格兰仕在内的众多家电厂商纷纷上马建设自己的销售渠道。其中美的、创维等致力于在全国一、二线城市布置自己的自营店。经历近几年的磨炼，最终的结果却并不是很乐观。虽然美的空调近年来一直保持国内销售排名的前两位，但其地位正受到越来越多的威胁。这种威胁不仅来自于集团内部自建渠道所带来资源整合方面的困境，还来自于外部，不仅包括同类家电企业的产品和销售竞争，还包括家电连锁等下游企业激烈的渠道竞争。

因此，美的此举，自然而然引发了大量关于企业自建渠道究竟能不能继续走下去的讨论。

自建渠道=冲动？

家电制造商们纷纷自建营销渠道，是当时特殊的背景催生出来的新生品，是企业站在战略高度实现未来良好稳定发展的战略选择。退一步而言，即使说家电制造商们的自建渠道是一种商业冲动，那也是具有中国特色的商业化冲动。

专卖店优势对比

制造商们所倡导的专卖店形式的销售模式，与大卖场相比，具有独特的优势，

这也成为其能继续生存发展的资源优势：网络覆盖广、门店投入不大、门槛相对较低、导购环境更优越、导购人员更专业、售后安装维修服务更及时等。家电经销商在开业前都必须接受专门的专业知识培训、技术指导培训等，家电产品技术的更新也会更快的传递给这些经销商们。因此，在专业性上，企业自身专卖店具有无可比拟的优势。虽然比不上大卖场的一站式服务和货比三家服务，专卖店却凭借独有优势在家电市场上拥有一席之地。

美的此番叫停12家事业部，大刀阔斧的自建专卖店之路中此“退”之举，不是停止其商业化冲动，是美的企业集团首席执行官何享健花了十天左右时间走访了国内六省市的重点市场，接触了当地的主流渠道商，考察了美的专卖店的运作情况之后，对于美的集团现有的营销模式中存在问题果断做出的决策，是以退为进、以更加积极的态度正视自身渠道资源存在的问题。有则改之，无则加勉。美的叫停12大事业部之后，格兰仕在某研讨会上被问及格兰仕是否会加速建自有门店的事宜时，格兰仕国内销售总经理韩伟低调地讲，“根据发展要求，会再开店。”

究竟自建渠道能否带来更高利润，怎么样的模式才是适合企业发展的渠道模式？

适合的才是最好的

当初格力与国美决裂之后毅然决然走向自建渠道之路，在很多业界人士对其前景

颇为担忧的时候，格力不仅销售额没有下降，还保持了30%的年增长率。2006年，格力坚定地加速了扩张步伐，在全国广建专卖店，这种自建渠道的销售模式一度备受争议。但一年多后的今天，格力用销售业绩“说话”，回击了业界对“自建渠道”的悲观主义论调。

从本质上讲，营销模式不过是企业整体营销战略的一个组成部分。在发展战略上，除了格力一贯塑造的专业形象外，格力最突出的一点莫过于对品牌建设的持之以恒，不像有些品牌的那样急功近利。

家电制造企业自建渠道营销并不是一蹴而就，也不会因为某一处的泥潭而搁浅，中国特殊的家电市场环境决定了企业自建渠道的存在性以及特殊性。整装待发，更加谨慎的审视和选择适合自己的发展模式，对企业、对消费者、对家电市场发展都是必须，而对家电企业自建渠道的未来走向，这实际上也是一种“中国式连锁”。

问题：

结合以上案例的学习，分析企业在选择营销渠道时，应考虑哪些方面的问题？

❖营销技能实训

实训项目：模拟商店

【实训目标】

培养学生渠道设计能力以及渠道冲突的处理能力。

【实训内容与要求】

某商学院院长经过慎重考虑，并获得学校主管领导的批准，决定在学员宿舍区建立一个学生商店，由研修市场营销专业的同学自己经营。为避免造成损失，必须从各班同学中选择一位善于经营的同学担任学生商店的营销经理，负责该学生商店的商品与服务供给、定价以及促销的计划和实施活动。商学院院长打算采用让学员竞选的方式来选拔这位营销经理。假如你就是该学院市场营销专业的学生，你对担任学生商店营销经理一职很有兴趣，有意参加竞选，争取以一份优秀的产品与服务供给方案来赢得营销经理这一职位。那么，你认为什么样的产品与服务供给方案是最优秀的？主要包括哪些产品和服务？

第十二章　促销策略

我们的目的是销售，否则便不是做广告。

——罗斯·乐夫

微笑是最好的促销品。

——松下幸之助

❖教学目标

知识目标

（1）掌握促销的基本含义和促销组合。

（2）理解人员推销的概念，掌握人员推销的形式和策略。

（3）理解广告策略的概念及特点，掌握广告的设计原则及效果评估。

（4）理解公共关系的概念，掌握公共关系的工作程序以及危机公关。

（5）理解营业推广的概念，掌握营业推广的方式。

技能目标

（1）具备为产品设计恰当的促销组合策略、撰写促销方案的能力。

（2）具备使用各种促销工具开展促销活动的能力。

❖走进营销

《我的莫格利男孩》如何打好大剧营销这张牌？

随着影视剧市场的发展，以及《我的莫格利男孩》《亲爱的，热爱的》等优质剧集的涌现，爆款 IP 剧集也成为品牌营销的新战场，吸引不少品牌探索大剧营销的玩法。

其中环保题材的爱情剧《我的莫格利男孩》近期就成了热议的焦点，该剧由爱奇艺、华策克顿旗下辛迪加影视联合出品，自上映以来稳居爱奇艺电视剧热度榜 TOP 1。凭借“好内容+好艺人+好播出平台”三位一体的优势，爱奇艺成功将《我的莫格利男孩》孵化成爆款 IP，为品牌营销提供强大的传播势能，该剧目前已经吸引唯品会、麦当劳、华为、优乐美等金主的加入。一部热播剧集的背后，是题材内容和平台营销的相互成就。

思考：

在大剧营销成为品牌营销新趋势的背景下，爱奇艺是如何用《我的莫格利男孩》赋能品牌营销？

现代市场营销活动往往是在广泛的地域范围和复杂的人际关系背景下进行的，企业不仅要开发适销对路的产品、制定合理的价格和适当的销售渠道，而且还必须与顾客进行有效的沟通，将产品的信息传递给潜在的消费者，进而引起消费者的注意并激起他们的购买欲望，因此，产品的促销活动就成为企业营销活动的重要内容之一。为了实现营销目标，企业应策划并有效运用促销策略与技巧。

第一节　促销与促销组合

一、促销的含义与作用

（一）促销的含义

促销（promotion），也称促进销售，是指企业通过人员或非人员的方式向消费者传递有关其产品、服务的信息，使顾客对企业的产品、服务产生兴趣、好感和信任，进而激起顾客的购买欲望并影响顾客的购买行为。

“酒香不怕巷子深”“皇帝女儿不愁嫁”的时代早已结束，在市场经济中，社会化的商品生产和商品流通决定了生产者、经营者与消费者之间存在着信息上的分离，消费者往往不能充分了解和熟悉企业提供的商品、服务的信息，或者尽管消费者了解有关信息，但缺少购买的激情和兴趣。这就需要企业通过对商品信息的专门设计，再通过一定的媒体形式传递给顾客，以增进顾客对商品的注意和了解，并激发起购买欲望，为顾客最终购买提供决策依据。因此，从本质上讲促销是卖方和买方之间进行营销信息沟通的过程。

（二）促销的作用

1. 传播信息

一种商品进入市场以后，或者在尚未进入市场的时候，为了使更多的消费者知道这种商品，就需要生产者及时提供商品信息，向消费者介绍产品，引起他们的注意。另外，对中间商来说，也需要及时帮助他们把握市场动态、采购适合销售的产品，调动他们经营的积极性。

2. 刺激需求

有效的促销活动可以使市场需求朝着有利于企业产品销售的方向发展。当某一种产品的销量明显下降时，通过适当的促销活动，可以适当地恢复需求，进而促进商品的销售。

3. 突出特点，树立形象

企业可以采取促销活动，宣传自己产品区别于竞争产品的特点，使消费者认识到该产品给他们带来的利益。此外，通过恰当的促销活动，还可以加深消费者对企业产品的印象和了解，为企业树立良好的形象。

4. 巩固并扩大市场

在激烈的市场竞争下，企业的某种产品的销售量可能会出现较大波动，这很不利于稳定企业的市场地位和形象。通过促销活动，让消费者对本企业产品产生偏爱，有利于巩固并扩大已有的市场。

二、促销组合

促销组合（promotion mix），是指对各种促销方式进行有计划、有目的地综合运用，使各种促销方式能够取长补短、相辅相成，以实现整体促销效果最佳。

企业促销的方式多种多样，主要可以分为以人员活动为主的促销活动和非人员活动为主的促销活动，非人员活动为主的促销活动又可以细分为广告促销、公共关系和营业推广（如图 12-1 所示）。

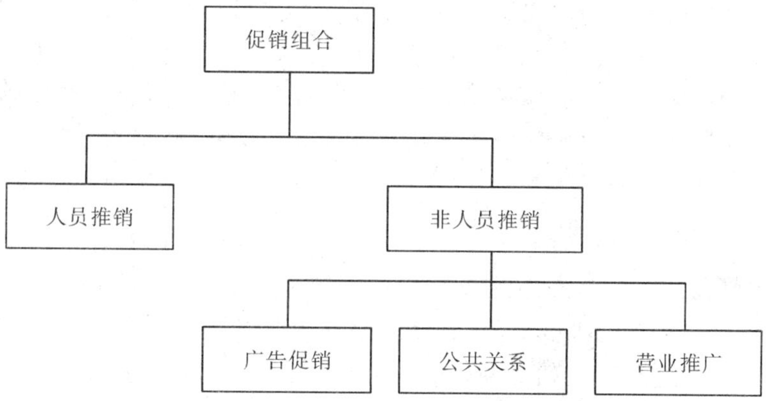

图 12-1 促销组合分类

各种促销工具的优缺点如表 12-1 所示。

表 12-1 **促销工具比较**

促销工具	优点	缺点
人员推销	直接沟通信息，及时得到反馈，可以当面促成交易	占用较多人员，成本较高，接触面有限
广告	传播面广，形象生动，节省人力	费用高，只能针对一般消费者，难以立即促成交易
公共关系	成本低，可信度高，可以提高企业的知名度和声誉	范围小、影响小，效果不好控制
营业推广	有吸引力，可以激发顾客购买欲望	投入大，接触面有限

企业在确定促销组合时，需要充分考虑以下几点影响促销组合的因素：

（一）产品类型

不同类型的产品的消费者在信息需求、购买方式等方面是不相同的，所选择的促销手段也应有所不同。工业品购买者希望在掌握大量信息的基础上进行选择，因此应该以人员推销为主，随之是广告、营业推广和公共关系；消费品主要供个人和家庭生活之用，技术结构简单，市场范围广泛，广告的促销效果就会比较明显，随之是人员推销、营业推广和公共关系。

（二）促销目标

促销目标是企业从事促销活动所要达到的目的。企业在促销的时候包含着许多具体目标，例如使顾客了解本企业的产品并产生购买兴趣；提高企业的知名度，塑造良好的形象；扩大产品的销量和提高市场占有率等。以销售商品为主要目标时，公共关系是基础，广告是重点，人员促销是前提，营业推广则是关键，以提高知名度和塑造良好形象为主要目标时，促销方式应以广告和公共关系为主。

（三）市场状况

企业目标市场的不同状况也影响着促销方式的效果。从市场地理范围大小看，若促销对象是小规模的本地市场，应以人员推销为主，对广泛的全国甚至世界市场进行促销，则多采用广告形式。从市场类型看，消费者市场因消费者多而分散，多数靠广告等非人员推销形式，而对用户较少、批量购买和成交额较大的生产者市场，则主要采用人员推销形式。

（四）产品所处的生命周期阶段

在产品的导入期，扩大产品的知名度是企业的主要任务，在各种促销手段中，应以广告宣传为主；在成长期，口头传播越来越重要，社交渠道沟通方式效果明显，如果企业想取得更多利润，则应该用人员推销来取代广告和营业推广的主导地位，以降低成本费用；在成熟期，竞争对手日益增多，为了与竞争对手相抗衡，保持住已有的市场占有率，企业必须增加促销费用；在衰退阶段，为保证利润，只需用少量广告活动来保持顾客的记忆，同时公共关系活动可以全面停止，而销售人员只需对产品给予最低限度的关注即可。

（五）促销费用

企业开展促销活动，必然要支付一定的费用，费用是企业经营十分关心的问题，企业能够用于促销活动的费用总是有限的，并且不同促销方式的费用也不尽相同，因此企业在制定促销组合时，还必须要考虑促销费用。

基本的促销方式有人员推销、广告、公共关系和营业推广四种。由于不同促销方式特点不同且各有优缺点，因此企业在选择促销组合的时候需要综合考虑，充分发挥各种方式的长处和优势，以便实现更好的整体促销效果。

第二节　促销组合四大策略

一、人员推销策略

（一）人员推销的概念及特点

1. 人员推销的概念

人员推销是企业的销售人员通过面对面的沟通方式向潜在的顾客做口头宣传，促使顾客了解、偏爱并购买本企业的产品与服务，实现企业营销目的的一种直接销售方法。人员推销意味着推销人员必须满足顾客的要求，并帮助他们发现问题，解决问题，提供顾客需要的产品及各种服务。这样，才能达到销售的目的。一般来讲，人员推销的任务主要有以下几项：

（1）销售。掌握销售的技巧，努力寻找顾客，开发市场，促进产品的销售。

（2）宣传。熟练地将企业的有关产品信息传递给潜在顾客，对企业产品进行积极的宣传，扩大企业及其产品的社会影响。

（3）服务。向顾客提供咨询、建议，帮助顾客解决购买过程中遇到的问题，努力协调并解决企业与顾客之间的摩擦。

（4）收集信息。进行一定的市场调研并收集情报，将顾客的访问情况形成报告。

（5）反馈。将顾客的意见以及市场的变化等状况反馈给企业，以便企业有针对性地做出应对。

2. 人员推销的特点

与其他促销方式相比，人员推销有着以下四个显著特点：

（1）推销更有针对性。人员推销是企业在特定的市场环境中为特定的产品寻找买主、通过商务谈判力求成交的活动过程。首先必须明确谁是需要这类产品的潜在顾客，然后再有针对性地向推销对象传递信息并进行说服。因此，这种“一对一”的促销方式，使得推销人员可以根据顾客的具体情况，有针对性地拟定推销方案，产生更好的促销效果。

（2）买卖双方能够更直接地进行交流。人员推销一般是两个或两个以上的人面对面交谈，在融洽活跃的交谈中，推销人员可以很清楚、直接地观察到对方的态度，掌握对方的心理变化，进而根据顾客的反应，有针对性地调整自己的工作方法和促销重点。

（3）有助于买卖双方建立良好的长期合作关系。人员推销通过面对面的人际交往，有助于推销人员与顾客联络感情，建立友谊，并且有利于买卖双方的信任和理解，促使单纯的买卖关系发展成为友好合作的关系，为长期交易打下坚实基础。

（4）有助于及时得到买主的信息反馈。在面对面的交谈中，能够很直观地了解到顾客群对本企业产品的态度、意见与要求，这样有助于销售人员及时地将这些信息反馈回去，为企业制定合理的营销策略提供依据。

当然，人员推销的方式也有一定的局限性。首先，人员推销的成本较高。在推销的过程中会产生差旅费、培训费以及各种补贴等，并且推销人员直接接触的顾客有限，销售面窄，特别是在市场范围较大的情况下，这样一来就产生了更高的销售成本，一定程度上减弱了产品的竞争力。其次，在推销人员的选择上也有着更高的要求，推销人员素质的高低直接决定推销的效果，企业要想培养出合格的推销人员难度较大。

❖营销案例

企业赢在“促销员”

扫一扫

（二）推销人员的素质

在推销的过程中，推销人员不仅是企业的代表，更是消费者的顾问和参谋。推销人员的素质直接关系到企业促销工作的成效、企业的形象以及消费者需求的满足。因此，建立一支高素质的推销队伍是企业促销工作的基础。

1. 推销人员的素质

合格的推销人员应具备以下素质：

（1）热爱工作，态度积极，有进取心

推销是一项很辛苦的工作，有许多困难和挫折需要克服。推销人员首先必须热爱销售工作，具有高度的责任心和使命感，同时要时刻保持稳定乐观的情绪、积极进取的精神、坚韧不拔的意志，不辞辛苦，任劳任怨，敢于探索。

（2）服务态度良好

推销员在推销商品时最大的痛苦是遭到顾客拒绝，卖不出去商品。吃顾客的“闭门羹”是推销员的家常便饭，有时对方洗耳恭听后礼貌地拒绝，有时冷嘲热讽，态度粗暴，令人难以接受。但是，推销人员不仅是企业的代表，也应是消费者的顾问，推销人员必须时时刻刻树立“顾客就是上帝”“消费者第一”的思想。在推销的过程中要真诚对待顾客，努力消除顾客的偏见，做到真心实意地帮助顾客、为顾客着想。由于推销员的一言一行都代表着企业形象。因此，良好的服务态度也有助于企业树立良好的形象，积累更多的回头客。

（3）业务能力出色

业务能力是推销人员业务素质的体现。推销员必须具备一定的观察能力、思维能力、应变能力、判断能力以及良好的语言能力，同时还要掌握一定的推销技巧，才能在激烈的市场竞争中取得良好的市场效应，为企业创造利润。

（4）有较强的交流、沟通能力

良好的人际关系在业务往来中起着重要作用。推销活动要经常与各种各样的顾客打交道，推销人员应善于运用多种方式与他人进行沟通、协调和联系，善于取得信任与谅解，注意维持和发展与顾客之间长期稳定的关系，在各种交际场合周到随和、热情诚恳、应付自如。这就要求推销人员除具备所必须掌握的专业知识外，还应有广泛的兴越爱好，宽阔的视野和知识面，以便和不同性格、爱好、年龄、职业等特征的顾客有共同语言，缩短人际交往的距离，取得相互理解。

（5）知识面广

要想成为一名合格的推销人员，既要熟悉有关的方针政策，同时要有丰富的知识面，善于学习并掌握多方面的知识，这样运用起来才会游刃有余。首先，一名优秀的推销人员必须具备充分的产品知识，必须全面了解所推销商品的规格型号、技术性能、用途、维修与保养、产品的发展趋势、同行业中竞争产品的相关信息，同时还需要掌握产品在使用过程中应注意或避免的问题；其次，推销人员必须掌握企业知识和市场知识，要充分了解本企业的生产能力、设备状况、技术水平、企业发展战略以及销售政策、付款条件、服务项目等；最后，推销人员还应掌握一定的社会知识，要了解目标市场所在地的经济地理知识和社会风土人情，了解与推销活动有关的民族、宗教等知识，这样才能更有利于推销。

❖**营销情境**

交谈的艺术

扫一扫

❖**营销情境**

哪种效果好？

扫一扫

（三）人员推销的基本形式和策略

1. 人员推销的基本形式

（1）上门推销

上门推销是指推销员走出去，带上产品的样品、说明书和订单等，到顾客单位、家庭进行推销。这种推销方式有助于推销员与顾客建立良好的友谊。购买行为的产生，主要取决于商品本身的特质，但除此之外良好的人际关系也是十分重要的。称职的推销员除了要有推销的知识外，还要有高超的交流技巧，要给顾客以良好的印象，使双方形成一种长期的、固定的产销关系。一些有经验的推销员每逢过节或出外旅行时常给客户寄上贺年卡、节日卡等，从而联络感情，增进友谊。

（2）电话推销

电话推销是指推销人员通过电话向潜在客户展示产品或服务，以达到获取订单、成功销售的目的。这种方法在用以联系距离较远的顾客，或为现有顾客服务方面有一定的优势，因为推销人员可以坐在办公室里开展业务，能够扩大销售，减少出差和旅行方面的费用。电话推销的工作流程如图 12-2 所示。

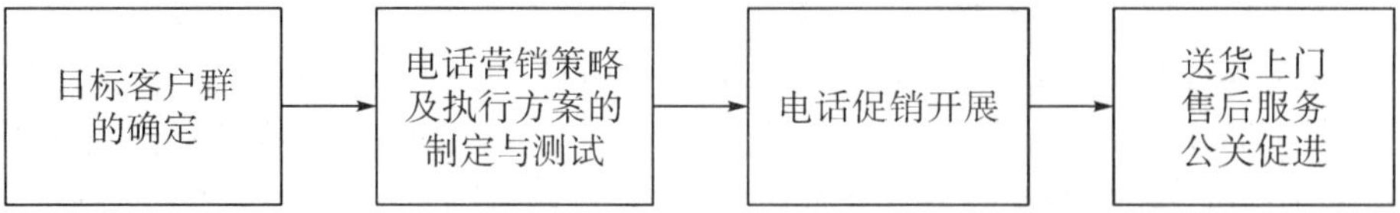

图 12-2　电话推销工作流程

（3）柜台推销

柜台推销又叫门市推销，指企业在适当的地点设置固定的门市，或派出销售人员进驻经销商的网点，接待进入销售现场的顾客，介绍和推销产品。柜台推销与上门推销正好相反，它是等客上门的方式。由于门市里的产品种类齐全，能满足顾客多方面的购买要求，为顾客提供更多的购买方便，并且能够保证所销售商品的质量，因此，大多数顾客都比较乐于接受这种方式。

（4）会议推销

会议推销是指利用各种会议向与会人员宣传和介绍产品，开展推销活动。这种推销形式接触面广、推销集中，可以同时向多个推销对象推销产品，并且成交额较大，推销效果较好。例如，在订货会、交易会、展览会等会议上推销产品。另外，推销会议的参加者，一般都是目的明确、有备而来，即参加会议的双方都是为了达成交易而来，因此只要双方有意愿，交易就容易达成。

2. 人员推销的策略

（1）一般性策略

顾客在购买产品前往往会产生这样的疑问：购买、使用此产品有什么好处？如何证明这个产品在质量、性能上的优势？对于此类问题推销人员必须做出令消费者满意的回答，吸引顾客的注意力，这就是一般性的人员推销策略。

（2）试探性策略

它是指推销员在不了解顾客情况时，同顾客进行试探性接触，观察顾客的反映，有针对性地根据顾客的反映采取一定的方法激发顾客的购买欲望，促使顾客购买产品。推销人员在尚未了解到顾客需求的情况下，事先设计好能引起顾客兴趣、刺激顾客购买欲望的推销语言，投石问路，对顾客进行试探，观察顾客的反应，然后根据顾客的反应进行说服、宣传。

（3）针对性策略

它是指推销人员在基本了解顾客某些情况的前提下，有针对性地对顾客进行宣传、介绍，以引起顾客的兴趣和好感，从而达到成交的目的。这种策略主要用于推销人员已基本了解顾客需求的情况下，针对顾客的需求进行有目的的宣传介绍，投其所好，有的放矢。运用这种策略，要注意说服力，让顾客感到推销员是真心为自己服务，确实是自己的好参谋，从而产生强烈的信任感，促成其购买。

（4）诱导性策略

它是在顾客尚未意识到自己有某些方面的需求时，推销人员适时指出顾客客观存在这种需求，诱发顾客产生购买动机。与此同时，及时介绍推销的商品能满足这种需求，从而有效地引起顾客的购买兴趣，产生购买行为。因此，这也是一种“创造性的推销”。

❖营销情境

一位推销员上门推销，与女主人话不投机。

女主人：“我们家现在不需要。”

推销员：“为什么不需要呢？”

女主人：“让我说原因可有点困难。总之我丈夫不在家，这事我决定不了。”

推销员：“这么说你丈夫在的时候就可以决定了？”

女主人被惹火了：“和你这种人说话，无论多么简单的事，也变得复杂起来。请你立即给我出去！”

一次上门推销以双方的不愉快结束。

想一想：推销员犯了什么错误？

二、广告策略

（一）广告的概念

广告的概念有狭义和广义之分。广义的广告是指通过各种形式公开向公众传播广告投放者的预期目标信息的一种宣传手段，通常包括商业广告、新书介绍、社会宣传等。狭义的广告专指商业广告，是指广告主以促进销售为目的，付出一定的费用，通过特定的媒体传播商品或劳务等有关经济信息的大众传播活动。

事实上，广告早已深入到了我们的日常生活中，任何一个组织都可以运用广告来沟通与公众之间的联系，其范围可以从很小的群体到数量极大的公众。有的广告给我们提供信息、忠告和娱乐，有时广告让我们厌烦，损害甚至欺骗我们。对一个企业来说，广告要能够有效地发挥作用，必须具备一定的条件，广告一旦发挥了积极作用，对企业的销售将会起到很大的促进效果。

1. 广告的作用

广告通过信息传播，对沟通生产者与消费者之间的联系有着重要作用。具体来说，有以下几个方面：

传播信息。广告运用一定的媒体传递信息，它超越时间、空间的限制，利用报纸、杂志、电视、广播等大众传播媒体以及通信卫星、光纤、网络媒体等，更加及时有效地将信息传达给消费者。

刺激需求。通过广告，可以迅速吸引顾客，刺激顾客产生购买欲望，进而促进顾客购买。例如，七喜汽水面世之初，面对百事可乐和可口可乐两个强大的竞争对手，它为自己的汽水精心设计了简短的广告词：“七喜——非可乐”，一下子把由百事可乐、可口可乐称霸的可乐型饮料市场和自己创造的非可乐饮料市场区分开来，广告宣传使七喜汽水的销售获得强劲增长。

指导消费。通过广告，介绍产品知识、使用和维修方法，以指导消费。

加速商品流通，促进社会再生产。通过广告，促进产品销售，可以快速实现商品的价值，促进再生产顺利进行。

鼓励竞争，促使企业不断地提高产品质量。通过广告，可以使企业间加强竞争或合作，不断地提高产品的质量。

提高企业的知名度。通过广告，可以宣传企业，树立企业形象，扩大企业的社会影响。

❖营销案例

可以吃的芬达杂志广告

扫一扫

史上最长的公众号平面广告

2. 广告的分类

（1）按内容分类

按广告内容的不同，可分为产品广告、服务广告和公共关系广告。

产品广告是指以介绍产品本身为内容的广告。如产品名称、品种规格、性能特点、应用范围、使用方法、商标标识、销售价格等。

服务广告是指以介绍各种服务为内容的广告。如产品维修、人员培训及其他各种服务活动等。

公共关系广告是指为增加企业知名度和名誉，以宣传企业整体形象为主要内容的广告。

（2）按目的分类

按广告目的的不同，可分类为商品广告和企业广告两种。

商品广告是指以宣传商品为中心，激发消费需求，直接实现扩大产品销售量为目的的广告。

企业广告是指以树立良好的企业形象为中心，提高企业在社会大众心目中的地位为目的的广告。

（3）按覆盖的范围分类

按覆盖范围的不同，可分类为地区性广告、全国性广告和国际性广告。

地区性广告是指由于商品或服务只适用于某一个地区而只在某个地区进行宣传的

广告，如滑雪板广告只适用于高寒积雪地区。

全国性广告是指广告的内容适合全国各地，在中央一级广告媒体上所做的广告。

国际性广告是指广告产品是面向国外出口，通过各国的广告媒体向国外所做的广告。

❖营销视野

植入式广告

扫一扫

（二）广告媒体的选择

1. 广告媒体的种类

广告媒体（Advertising Media）的种类很多，主要包括报纸、电视、广播、杂志、网络广告、户外广告、邮寄广告等（如图 12-3 所示）。各种媒体接触的听（观）众不同，影响力不同，广告效果也不同，为了实现广告的接触度、频率和效果等目标，应了解各类媒体的主要优缺点，以选择适当的广告媒体。

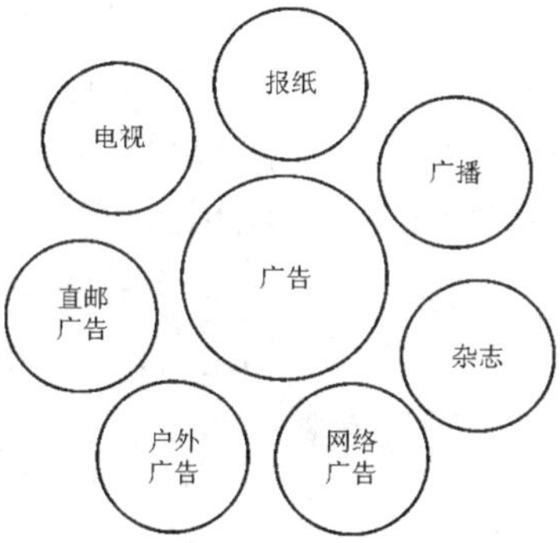

图 12-3 广告媒体类型

各类广告媒体的优缺点如表 12-2 所示。

表 12-2 各广告媒体优缺点

广告媒体	优点	缺点
电视	覆盖率较大，在视觉和听觉上吸引人，富有感染力，并且涉及面广	针对性较差，成本费用高，播放时间短暂
报纸	覆盖范围大，可信度高，信息灵活、及时，成本低	不易于保存，容易被忽视且传阅性差
广播	覆盖范围大，信息传播迅速、及时，成本低	只能传播声音，且转瞬即逝，与电视广告相比缺乏感染力

表12-2(续)

广告媒体	优点	缺点
杂志	能长期保存、反复被阅读，有针对性，可信度高	购买前置时间长，易产生无效广告，且成本较高
网络广告	信息容量大，传播迅速，技术先进，方式多种多样，成本低廉，便于获取	覆盖率偏低，效果评估困难
户外广告	灵活，对地区和消费者选择性强，费用较低	传播区域受限，创造力受影响
邮寄广告	灵活、有针对性，反复阅读率高	不够生动、形象，涉及范围有限

2. 选择时应考虑的因素

在选择广告媒体的时候不能只考虑各种媒体的优缺点，还应当从产品、市场等几个方面去进行综合考虑。

（1）产品的特性

商品的用途、性能、价值以及使用者不同时，应分别选用不同的媒体。一般而言，生产资料技术性强、结构用途复杂，所以适合用文字图形印刷广告；日用消费品最好用形、声、色兼备的电视媒体，或广播媒体，因为这种媒体具有形象感，能诱发消费者的购买欲望。如在电视里做服装、鞋帽广告，感兴趣的人就会多，广告效果就比较好。

（2）产品生命周期

一般说来，当产品处于导入阶段时，提高品牌的认知度是非常重要的，这个阶段可能会更加强调到达率；在产品处于成长阶段时，则要界定目标受众，可以尽量增加广告的频次；在产品处于成熟阶段时，媒介目标可能把重点放在提高接触频次上，保证广告信息能够最大限度地被理解和传递；在产品处于衰退阶段时，广告媒体最好是分配在销售好的地区，主要针对品牌忠诚者。

（3）目标市场的特征

从目标市场的地域上来说，媒体有全国性媒体和地区性媒体之分，由于广告的最终目的是为了销售，所以广告的传播范围应该与商品的销售范围基本一致。另外从目标市场的媒体习惯来看，每种媒体都有自己独特的定位，每类消费者也都有自己的媒体习惯，所以，在选择媒体时要有针对性。以新疆为例，由于它与内地有两个小时的时差，21：00~23：30才是收看电视的黄金时间，11：00~14：00、16：30~19：00以及24：00后则是收听广播的黄金时间。

（4）竞争对手的广告使用情况

市场上往往会有很多竞争者，竞争对手的广告策略也会影响到媒介目标的设定。对于在市场上处于跟随地位的品牌来讲，当市场领导者的广告攻势比较强烈的时候，可能要选择避其锋芒的媒介策略，选择在与之不同的时段发布广告，并通过一定的广告暴露频次来获得竞争优势。当被迫与竞争对手品牌同时发布广告时，也要争取在暴露频次上不要落后于对手，保持与自己的市场份额相对应的暴露频次。

(5) 广告的相对费用

对于企业来说，广告费用的制约主要体现在两个方面，一方面是经济承受能力，另一方面是广告的经济效果，即广告费用的投入产出比。如果利用某种媒体的一次性广告费用较高，但其能覆盖的人群非常广泛，所引发的经济效益远远超出广告费用的投入，企业也愿意利用这样的广告媒体；反之，若带来的效益低于广告费用的支出，那么即使该媒体的广告费用很低，企业也不会愿意对其进行投入。因此，不能仅仅只考虑广告绝对费用数字的差异，重点要关注目标沟通对象的人数与费用之间的相对关系。广告的相对费用计算公式为：

广告相对费用=广告单位时间（面积）价格 / 预计媒体触及的人数

总之，要根据广告目标的要求，结合各种广告媒体的优缺点，综合考虑上述各影响因素，尽可能选择使用效果最好、费用相对更低的广告媒体。

（三）广告设计原则

1. 原创性

新颖的、富有原创性的构思是广告吸引受众注意力、引发受众兴趣、实现广告目标的基础。创新来自于对生活的敏锐观察，来自于对广告主题的准确定位以及对消费者的理解。只有体现个性特征的表现形式才具有独创性、原创性和生命力。

2. 真实性

真实性是广告的生命和本质，是广告的灵魂，作为一种有责任的信息传递媒介，真实性原则始终是广告设计的基本原则。广告的真实性，首先是广告宣传的内容要真实，应该与推销的产品或提供的服务相一致，必须以客观事实为依据，包括：广告的语言文字要真实，不宜使用含糊、模棱两可的言辞；画面也要真实，并且两者要与文字统一起来；艺术手法修饰要得当，以免使广告内容与实际情况不相符。其次，广告的感性形象必须是真实的，无论在广告中如何艺术处理，广告所宣传的产品或服务形象应该是真实的，与商品的自身特性相一致。企业必须依据真实性原则设计广告，这也是一种商业道德和社会责任。

3. 针对性

广告的内容和形式要富有针对性，即对不同的商品、不同的目标市场要有不同的内容，采取不同的表现手法。因为广告的主要目的是刺激销售，因此必须针对顾客心理特征、消费偏好等选择设计方案，突出广告主题。由于各个消费群体都有自己特有的人生观、价值观与生活习惯，广告以及广告中宣传的产品、企业和观念要想被特定的目标群体接受和认可，广告的形式和内容就必须与该群体的特点和要求相吻合。

4. 艺术性

广告是一门科学，也是一门艺术。现代广告设计要求创造出鲜活的审美形象，提高设计的艺术性，这样不仅能突出广告诉求主题的艺术品位，也能给受众以美感享受。如果只是考虑到简单的介绍产品，忽视了艺术性，没有任何内涵，虽然看起来简单易懂，但是缺乏足够的感染力。因此，在进行广告设计的时候，广告创作者要充分吸收文学、喜剧、音乐、美术等各学科的艺术特点，要把真实的、有针对性的广告内容通过艺术形式表现出来，用艺术的气息去感染顾客，给顾客以深刻的印象。

5. 效益性

效益性也是广告设计中的一个很重要的原则，企业的一切经济活动都应以效益为重。这就要求广告设计经济实用，诉求效果好，具有较高的性价比。广告设计本身的运营也必须遵守经济的运行法则，强调价值规律的作用，为广告业主谋求最大程度的目标实现。

❖营销案例

麦当劳的广告设计

扫一扫

(四) 广告效果的评估

广告效果是指广告信息通过广告媒体传播之后所产生的影响，或者说媒体受众对广告信息的结果性反应。广告的效果主要体现在三个方面，即广告的传播效果、广告的销售效果以及广告的社会效果。其中，广告的传播效果是前提和基础，广告的销售效果是广告效果的核心，广告的社会效果则影响着整个社会的风气和价值观念。

1. 传播效果评估

广告的传播效果是指广告接受者对广告本身的记忆、回忆、理解、认识的情况。测定传播效果的指标主要以下几个：

(1) 覆盖率，指接收广告信息的人数占目标市场总人数的比率。该指标是对广告受众接收广告的情况所进行的定量测试，以此来评价广告的覆盖范围。

(2) 注意率，指注意到此广告的人数占接触该媒体的总人数的比率。这里所谓“注意到”广告的人包括只对广告有点印象的人和所有粗略或详细阅读过广告的人。该指标说明了广告覆盖的范围，也反映了广告的接收广度。

(3) 阅读率，指阅读过此广告的人数占接触该媒体的总人数的比率。这里“阅读过”广告的人包括只粗略阅读过广告的人和详细阅读过广告的人，阅读率在一定程度上说明了广告被接收的深度。

(4) 理解率，指理解广告内容的人数占接收到广告信息的人数的比率，这个指标能够真正地反映出广告被接受的深度。

(5) 记忆率，指在一定的时间后记得此广告内容的人数占接收到广告信息的人数的比率。这里的“一定时间”可以是一个月、三个月甚至半年，该指标能够衡量广告的感染力，以及广告是否能在被接收者的心目中留下深刻印象。

2. 销售效果评估

广告的销售效果是指由于广告活动而引发的产品销售以及利润的变化，以及由此引发的同类产品的销售、竞争情况的变化、相关市场中经济活动的变化。广告主所期望广告活动达到的销售目标无外乎提高产品的销售量和市场占有率，以及确定广告活动对销售量的增长和市场占有率提高所做的贡献。销售效果评估的关键是选择可测度的评估指标。广告的销售效果一般要在广告活动结束之后才进行评估（如表 12-3 所示）。

表 12-3　　　　广告销售效果评估表

		广告认知		合计人数
		有	无	
是否购买	是	A 人	B 人	A+B 人
	否	C 人	D 人	C+D 人
合计人数		A+C 人	B+D 人	A+B+C+D 人

测定广告的销售效果，一般可以采用比较的方法，例如在其他影响销售的因素一定的情况下，比较广告后和广告前销售额的变化。另外还可以通过分析广告费用的比率来测定。

常见的 3 种广告销售效果测定方法

3. 社会效果评估

广告社会效果是指广告在社会道德、文化教育等方面的影响和作用。广告的社会效果主要表现在两方面：一是广告对消费者消费的指导作用，一些新产品往往可以通过广告使人们改变旧的生活习惯，引导新的消费潮流；二是广告的思想性、艺术性对社会精神文明建设具有推动作用。一般可以通过专家意见法和消费者评判法进行广告的社会效果评估。

❖**营销视野**

经典广告语

扫一扫

三、公共关系策略

（一）公共关系的概念

1. 公共关系的含义

公共关系（public relations），是 20 世纪 70 年代以来逐渐发展起来的一种重要促销手段，又称“公众关系”，简称“公关”。由于公共关系主体的范围不同，其含义也有广义、狭义之分。广义的公关是指政府、企业或社会团体，为取得社会公众的信任、理解与合作而采取的政策、服务和活动。狭义的公关作为企业的一种促销方式，是指企业在营销活动中，通过一定的方法和手段，正确处理与社会公众的关系，经常与社会公众保持信息联系，注意公众的态度，并采取一系列措施去争取公众的理解和舆论的支持，以获取公众的信任和支持，树立企业良好的形象，从而促进产品销售的一种传播活动。

由此可见，公共关系包括三个基本要素：公关主体——社会组织，例如企业；公关客体——公众，例如顾客、中间商、职工、新闻界等；公关手段——传播与沟通。

公共关系具有以下几项基本特征：

第一，公共关系不仅仅是为了推销企业的产品，而主要是为了树立企业的整体形象，通过企业良好形象的树立来改善企业的经营环境。

第二，公共关系的传播手段比较多，可以利用各种传播媒体，也可以进行各种形式的直接传播。公共关系对传播媒体的利用，通常是以新闻报道的形式，而不像广告那样需要支付费用。

第三，公共关系的作用范围比较广泛，其作用于企业内外的各个方面，而不像广告那样只是针对企业产品的目标市场。

2. 公共关系的职能

（1）信息收集

企业要想有效地开展公共关系活动，首先必须进行市场调研，了解和把握企业开展公关活动所处的环境特征，收集相关的信息。开展公共关系活动需要收集的信息主要包括：一是产品形象信息，包括对产品质量、性能、用途、价格、包装、售后服务等各个方面的综合评价和整体反映；二是企业形象信息，包括公众对本企业组织的评价，例如机构是否健全，设置是否合理，人员是否精简，运转是否灵活，办事效率如何等；三是企业内部公众的信息，包括职工的期望评价以及企业外部环境，如政治、经济文化、科技等各方面的信息。

（2）咨询建议

咨询建议是指利用所收集的各种信息，进行综合分析，考察企业的决策和行为在公众中产生的效应及影响程度，及时、准确地向企业的决策者进行咨询，提出合理而可行的建议。公共关系的内容涉及企业知名度、可信度的评估与咨询，公众的心理分析咨询，企业方针政策、计划的评估，并对正在实施的方案进行监测追踪等。通过对这些有关企业决策方面的评估与咨询，能够有利于企业决策目标的确立以及获取准确及时的信息，同时反馈方案实施效果的信息。

（3）协调关系

企业在市场营销活动中，由于各方面的利益差别，充满了各种矛盾，如果处理不当，会产生各种纠纷，因此企业需要运用各种协调、沟通的手段，为企业疏通渠道、发展关系、广交朋友、减少摩擦、调节冲突，为企业的生存与发展创造“人和”的环境。首先，要重视内部关系，做好内部管理信息交流和情感交流，做到政通人和，上下一致；其次，对外要协调好相关公众关系，包括消费者、政府、社区等相关利益团体，通过公关等一系列活动，能运用利益、形象、信息、特色等吸引广大公众，促使他们理解、信任、偏爱企业，使企业得到和谐发展的外部环境。

（4）树立形象

企业要想在市场营销的过程中为自己创造良好的外部环境，就必须注意树立良好的企业形象。良好的企业形象既可以提高新产品的市场认知度，又可以使企业赢得更多的公众理解和信任，扩大市场影响力。因此，公共关系是树立企业良好形象的重要手段，它不仅能向公众介绍自己的产品、服务、方针、政策和行为，还能通过传播、沟通等手段影响公众，增加公众对企业的好感，促进和谐的关系。

❖**营销案例**

从广告战到公关战，

华为是如何“截胡”三星的？

扫一扫

（二）公共关系的工作程序

一个相对完整且富有成效的公共关系工作程序，通常包括前后相继的四个基本程序，即公共关系调查、公共关系计划、公共关系方案的实施、公共关系效果的评估，亦称“公共关系四步工作法”，它们构成公共关系工作的基本运行模式（如图 12-4 所示）。公关人员必须全面认识和把握公共关系程序的四个步骤，科学地、艺术地处理公共关系活动中的各种问题。

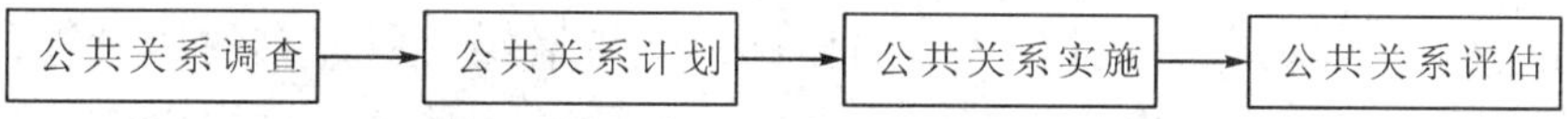

图 12-4　公共关系工作程序

1. 公共关系调查

在公共关系活动中，调查是了解情况、制定计划、实施计划及评估效果的基础。要树立和维护组织的良好形象，就要首先了解组织的实际形象和自我期望形象的有关信息；要想赢得内外公众的支持和合作，就要搜集内外公众不同的需求信息；要检测环境、预测环境、利用环境，就要综合分析组织所处的自然环境和社会环境的有关信息；要想了解公共关系活动的实施效果，就要了解公众对活动的接纳程度以及活动的影响范围。只有充分及时地掌握准确的信息，从中找出问题和差距以及导致问题的种种原因和相关因素，才可能制定出切实的公共关系活动方案，才可能对公共关系活动的效果进行客观而科学的评估。在公共关系活动中，调查既是必不可少的一个环节，也是贯穿于整个公共关系活动中的一种手段。

公共关系调查的内容主要包括：

（1）组织形象调查。组织形象又包括组织的自我期望形象和组织的实际形象：组织的自我期望形象是指一个组织对自身社会形象的自我认识、自我追求及自我评价；

组织的实际形象指的是社会公众对组织及其产品的认识和评价。

（2）组织环境调查。公关本身是一项社会性很强的工作，它依赖于良好环境的强有力的支持，而成功的公关工作在适应环境的同时又必然承担着改造环境的任务。在这里，组织环境的调查既包括组织的外部环境，即自然环境、人文环境和社会环境等的调查，又包括组织内部环境，即组织现状及基本条件的调查。

（3）公关效果调查。整个公关活动完成之后，必须进行调查评估，以总结经验教训。公关效果的调查需要了解公众对本次公关活动的评价、公关效果等信息。比如通过召开座谈会、问卷调查、摘抄公众来信、接待来访等，分析公众对公共关系活动评价的好坏。

2. 公共关系计划

任何成功的公关活动都离不开高水平的计划。公关计划是以公关人员为主体进行的一种艰苦细致、复杂有趣的创造性活动。它以客观的公众分析为前提，以最好的活动效果为目标，是公共关系工作程序的灵魂和核心。

公共关系计划的拟定，又可以分为以下几个技术环节：

（1）分析公众

分析公众，就是要明确企业的公共关系目标是针对哪些公众的。只有弄清楚哪些公众与企业有最直接的利害关系、哪些公众与企业发生间接的联系、哪些公众具有潜在的影响、哪些暂时与企业毫无联系等，才可能明确企业公共关系目标所涉及的范围和应采取的对策，进而选择应该运用的媒介及技术。

（2）选择传播媒介

传播媒介的选择要根据公共关系的目标和对公众的分析来决定。由于各种传播媒介性质、效率的差别，都拥有各自相对稳定的公众对象，企业在选择传播媒介时应当考虑以下几个因素：媒介是否与公众范围相符，即传播媒介所拥有的那一类公众与企业公共关系目标直接关联的公众类型应尽可能相符合或相接近；运用媒介的时间是否适当，选择传播媒介时要注意根据不同类型的公众的作息时间来安排具体传播时间；考虑媒介本身的影响力和效率，通常电视、广播、报纸等传播媒介影响广泛，效率也较高。

（3）编制预算

企业的公共关系计划必须把将进行的公共关系工作的费用进行大概的预算，从而确定实现公共关系的目标是否值得。编制预算时需要考虑的内容主要包括人力方面、时间方面以及经济方面的各项支出费用。

（4）制定实施步骤

这个环节是要对整个公共关系活动过程进行分解和细化，首先要明确公共关系工作的先后顺序，对于每一阶段的工作的重点、人员安排等做出具体的安排，以保证顺利达到既定的公共关系目标 。

3. 公共关系实施

如何开展各项具体的公共关系工作，是非常复杂、变化最多的一个环节，同时也是整个公共关系工作程序中最为关键的环节。公共关系工作的实施，需要关注以下几个要点：首先，要统筹全局。为此在公共关系展开过程中，必须防止出现只看局部忽略整体的倾向，出现之后及时予以协调和纠正，以确保整体目标的顺利实现；其次，要及时掌握工作进度，要及时发现超前或之后的情况，注意在人力、物力、财力方面予以协调和调整，以求在总目标的引导下，使各方面工作达到同步和平衡发展；最后，在实施的过程中要视情况对公共关系计划进行修订。不管公共关系计划制订得多么缜密，但总免不了与实际的公共关系实施过程存在着一定差异，再加上客观环境是不断发展和变化的，因此，必须随时根据实际情况，修订公共关系计划，调整工作进度和人员力量。

4. 公共关系评估

公共关系行动的最后一个阶段就是评估阶段。公共关系工作有其特殊性，它面向社会和人打交道，其工作性质属于弹性工作，平时不能完全以指标来衡量其结果，甚至被人误解为不起作用和无所事事。因此在最后阶段对公共关系计划的执行情况进行一定的衡量评估就显得非常重要了。

❖营销案例

健力宝的公共关系策划

公共关系与广告的区别

扫一扫

（三）企业危机公关

1. 企业危机公关的含义

企业危机公关是指企业为避免或者减轻危机所带来的严重损害和威胁，从而有组织、有计划地学习、制定和实施一系列管理措施和应对策略，包括危机的规避、控制、解决以及危机解决后的复兴等不断学习和适应的动态过程。

危机往往具有意外性、聚焦性、破坏性和紧迫性，严重危害到企业的正常运转，并对企业的公众形象造成重大损害。面对危机，企业的经营者不仅要有竞争观念，还要有危机观念，不仅要有危机管理意识，更要掌握处理危机情况的经验和方法。

2. 企业危机公关处理原则

一旦发生危机事件，绝不能等闲视之。公共关系部门必须全力以赴，按照下列原则，加以处理，以赢得公众的谅解和信任，尽快恢复企业信誉，重塑企业美好形象。

（1）及时性原则

危机公关处理的关键就在于速度，要尽最大可能控制事态的恶化和蔓延，在最短的时间内重塑或挽回企业的良好形象和信誉。因此，危机事件一旦发生，公共关系人员都应立即投入紧张的处理工作，迅速作出反应，及时进行处理。

（2）冷静性原则

危机发生后，处理人员应冷静、沉稳、应付自如，不可被头绪繁多、关系复杂的事件影响，使自己变得急躁、烦闷而出言不慎。具有稳定而积极的心态，才能在处理事件中左右得道。

（3）灵活性原则

危机事件会随着情况的发展而不断变化，预定的抢救方案不可能完全适用实际发生的危机事件。因此，危机公共关系人员必须根据具体情况，对预防性措施或抢救方案进行修正或补充，增强其针对性和适应性。

（4）真实性原则

危机事件发生后，由于种种原因造成传播中消息失真，使公众发生猜疑、误解、轻信谣言。为了防止谣言传播、消息混乱，得到公众的谅解、支持，公共关系人员应及时公布事实真相，不能隐瞒、歪曲和省略某些关键细节，更不能嫁祸于人，推诿责任。

（5）控制性原则

“控制”包含两层意思：一是指对危机事件本身的控制。事件发生后，迅速弄清原因，采取有效措施，尽力控制事态的发展。二是指对危机事件产生的严重社会影响和对企业的严重损害的控制。必须迅速利用传播媒介等有效手段，及时公布企业所采取的处理事故的一切措施，以防止影响的扩大，把损害程度控制在最低限度。

（6）补偿性原则

企业应该把公众利益看得高于一切，对危机事件造成的后果应负责到底，不仅要敢于承担道义上的责任，而且要对财产损失给予合理赔偿，不能推卸责任，也不能抱有投机取巧、侥幸过关的心理。

3. 危机公关的处理对策

（1）关于内部公众

首先，企业应把事故情况及组织对策告诉全体员工，使员工同心协力共渡难关。其次，若有人员伤亡，企业应立即组织周到的医疗和抚恤工作，由专人负责；如果是设备损失，应及时清理。

（2）关于事故受害者

首先，企业对受害者应明确表示歉意，慎重地同他们接触，冷静地倾听受害者的意见和他们提出的赔偿要求。然后，企业应该同他们坦诚、冷静地交换意见，同时谈话中应避免给他人造成推卸责任、为本组织辩护的印象。

（3）关于新闻传播媒介

企业应及时向新闻界通报事故的真相，在说明事故时应简明扼要、通俗易懂。应该明确，一旦事件作为新闻报道出去，就将留在公众的记忆中，因此，企业一定要谨慎行事、实事求是，既不掩盖事实真相，也不随意猜测、添枝加叶、夸大事故。同时要及时组织召开新闻发布会，有时还需要连续发布。

（4）关于上级领导部门

危机发生后，相关部门应及时向组织的直属上级领导汇报情况，不文过饰非，不歪曲真相、混淆视听。

（5）关于企业所在社区

公关部门应根据事故的性质道歉，直至给予经济赔偿。

❖**营销案例**

从特斯拉起火事件中学习危机公关

扫一扫

四、营业推广策略

（一）营业推广的概念

1. 营业推广的含义

营业推广（Sales Promotion）又称销售促进，它是指企业运用各种短期诱因鼓励消费者和中间商购买、经销或代理企业产品或服务的促销活动。由于市场竞争的激烈程度加剧、消费者对交易中的实惠的日益重视、广告媒体费用上升、企业经常面临短期销售压力等原因，营业推广受到越来越多的企业青睐。

营业推广比较适合于对消费者和中间商开展促销工作，一般不太适用于产业用户。对于个人消费者，营业推广主要吸引以下 3 类人群：已经使用本企业产品的消费者，促使其消费更多；已使用其他品牌产品的消费者，吸引其转向本企业的产品；未使用过该产品的消费者，争取其试用本企业的产品。对于中间商，营业推广主要是吸引中间商更多地进货和积极经销本企业的产品，增强中间商的品牌忠诚度，争取新的中间商。

2. 营业推广的作用

随着市场竞争的日益激烈，营业推广的使用越来越受到企业的重视。在美国，营业推广的支出费用的增长率已超过了广告，营业推广费用年平均增长率达到 12%，而广告为 7.6%。营业推广能够起到使消费者将兴趣转化为行动的作用，进而带动新产品的销售或扩大老产品的市场。具体地说，它在以下几个方面具有显著的作用：

（1）吸引顾客

特别是在推出新产品或吸引顾客方面，由于营业推广的刺激性比较强，较易吸引顾客的注意力，使顾客在了解产品的基础上采取购买行动，也可能使顾客追求某些方面的优惠而使用产品。

（2）提高销售业绩

毫无疑问，促销是一种竞争，它可以改变一些消费者的使用习惯及对品牌的忠诚度。因受利益驱动，经销商和消费者都可能大量进货与购买。因此，在促销阶段，常常会增加消费，提高销售量。

(3) 缩短产品入市的进程

使用营业推广促销手段，旨在对消费者或经销商提供短程激励。在一段时间内调动人们的购买热情，培养顾客的兴趣和使用爱好，使顾客尽快地了解产品。

(4) 带动相关产品市场

营业推广的第一目标是完成促销产品的销售，但是，在甲产品的促销过程中，却可以带动相关的乙产品的销售。比如，茶叶的促销，可以推动茶具的销售。当卖出更多的咖啡壶的时候，咖啡的销售量就会增加。在20世纪30年代的上海，美国石油公司向消费者免费赠送煤油灯，结果其煤油的销量大增。

(5) 节庆酬谢

营业推广可以使产品在节庆期间或企业喜庆日期间锦上添花。每当例行节日到来的时候，或是企业有重大喜庆的时候（例如开业上市的时候），开展促销可以表达市场主体对广大消费者的一种酬谢。

需要注意的是，营业推广有时也会产生负面作用，即破坏企业的形象。由于营业推广对顾客的强烈刺激，所以往往能立刻促进顾客的购买。同时，也正因为是强烈的刺激，容易给人一种急切推销产品的感觉，引起购买者对该产品的怀疑和反感，甚至会破坏企业形象和信誉。因此，营业推广不能像广告或推销那样持久，在市场营销活动中是一种短期性的促销手段，企业不应长时间频繁地使用。

(二) 营业推广的方式

企业产品的销售对象有两类，一是消费者，二是中间商。因此就决定了企业的营业推广的目标群体也主要有两类：一是对消费者进行推广，二是对中间商进行推广(如图12-5所示)。针对不同的目标，企业可以采取的营业推广方式也不尽相同。

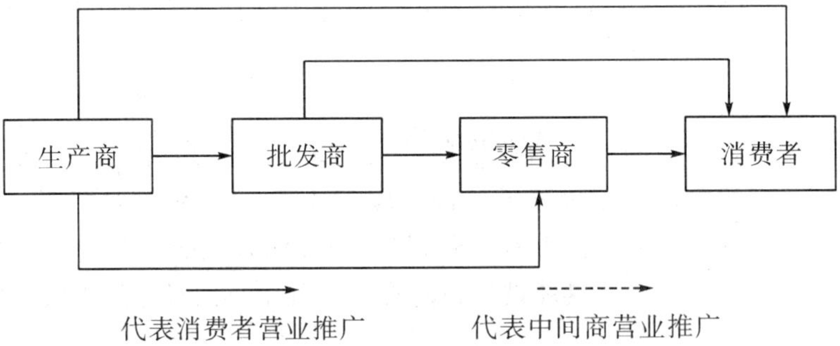

图12-5 营业推广的类型

1. 对消费者的营业推广

(1) 赠送样品

赠送样品是将产品免费赠送给消费者，供其试用的一种促销方法。营销人员采用免费样品基于以下几个方面原因：激励产品试用；在产品生命周期的早期扩大销量；获得期望中的分销。试用是费用最大的销售方式，由于这种方法无需消费者付出任何代价，因此是诱导消费者尝试的有效途径。通过试用使消费者对该产品产生直接的感性认识，并对产品或公司产生好感和信任，使其转化为该产品的潜在客户，它能提高新产品的入市速度。

❖**营销案例**

产品免费送

扫一扫

（2）发放优惠券

优惠券是一种非货币的证明，凭优惠券购买商品可以享受某种优惠。企业可以对合作者、老顾客、对企业做过贡献的顾客发送优惠券，以此来联络感情，也可以把优惠券附在商品或广告中，随着商品、报纸、杂志等送到购买者手中，开拓潜在市场。

（3）开展奖售

企业对购买某些商品的消费者设立特殊的奖励。如凭该商品中的某种标志可免费或以很低的价格获取此类商品或得到其他好处，也可按购买商品的一定数量，赠送一件消费者所需要的礼品。奖励的对象可以是全部购买者，也可用抽签或摇奖的方式奖励一部分购买者。这种方式的刺激性很强，常用来推销一些品牌成熟的日用消费品。

（4）价格折扣

即对那些大宗购买的客户给予一定比例的价格折扣。这是对生产资料的购买者采用的推广方式。折扣比例有的按购买数量，有的按货款收回时间。按货款收回时间决定折扣比例，有利于促使购买者尽快结算货款，从而加速企业的资金周转和扩大销售。

（5）组织展销

企业将一些能显示企业优势和特征的产品集中陈列，边展边销，由于展销可使消费者在同时同地看到大量的优质商品，有充分挑选的余地，所以对消费者吸引力很强。展销可以以一个企业为单位举行，也可由众多生产同类产品的企业联合举行。若能对某些展销活动赋予一定的主题，并同广告宣传活动配合起来，则促销效果会更佳。

（6）现场示范

企业派人将自己的产品在销售现场进行使用示范演示。现场示范一方面可以把一些技术性较强的产品的使用方法介绍给消费者，另一方面也可使消费者直观地看到产品的使用效果，从而能有效地消除顾客的某些疑虑，使他们接受企业的产品。因此，现场示范对于使用技术比较复杂或是效果直观性比较强的产品最为适用，特别适合推广一些新产品。

（7）免费服务和咨询

包括进行免费安装、调试、运送、使用指导或回答潜在顾客的询问等。对于一些技术性强、操作复杂的商品，可以起到显著的促销作用。

2. 对中间商的营业推广

（1）批发回扣

企业为争取批发商或零售商多购进自己的产品，在某一时期内可按批发商购买企业产品的数量给予一定的回扣。回扣的形式可以是折价，也可以是赠送商品。批发回扣可吸引中间商增加对本企业产品的进货量，促使他们购进原先不愿经营的新产品。

（2）推广津贴

企业为促使中间商购进本企业产品，并帮助企业推销产品，还可支付给中间商一定的推广津贴，以鼓励和酬谢中间商在推销本企业产品方面所做的努力。推广津贴对于激励中间商的推销热情是很有效的。

（3）培训人员

为销售本产品的中间商培训销售、维修人员，使他们了解商品的使用方法和维修方法，以便于扩大销售。这是对那些技术性较强的产品采用的推广方式。

（4）销售竞赛

企业如果在同一个市场上通过多家中间商来销售本企业的产品，就可以发起由这些中间商所参加的销售竞赛活动。根据各个中间商销售本企业产品的成绩，分别给优胜者以不同的奖励，如现金奖、实物奖，或是给以较大的批发回扣。这种竞赛活动可鼓励中间商超额完成其推销任务，从而使企业产品的销量大增。

（5）广告赞助

企业可以对中间商实行广告折扣，由中间商代为做广告，或实行广告津贴的办法，赞助中间商做广告等。

除以上对消费者进行推广和对中间商进行推广等方式外，企业还可以适当地对销售人员进行营业推广。对推销人员营业推广的主要目的是调动推销人员的积极性，鼓励他们推销产品，尤其是推销新产品，发掘潜在顾客，开拓新的市场。例如，开展推销竞赛、有奖销售、销售提成以及免费提供人员培训、技术指导。

（三）营业推广的注意事项

（1）选择的方式要适当

营业推广的方式很多，且各种方式都有其各自的适应性，选择好营业推广方式是促销获得成功的关键。一般说来，应结合产品的性质、不同方式的特点以及消费者的接受习惯等因素选择合适的营业推广方式。

（2）确定的期限要合理

控制好营业推广的时间长短也是取得预期促销效果的重要一环。推广的期限，既不能过长，也不宜过短。这是因为，时间过长会使消费者感到习以为常，失去刺激需求的作用，甚至会产生疑问或不信任感；时间过短会使部分顾客来不及接受营业推广的好处，收不到最佳的促销效果。一般应以消费者的平均购买周期或淡旺季间隔为依据来确定合理的推广方式

（3）禁忌弄虚作假

营业推广的主要对象是企业的潜在顾客，因此，企业在营业推广全过程中，一定要杜绝徇私舞弊的行为发生。在市场竞争日益激烈的条件下，企业的商业信誉是十分重要的竞争优势，企业没有理由自毁商誉。本来营业推广这种促销方式就有贬低商品之意，如果再不严格约束企业行为，那将会产生失去企业长期利益的巨大风险。因此，

弄虚作假是营业推广中的最大禁忌。

（4）注重中后期宣传

开展营业推广活动的企业比较注重推广前期的宣传，这非常必要。在此还需提及的是不应忽视中后期宣传。在营业推广活动的中后期，面临的十分重要的宣传内容是营业推广中的企业兑现行为，这是消费者验证企业推广行为是否具有可信性的重要信息源。所以，令消费者感到可信的企业兑现行为，一方面有利于唤起消费者的购买欲望，另一个更重要的方面是可以换来社会公众对企业良好的口碑，增强企业良好形象。

（5）合理做好预算

这要考虑各种推广工具的使用范围、额度，各种产品所处的生命周期的不同阶段等多种因素来加以平衡和确定。

❖本章小结

（1）企业促销的方式包括人员推销、广告促销、公共关系和营业推广。在确定促销组合时，要充分考虑产品类型、促销目标、市场状况、产品生命周期阶段以及促销费用几个方面的因素。

（2）人员推销是指企业的销售人员通过面对面的沟通方式向潜在的顾客做口头宣传，促使顾客了解、偏爱并购买本企业的产品与服务，实现企业营销目的的一种直接销售方法。

（3）广告的基本功能是传递信息，它既可用来树立企业和产品形象，又可用来刺激销售，是一种被广泛运用的促销方式，企业应根据其特点，扬长避短，灵活运用。

（4）公共关系是促销组合中的一个重要组成部分，企业公共关系的好坏直接影响着企业在公众心目中的形象，影响着企业营销目标的实现，如何利用公共关系促进产品的销售，是现代企业必须重视的问题。

（5）营业推广是指企业运用各种短期诱因鼓励消费者和中间商购买、经销或代理企业产品或服务的促销活动，营业推广不能作为一种经常的促销手段来加以使用，但在某个特定时期内，对促进销售的迅速增长是十分有效的。

❖营销案例

里力的口香糖

扫一扫

❖趣味阅读

有趣的诗词广告

扫一扫

❖课后练习

一、单选题

1. 促销的目的是引发刺激消费者产生（　　）。

A. 购买行为　　B. 购买兴趣

C. 购买决定　　D. 购买倾向

2. 对于价格较低、技术不复杂且买主多而分散的消费品市场，通常采用（　　）的促销方法。

A. 人员推销　　B. 广告

C. 公共关系　　D. 营业推广

3. 公共关系是一项（　　）的促销方式。

A. 一次性　　B. 偶然

C. 短期　　D. 长期

4. 当处在产品生命周期的成长期时，企业应当采取（　　）的促销策略。

A. 人员推销　　B. 广告

C. 公共关系　　D. 营业推广

5. 在配置推销人员时，可以采取的方式不包括（　　）。

A. 按地区配置　　B. 按产品配置

C. 按销量配置　　D. 按顾客配置

二、多选题

1. 以下属于促销的具体方式的有（　　）。

A. 人员推销　　B. 市场细分

C. 广告　　D. 公共关系

E. 营业推广

2. 人员推销的基本形式包括（　　）。

A. 上门推销　　B. 柜台推销

C. 会议推销　　D. 洽谈推销

E. 电话推销

3. 根据广告内容的不同，可以分类为（　　）。

A. 产品广告　　B. 服务广告

C. 公共关系广告　　D. 企业广告

E. 商品广告

4. 以下属于对中间商的营业推广的有（　　）。

A. 发放优惠券　　B. 批发回扣

C. 推广津贴　　D. 组织展销

E. 培训人员

三、简答题

1. 确定促销组合应考虑哪些因素?
2. 人员推销有哪些优势?对推销人员的素质要求有哪些?
3. 主要的广告媒体有哪些?如何选择广告媒体?
4. 什么是公共关系?公共关系的工作程序是怎样的?
5. 营业推广有哪些主要作用?对消费者和对中间商的营业推广各有哪些主要手段?

四、案例分析

里力的口香糖

口香糖是美国人里力的杰作,它刚出现时运气并不佳,买的人寥寥无几,里力为了推销口香糖,利用了各种宣传手段,可是收效不大。后来,里力在推销中发现,为数不多的顾客大都是儿童。里力从儿童身上看到了希望,于是他决定以儿童作为推销口香糖的突破口。里力按照电话簿上刊载的地址,给每户家庭免费送上4块口香糖。他一口气送了150万户,共600万块口香糖。这一举动让同行们大惑不解:为什么要做这样的亏本买卖?谁知道几天之后,孩子们吃完里力免费赠送的口香糖,都闹着还想吃,家长们只能再买。口香糖的销路由此打开了。不久,聪明的里力又想出了一个新点子:回收口香糖纸。顾客送回一定数量的糖纸,就可得到一份口香糖。孩子们为了多得糖纸,就动员大人们也嚼口香糖,就这样,大人、小孩一起嚼,没过多久,口香糖就被嚼成了畅销世界的热门货。

(资料来源:一品故事网)

问题:请分析里力口香糖的促销策略。

❖营销技能实训

实训项目:进行一次促销活动策划

【实训目标】

培养学生策划并实施促销活动的能力。

【实训内容与要求】

1. 在老师的指导下,由学生自由组合成4~6人为一组的产品推广小组,并确定负责人。

2. 根据所学的促销组合知识及四种主要的促销组合策略,结合当地市场实际情况,为某一产品的市场导入设计促销组合方案,并组织实施。具体要求有以下几项:

(1)进行市场状况调查,完成市场分析报告。

(2)明确促销目标。

(3)进行促销组合的设计。

（4）设计行动方案或具体活动安排。

（5）做出促销活动预算。

3. 各小组在1个月内完成促销策划书。由教师考核策划书，从策划书的格式、方案创意、可行性、完整性等方面进行考核（60%），同时考核个人在实训过程中的表现（40%）。

第五模块
营销领域的创新

第十三章　市场营销新发展

不创新，就死亡。

——艾克卡

小智者抢占市场，中智者发现市场，大智者创造市场。

——高德康

❖教学目标

知识目标

（1）了解绿色营销的概念掌握绿色营销策略。

（2）了解整合营销的概念、特点和优点，掌握整合营销的对策。

（3）了解关系营销的概念等，掌握我国关系营销的实施途径。

（4）了解体验营销的概念等，掌握体验营销的实施。

（5）了解新媒体营销的概念等，理解企业开展新媒体营销的必要性。

技能目标

（1）具备识别和理解五种营销的能力。

（2）具备通过营销案例和营销情境分析市场营销新发展的能力。

第一节　绿色营销

❖走进营销

华北制药集团公司实施清洁生产和绿色营销的尝试

华北制药集团公司的前身华北制药厂是中国“一五”计划期间的重点建设项目，由苏联援建156项重点工程中的抗生素厂、淀粉厂和向民主德国引进的药用玻璃厂组成，1953年6月全部投产。华北制药厂的建成，开创了我国大规模生产抗生素的历史，结束了我国青霉素、链霉素依赖进口的历史，缺医少药的局面得到显著改善。

华北制药集团公司作为我国医药行业的特大企业，不仅在深化企业改革，建立现代企业制度，扩大企业规模，调整、优化组织结构与产品结构等方面取得了显著成效，而且比较重视经济效益与生态效益的协调发展，并加大环境保护、清洁生产和绿色营销等方面的工作力度。具体地说，主要包括以下几个方面：

（1）确立环保理念，健全环保政策与规章。华药围绕可持续发展，确立了“一切为了人类健康”的企业理念。

（2）建立健全环保管理机构。华药集团公司没有环保管理委员会，公司总经理担任主任委员，该委员会具有决策公司重大环保事项和发展规划，制定环保规章制度职责。

（3）加大了环保投入与环境污染治理力度。

（4）对新上项目实行环保“三同时”。自1990年以来，华药集团公司先后建设了十几家企业，集团公司环保管理部非常重视新建项目的环保监督管理，并按环保“三同时”要求，控制新污染源的产生。

（5）积极推进ISO14000环境管理体系工作。确立了强化环保意识，将“三废”转为资源的目标，仅每年的“三废”转为资源所获效益就在100万元以上。

想一想：华北制药集团公司为什么要要推行清洁生产和绿色营销？其采取的措施对其他企业有何启发？

一、绿色营销的概念

绿色营销是企业以满足顾客需求、社会利益和自然可持续的营销活动，也就是同时满足直接顾客需求、间接顾客需求和未来顾客需求的营销活动。真正意义上的绿色营销是指企业在营销中要注重地球生态环境的保护，促进经济与生态的协调发展，为实现企业自身利益、消费者和社会利益以及生态环境利益的统一而对其产品、定价、分销和促销的策划与实施过程。绿色营销的宗旨是节约材料耗费，保护地球的资源，防止生态污染与恶化；确保人们使用产品的安全、卫生、方便，以提高人们的生活质量和洁净人们的身心，提高人们的健康水平；引导人们进行绿色消费，培养环境保护意识，优化生存空间。

二、绿色营销与传统营销的比较

（一）营销观念的升华

与传统的营销观念相比，绿色营销观念是继20世纪50年代由产品导向转向顾客导向，具有根本性变革的又一次升华。绿色营销观念与传统营销观念的主要差别表现在：绿色营销观念是以人类社会的可持续发展为导向的营销观念，绿色营销观念更注重社会效益、注重企业的社会责任和社会道德。

（二）经营目标不同

传统营销，无论是以产品为导向还是以顾客为导向，企业经营都是以取得利润作为最终目标。传统营销主要考虑的是企业利润，往往忽视了全社会的整体利益和长远利益。其研究的焦点是企业、顾客与竞争者构成的“魔术三角”，通过协调三者间的关系来获取利润。而绿色营销的目标是使企业发展目标和社会发展目标相协调，促进总体可持续发展目标的实现。绿色营销不仅考虑企业自身利益，还考虑全社会的利益。

（三）经营手段不同

传统营销通过产品、价格、渠道、促销的有机组合来实现自己的营销目标，绿色营销强调营销组合中的“绿色”因素，注重绿色消费要求的调查，注重在生产、消费及废弃物回收过程中降低公害，进行符合绿色标志的绿色产品的开发与经营等（如表 13-1 所示）。

表 13-1　绿色营销与传统营销的区别

不同之处	传统营销	绿色营销
研究焦点	通过协调企业、顾客与竞争者来获得企业效益	通过协调企业、顾客与竞争者和环境来达到企业效益与社会效益共同发展
产品特点	符合消费者需求，符合技术及质量标准，有竞争力	符合消费者需求，符合技术及质量标准，有竞争力，还要求在设计、生产和服务上注重环保
分销渠道	商人中间商、代理中间商	使用通道，简化分销环节
促销方法	人员推销、广告促销、产品宣传	绿色广告、绿色公关、绿色人员促销
价格特点	生产、销售成本+企业利润	生产、销售成本较企业利润+环境成本

❖**营销案例**

绿色营销的鼻祖 C&D 公司

扫一扫

三、绿色营销的实施

（一）政府方面

首先，政府要树立可持续发展战略观念。政府应确定环保是基本国策的战略思想，确立经济与生态协调发展的战略思想。

其次，政府要根据国情，参照国际惯例，不断完善绿色法规。同时，更要对现行的环保法进行修改，制定保护自然环境的法律法规。

最后，政府要制定绿色政策体系，诸如环境保护政策、绿色市场培育政策、税收支持政策、土地使用政策等。

（二）企业方面

首先，企业要树立绿色营销观念。企业在营销活动中以全社会的长远利益为重心，将“以消费者为中心”变为“以社会效益为中心”。

其次，制定绿色营销战略。企业要从全球绿色营销观念出发，协调环境、社会、企业三方面的利益，制定出绿色营销战略。

最后，进行绿色营销策略整合。企业需要考虑消费者的绿色需求与支付能力，从整体上设计与开发绿色产品，并实施绿色产品定价、绿色产品广告宣传及绿色产品的分销。

（三）消费者方面

消费者给自觉树立环境观念及绿色消费观念，推动企业绿色营销的实施以及促进政府绿色法规的制定、完善与执行。

（四）实行广泛的国际合作

由于自然环境的恶化是全球性的，如全球增温、臭氧层受破坏、生物种类的灭绝及水源和空气污染等，因此需要各国政府进行广泛合作，从全球及宏观方面保证企业绿色营销的开展。

❖营销视野

我国首座绿色住宅小区

扫一扫

四、绿色营销策略

企业应从“4P”的角度出发，即从产品策略、价格策略、营销渠道和促销策略的角度来实施绿色营销策略。

（一）绿色产品策略

绿色产品市场营销的目的就是绿色产品能真正满足绿色消费者的需求和期望，所以我们从绿色产品的三个基本层次（核心层次，形成层次和延伸层次）上采取相应的策略，满足消费者需求。

首先，揭示核心层次，突出绿色优点。消费者购买某种产品，绝不是仅仅为了获得构成某种产品的各种构成材料，而是为了满足某种特定的需求。在这一层次上，绿色产品在传统产品的基础上，更加符合保护人类生态环境和社会环境的要求，更增加了满足绿色消费者健康、安全、环保等需求的一部分。

其次，依托形式层次，保证绿色品质。这一层次反映的内涵并不仅仅是产品的一种形式和实质，它包含了产品质量、特点、款式、结构、颜色、品牌和包装等，它满足核心层次的外在特征。

最后，强化延伸层次，提供绿色服务。产品延伸层次及产品向消费者提供的附加服务，企业需要给予说明，同时绿色产品价格较高，提供优质的服务有助于提高消费者“溢价”的接受程度，获得心理上的满足，因此附加服务对绿色产品显得尤为重要。

（二）绿色价格策略

价格作为营销组合4P中最敏感、最重要的因素，关系到企业在绿色市场上的份额和盈利率。企业必须针对各类绿色产品的特点和各类消费者的特点采取恰当的定价策略。

（1）新产品定价策略

通常绿色产品分为两大类：健康绿色产品和环保绿色产品。企业在制定和实施绿色价格策略时，必须区别对待这两类绿色产品。对于前者，企业可以把它们作为高档产品和奢侈品来定价，实行高价的策略，从而显示出本产品与其他产品的不同，突出本产品的绿色特点。对于后者，由于该种产品的绿化作用不能马上被消费者感知，企业应该采用介于高价和低价之间的满意定价策略或渗透定价策略。

（2）认知价值定价策略

认知定价策略就是把价格变量与其他营销组合变量协调起来，从而增加销售的目的。企业可以通过绿色产品的定位、绿色产品的质量尤其是绿色产品的绿色特性、绿色产品的促销以及企业绿色形象的塑造等各种方式唤起消费者对优美环境和大自然的向往以及企业自身健康安全而提到生活质量的意愿，使消费者对绿色产品的性能、用途、质量、外观等形成认知价值。

（3）需求差别定价

这是定价策略中根据销售对象、销售地点、销售时间等条件的不同产生的需求差异不同而实施的定价策略。因此，企业应针对不同消费者的需求弹性对顾客实行价格差别，抛弃那种按成本价来定价的价格制定方法，根据产品变动成本来分组制定价格。

（三）绿色促销策略

其核心就是通过充分的信息传递，树立企业及其产品的绿色形象，使消费者认同，巩固其在市场上的地位。培养营销人员的绿色意识，支持社会公益活动，参加环保宣传，提高促销手段、方法、过程及促销用品的“绿度”等，都是绿色促销中可用的策略。

（四）绿色渠道策略

绿色营销要求企业提高其渠道体系的绿色程度，包括：

第一，减少运输过程中的包装物的使用，更换运输过程易对环境造成污染的包装物；优化渠道结构，降低渠道中运输、存储的能源消耗；减少运输过程中的运输工具大气排放物的污染。

第二，重组渠道体系，排除“脏”渠道成员，加强渠道成员绿色观念教育，清洁渠道体系。为适应绿色营销的回收、循环使用、翻新等需要，在渠道体系中建立相应通道，增设相应功能。

第三，设立绿色专柜或绿色商品销售公司，逐步建立绿色产品流通网络，同时注意这些网络与网点的绿色包装。

第四，尽可能地缩短渠道，避免长渠道带来污染。事实上，短渠道也有利于包装物的回收和重复利用。

第五，为渠道成员做好废旧原部件和包装物的回收、循环制定激励政策，提供必要的设施与装备。

第二节　整合营销

扫一扫

❖ **走进营销**

德芙整合营销传播战略

一、整合营销的概念

营销组合强调将市场营销中各种要素组合起来的重要性，强调各种要素之间的关联性，要求它们成为统一的有机体。在此基础上，整合营销更要求各种营销要素的作用力统一方向，形成合力，共同为企业的营销目标服务（如图 13-1 所示）。

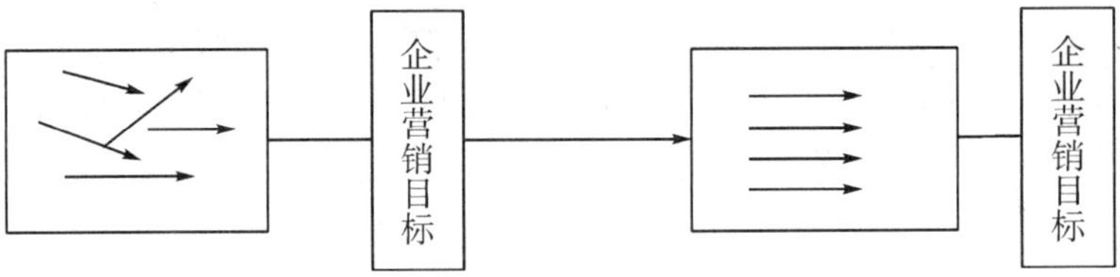

图 13-1　整合营销过程

整合营销传播的中心思想是，通过企业与消费者的沟通满足消费者需要，确定企业统一的促销策略，协调使用各种不同的传播手段，发挥不同传播工具的优势，从而使企业的促销宣传实现低成本策略化，与高强冲击力的要求，形成促销高潮。

二、整合营销的特点

第一，在整合营销传播中，消费者处于核心地位。

第二，对消费者深刻全面地进行了解，并以建立资料库为基础。

第三，整合营销传播的核心工作是培养真正的消费者价值观，与那些最有价值的消费者保持长期的紧密联系。

第四，以本质上一致的信息为支撑点进行传播。企业不管利用什么媒体，其产品或服务的信息一定得清楚一致。

第五，以各种传播媒介的整合运用作手段进行传播。凡是能够将品牌、产品类别和任何与市场相关的信息传递给消费者或潜在消费者的过程与经验，均被视为可以利用的传播媒介。

三、整合营销传播

向内、外部开展的所有形态的传播的整体化——整合营销传播，越来越多地得到当今企业的青睐。

（一）什么是整合营销传播

所谓整合营销传播（IMC），是指企业在经营活动过程中，以由外而内的战略观点为基础，为了与利害关系者进行有效的沟通，以营销传播管理者为主体来展开的传播战略。

IMC 的中心思想是，在实现与利害关系者（消费者）的沟通中，以统一的传播目标来运用和协调各种不同的传播手段，使不同的传播手段在每一阶段发挥出最佳的、统一的、集中的作用。IMC 追求的是与消费者建立起长期的、双向的、维系不散的关系。

（二）何时宜用整合营销传播

适宜采用 IMC 策略的时机大致有以下几种情况：

企业采用 IMC 策略，可以使消费者获取同一企业以不同方式传递的信息，增强对产品或服务的记忆的一致性和完整性，而且不易产生概念上的混淆。

为了节约开支，企业可以采用 IMC 策略，这样做可以使各部门的营销资源实行统一配置，统一使用，提高资源的利用率。

当为企业营销服务的不同专业公司或代理商之间相互协调较差时，运用整合营销的方法，可以增进代理商之间的沟通和了解，努力求得关系和谐，以达到营销活动设计和执行的一致性。

如果企业的众多销售渠道效果差异很大，采用 IMC 策略，可以实现销售渠道的最优组合，使之发挥更大的作用。

如果企业为组织营销人员的工作需要花费大量的经费和时间，采用 IMC 策略，则可以大大缩减该项工作的行政费用。当然，也存在着一些不适宜采用 IMC 的情况。例如在没有利润中心的组织结构中，特别是某些专售消费品的企业（如 P&G 公司），IMC 显然较难执行. 主要问题在于利润中心之间彼此不易协调。如某些公司设立品牌经理，这些经理只台关心自己的品牌，而不会去在意别的品牌的有关情况。这样的话，整个公司执行 IMC 必然存在许多困难和障碍。

❖营销视野

4C、5R 理论、6C 理论和 6P 理论

❖营销视野

"共情洞察+整合营销传播",
正中优创（GZGC）助力品牌破局

扫一扫

第三节　关系营销

❖走进营销

安利公司的关系营销

扫一扫

一、关系营销的概念

市场营销权威菲利普·科特勒则认为："关系营销是买卖双方之间创造更亲密的工作关系与相互依赖关系的艺术，是对一般的广告、促销和公关以及直复营销的组合，并创造更有效、更经济的方法来掌握消费者。"关系营销的目的是建立一种兼顾双方利益、稳定的长期合作关系，通过顾客服务、顾客参与和顾客组织化等透明度较高的手段进行营活动，以减少交易成本，实行资源的优化配置，有利于社会的整体利益。

关系营销的本质特征可以概括为以下几个方面：双向沟通、合作、双赢、亲密和控制。

二、关系营销的产生背景

（一）市场营销观念的转变

企业营销观念的转变经历了生产观念、产品观念、推销观念、市场观念、社会市场观念这 5 个发展阶段，并最终产生了大市场营销观念。

生产观念、产品观念和推销观念的共同特点是：企业与消费者之间处于一种强制关系之中，消费者被迫按企业提供的产品来消费。在市场观念与社会市场观念阶段，企业要主动地调整自己的行为，按顾客的要求提供所需的产品和服务，企业与消费者之间是一种依顺关系。大市场营销观念的提出，使如何处理企业与关系各方的关系变得更为迫切。这种观念要求企业与消费者双方应为共同的利益和共同的目标而相互适应、相互顺从、互助互利、和谐一致地采取行动。

（二）市场竞争的新特点

传统意义上的市场竞争，是企业之间为了争夺资源、原材料、市场等进行的“你死我活”的残酷竞争，这种竞争策略也是传统市场营销的主题。但是随着社会经济的发展，这种竞争观念发生了变化，认为企业间实行合作同样可以实现资源的有效配置，也不会阻碍规模经济的形成。

关系营销的核心是建立与发展同相关个人和组织的关系，这正是顺应了现代市场竞争的特点。这些提供相同或相似产品的竞争者之间有 3 种合作方式：联合协议、合作竞争、战略联盟。

（1）联合协议。例如，法国汤普森公司与日本 JVC 公司联合生产、销售录像机，双方达成协议：汤普森为 JVC 提供在欧洲市场上成功的营销经验，而 JVC 为汤普森提供产品技术和制造工艺。

（2）合作竞争。这种竞争不以消灭、击败对手为目的，而是通过竞争促进合作，通过合作来促进竞争，坚持双赢策略，实现双方优势互补，增强竞争双方的实力。

（3）战略联盟。例如，菲利普公司与松下公司结盟共同制造和销售菲利普数字式高密磁盘，从而一举击败索尼公司开发的高密磁盘技术，最终使菲利普的高密磁盘技术成为行业技术标准。

（三）信息技术的发展

信息技术的迅速发展也为关系营销的顺利进行提供了技术基础，其对关系营销的作用可从以下两点说明：

便于建立顾客忠诚。电脑技术的广泛应用，使得企业对顾客的需求能迅速做出反应，并按顾客的要求提供产品和服务。例如顾客在买车时以自己决定所喜好的车型、颜色、装饰、功率等，将这些信息输入计算机，计算机便会选择恰当的制造工序，组装出“顾客自己的车”，从而最大限度地满足消费者需求。这种技术可以使企业清楚地了解消费者不断变化的购买和消费偏好，从而有针对性地提供产品和服务，使企业与消费者保持经常的沟通和紧密联系。

网络加强了关系各方的联系。通过网络，可将供应厂商、生产商、销售商和客户联系起来，信息在各个网络节点间流动，供应商、生产商、销售商和客户任何一方的要求都可迅速传递出去，使其他各方采取相应措施来满足要求。

三、关系营销与传统交易营销的比较

（一）营销重心的转移

在传统的市场营销活动中，企业看重的是实现每一次交易的利润最大化，把生产观念看作是营销的基础，而没有把与顾客建立和保持广泛密切的关系摆在首位。而在关系营销中，它把营销视为企业建立市场关系的活动，认为企业与顾客、供应商、分销商等建立起牢固的互相依赖的关系是营销的重点，并通过关系的建立形成一个营销网络。营销重心的转移也是关系营销和传统营销观念最本质的区别。

（二）市场范围的扩大

传统交易营销把其视野局限在目标市场上，是通过市场细分而确定的顾客群。而关系营销的市场范围则大得多，它不仅包括顾客市场，还包括供应商市场、中间商市场、劳动力市场、影响外部市场和内部市场。

（三）服务观念的强化

在传统的市场营销中，产品和服务是截然公开的，企业仅仅满足于如何把产品卖出去，占领更多的市场份额，获取更大的商业利润，服务是可有可无的事。而在关系营销理论下，产品服务化和服务产品都已成为明显趋势。服务观念的强化是关系营销的内在要求。

（四）对营销组合的修正和发展

传统交易营销理论认为，企业营销实质上是利用内部因素即市场营销因素组合（产品、价格、渠道、促销，简称“4P”），对外部可控因素，做出积极的动态反应，实现销售目标的过程。关系营销指出了4P的局限性并给予了补充和发展，关系营销认为要提高营销组合的应用价值和效率必须增加另外三个要素：顾客服务、人员、管理进程。

（五）动态定位的营销观念

动态定位是关系营销对传统定位理论的一个新发展。动态定位只是改变产品的形象，并不对产品本身改变多少。动态定位的另一个特征就是强调定位的多维性和整体性。它认为要取得定位战略的成功必须处理好三个相互连接的阶段，即产品定位、市场定位和整体定位。

为了帮助读者进一步了解交易营销与关系营销的区别，这里我们借鉴营销学者林有成先生的区别对照表（如表13-2所示）。

表13-2　关系营销与传统交易营销的区别

项目	传统交易营销	关系营销
适合的顾客	适合于眼光短浅和低转换成本的顾客	适合于具有长远眼光和高转换成本的顾客
核心概念	交换	建立与顾客之间的长久关系
企业的着眼点	近期利益	长远利益
企业与顾客的关系	不牢靠	比较牢靠
对价格的看法	主要竞争手段	不是主要的竞争手段
企业强调	市场占有率，不一定顾客满意	回头客比率、顾客忠诚度、建立长久关系，使顾客满意
营销管理的追求	单项交易和利润最大化	追求与对方互利关系的最佳化
市场风险	大	小

表13-2(续)

项目	传统交易营销	关系营销
了解对方的文化背景	没有必要	非常必要
最终结果	未超出“营销渠道”概念范畴	超出“营销渠道”概念范畴，可能成为战略伙伴，发展成为营销网络

四、关系营销的实施途径

（一）企业在向社会提供产量的基础上提供附加的经济利益

企业向经常使用和购买本企业产品和服务的用户或顾客提供额外的利益，如航空公司向经常乘坐本公司班机的旅客提供免费里程，从而使企业和顾客之间建立起某种联系。但是，这种方法通常容易被竞争者模仿、难以形成永久竞争优势。

（二）企业在提供附加经济利益的基础上向顾客提供附加的社会利益

企业的营销人员在工作中要不断加强对消费者所承担的社会责任，通过更好地了解消费者个人的需求和欲望，使企业提供的服务或产品更为个性化和人格化，更好地满足消费者个人的需要，使消费者成为企业忠实的顾客。

（三）企业在提供附加经济利益和社会利益的同时，建立企业与顾客或客户之间的结构性纽带

企业通过向顾客或客户提供更多的服务来建立结构性的关系，如帮助网络中的成员特别是一些实力薄弱的成员提高管理水平、向网络中的成员提供有关市场的研究报告、帮助培训销售人员、建立用户档案、及时向用户提供产品的各种信息等。

❖营销视野

亚细亚的关系营销

扫一扫

第四节　体验营销

❖走进营销

那些小而美的体验式营销

扫一扫

一、体验营销的概念及特征

（一）体验营销的概念

体验营销是以创造、引导并满足消费者的体验需求为目标，以服务产品为舞台，以有形产品为主体，通过整合各种营销方式，营造顾客忠诚的一个动态过程。体验营销的核心理念是：不仅为顾客提供满意的产品和服务，还要为他们创造有价值的体验。它通过实施“全面客户体验”，即以体验为桥梁真正实现所有顾客的理想和价值的过程，其实质就是要帮助所有顾客真正地达到自我实现这样的崇高境界。

（二）体验营销的特征

1. 以顾客为中心，注重满足顾客体验需求

一方面，体验营销以顾客的体验需求为中心来指导企业的营销活动；另一方面，体验营销以顾客为中心开展企业与顾客之间的沟通交流。当顾客十分口渴的时候，过去的厂商可能就是给顾客一杯水，而不管顾客是想喝白开水还是矿泉水。顾客体验就是不仅满足顾客喝水的需要，还要满足顾客对水的喜好和偏爱，也就是让顾客在接受商品时，能体验到企业理解他、尊重他和体贴他。

2. 以体验为导向设计、制作和销售企业的产品和服务

体验营销需要创造顾客体验，为顾客留下值得回忆的事件。因此，在企业设计、制作和销售产品或服务时，必须坚持以顾客体验为导向，做到任何一项产品的生产过程或售前、售中和售后的各项活动都给顾客留下一种难忘的印象。

3. 体验营销活动要有一个体验主题

体验营销就是从一个体验主题出发，然后利用若干“主题道具”开展的系列活动的过程。在确定体验主题之后，营销人员在实施时要设计一个特定的情景，在情景下创造一种协同效应将顾客的感觉、情感、行为等因素融合在一起，使顾客享受更多的乐趣。这些体验和主题并非是随意的，而是体验营销人员精心设计出来的，即体验营销的行为是围绕着体验主题进行的计划、实施和控制等一系列管理过程，而非仅是形式上的符合。

4. 体验营销要使体验消费做到“触景生情”

一般来说，顾客在消费时经常会进行理性的选择，但也会有对狂想、感情、欢乐的追求。因此，企业的营销不能再孤立地去思考一个产品（如质量、包装、功能等），而是要通过各种手段和途径来创造一种综合效应。不仅如此，还应跟随社会文化消费向量，表达消费的内在的价值观念、消费文化和生活的意义，设计必要的消费情境，通过综合因素来扩展其外延，并在较广泛的社会文化背景中提升其内涵。

5. 体验营销是一个连续的过程

消费者有时对体验的各种回忆，甚至会在事后对这种体验重新评价，产生新的感受等。因此，企业在实施体验营销的过程中，从体验的设计到体验实现甚至是体验结束之后，都必须加强对体验的控制与管理，以提高顾客的满意度与忠诚度。

二、体验营销的构成要素

体验营销主要发生在消费终端，体验过程是消费者借助外在的东西实施的，那么仔细考虑体验营销的构成因素是必要的。

（一）设施环境

设施环境可以称作“体验景观”，它是体验发生中的物理环境的各个方面，包括设施背景、设施风格、设施配置以及设施所渲染的情调。其实生活中的例子很多：大卖场飘出的面包香味；银行在顾客等候期间提供饮料；大型购物商场设置儿童游戏场所。

（二）产品实体

最为成功的企业所提供的产品不仅让顾客满意，而且令顾客愉悦，一些产品充分利用了它们的功能，给人愉快的感觉，像玩具、棉花糖、录像带、CD 唱片、雪茄、酒类等。企业可以突出产品中的任何一种感官特征，创造出一种感官体验。

（三）服务质量

一般来说，服务体验表现由许多细节融合而成，体验表现的许多要素发生于后台而不为顾客所知，或被前台演出所掩盖。这就需要在向任何顾客提供服务的过程中，经常让顾客惊喜或愉悦。服务提供商在这方面更有优势，因为他们不专注于有形的商品，他们能够致力于改善顾客在购物或接受服务时所处的环境，或者是顾客迷恋于企业精心营造的温馨氛围，或者引导顾客参与其中，以便将服务转化为难忘的体验。

（四）互动体验过程

体验营销的关键在于参与，互动过程就意味着顾客充分利用设施、产品、服务与企业进行沟通。体验过程是顾客与企业相互作用的过程，在这个过程中，企业与顾客的沟通越畅通，越淋漓尽致，体验就越深刻。尽管教育是一件很严肃的事，但并不意味着教育的体验不能成为一件快乐的事。

❖营销案例

体验营销示例

扫一扫

三、体验营销与传统营销的区别

（一）前提假设不同

传统营销认为消费者是出于某种目的而购买商家的产品和服务，消费中是完全理性的，他们的行为是出于自身的某种动机，而商家的任务就是把握住这种动机，提供适宜的产品与服务以满足消费者的需求。在这一过程中，商家在这一过程中占据着主导地位。

与之相对，体验营销认为消费者的购买行为并不是完全出于目的性，也有非目的性的。这实际上就是认为消费者既是理性的，又是感性的，是理性与感性的结合体。它对商家的一个重要启示就是：商家不仅可以满足消费者的需求，而且可以通过“体验”来创造需求。

（二）传播过程不同

从传播过程来看，传统营销中的信息是从传播者流向受传者，受传者对信息做出简单的反应，并反馈给传播者。

从体验营销的传播过程来看，虽然传播者与受传者之间的信息传播依然不对称，但是受众能够在这一过程中作为积极的参与者被看待。受传者主动接收传播者传递的信息，同时又乐于把自己接收到的信息与他人进行共享。受传者在传播过程中充当了“意见领袖”。他们不仅接收信息，而且对信息进行评价，发表自己的意见，从而成为下一级传播过程的发起者，与传统营销相比，二者的交互性大大增强了。

（三）侧重点不同

传统营销往往侧重于产品和服务，认为在激烈的竞争中能够提供区别于其他竞争对手的产品和服务是营销成败的关键。

体验营销通过提供丰富的体验来让顾客参与营销活动，把顾客放到了营销的核心位置，是真正的以顾客为导向。顾客不仅参加营销活动，而且在营销活动中处于主导地位。

（四）体验营销是广告与营销的混合体

关于广告的定义有广义和狭义之分。陈培爱认为：“狭义的广告仅指市场学体系中的经济，商业广告。”① 广义广告不仅包括经济广告，还包括文化广告、社会广告、政治广告。这一定义主要是从广告行业的角度出发进行分析。广告这一形式不仅仅限于广告业，它是社会传播的一种方式，目的是为了取得传播效果，是一种主动性的传播。体验营销主要通过体验主题和体验事件来呈现。从事件来看，体验是一个持续的过程。企业也有意把体验营造成一个事件以取得良好的传播效果。在广告策划中，同样强调事件性，广告从业人员也希望把广告本身营造成一个事件，以扩大影响。体验营销与广告之间没有明确的界限，体验营销是营销与广告的混合体。

总而言之，体验营销与传统营销的区别见表13-3。

表13-3　　体验营销与传统营销的区别

传统营销	体验营销
注重产品的特色和消费者权益	关注顾客体验

① 陈培爱. 广告原理与方法［M］. 厦门：厦门大学出版社，2007.

表13-3(续)

传统营销	体验营销
把顾客当成理智的购买决策者，把顾客的决策看作一个解决问题的过程，通过理性的分析、评价再做购买决策	认为顾客是理性的也是感性的，顾客因理智与因追求乐趣、刺激等一时冲动而购买的概率是相同的
关注产品的分类，确定产品的功能和特色以及企业在竞争中的营销定位，在某种程度上是以自我为中心的营销	侧重于为顾客确定体验的主题，按照顾客体验的产生过程进行营销，是真正以顾客为中心的营销

❖营销案例

东风雪铁龙的“客户体验年”

扫一扫

四、体验营销的宗旨——创造顾客价值

体验营销的宗旨，是通过提高顾客价值来达到顾客满意和顾客忠诚。首先，体验一方面可以满足顾客的情感需求，另一方面通过顾客的参与，使公司的产品和营销活动更能满足顾客的个性化需求。其次，体验可以增进顾客对企业所提供的产品和服务的了解提高顾客对企业所让渡价值的认可程度，从而在一定程度上可以提高顾客的“感知价值”。此外体验可以通过营销者与顾客之间的沟通和互动，使企业增加对顾客“期望价值”的了解，从而采取相应措施缩小顾客“感知价值”与“期望价值”的差距，从这个意义上讲，体验营销也可提高顾客价值。

五、体验营销的实施

（一）接触点保持一致性和简洁性

作为传播和推广的先导，体验营销要重视所有信息和承诺，要避免制造分散或无关的品牌信息，因为品牌的定位与品牌信息愈整合，公司形象与声誉就愈一致；表现愈突出，传播愈简洁，影响力也愈大。

（二）体验营销需要内外并重

在开展体验营销的工作中，往往比较注重外部公众，通过一系列整合信息的传递或互动，以达到与目标公众建立一定关系的目的。但是一家公司若想与顾客和其他关系利益人建立起良好的关系，首先必须建立起良好的内部关系。体验营销需要由内而外做起。

（三）体验的双向性

首先，要让受众“体验”你的产品和品牌，通过企业或品牌的行动和表现来体会

和感受；其次，也要注意“体验”消费者，了解消费者，洞察消费者，收集与分析体验营销参与者的信息，将“潜在的”群体转化为“现实的”群体，将“现实的”群体转变为“忠诚的”群体。

❖营销案例

大爷大妈星巴克占座不消费，
“体验式”营销在中国行得通吗？

扫一扫

第五节　新媒体营销

❖走进营销

支付宝打出感情牌，
诠释新标语“生活好，支付宝！”

扫一扫

一、新媒体营销的概念与特点

（一）新媒体营销的概念

新媒体营销是基于新媒体发展的基础上，通过新媒体渠道开展的营销活动①。新媒体营销颠覆了传统营销的特点，不仅仅能够精确知道访问量，并且能知道用户的访问时间、访问的地址、用户习惯等，这与传统营销相比，更快地提高了传播速度，并且降低了运行成本。并且事实证明，企业通过新媒体营销可以给企业带来更多的选择机会；企业可以有针对性地对于自己的需求客户提供一系列营销方案，大大节约了企业的营销成本和提高了企业的效益。

（二）新媒体营销的特点

1. 每个人都可以进行大众传播，企业的营销成本大大降低

过去的企业根本就没有营销概念，当电视、广告、杂志、媒体等大众媒体出现后，人们可以通过这些大众媒介发出自己的声音。但传统媒体的数量毕竟有限，这就意味着并不是每个人都可以做到把自己的声音传播出去。而新媒体的出现让每个人都可以

① 文艳霞. 企业视角下营销专业学生新媒体营销能力构成研究［J］. 企业家天地旬刊，2013（9）.

对外界随心所欲的发出自己的声音，每个企业也可以更简单地把自己的产品告诉这个世界上更多的人。

2. 个性化营销

在传统媒体的时代，公众对大众媒体有着不可抗拒的力量。人们接受信息的渠道比较固定，更没有平台可以发出自己的声音。但在新媒体时代，随着信息技术的不断发展，消费者可以任意选择自己需要接受的信息，并且可以随时传递自己想要表达的意愿。所以说新媒体营销还是一种个性化营销，比如美国最为出名的电子商务网站——亚马逊网络在线书店，针对用户的偏好不同，向每个用户推荐不同的商品，并且根据用户的特点做到个性化的服务。同时在生产消费相结合的新媒体时代背景下，企业做到满足客户个性化需求的成本也在不断下降。

除此之外，新媒体营销的特点还可以归纳总结为以下几点：

第一，隐蔽性。新媒体的很多形式就存在与我们生活空间的周围，受众与媒介接触的抵触性大大降低，广告也与娱乐紧紧地结合在一起。

第二，分众性。可以更有效地针对产品的客户群体，信息传播率高，并且更快捷地找到每个人单独的时间，通过利用这些零碎的时间，取得传统广告难以达到的好效果①。

第三，高科性。新媒体的应用具有鲜明的时代特征，可以广泛适用于不同的地方，可以产生更生动逼真的视觉效果，更完美地表达各种商品的特性，不仅降低了企业的广告成本，并且大大提高了广告的覆盖率。

二、新媒体营销的种类

（一）微信营销

2014 年中国智能手机用户达到 4 亿，据《纽约时报》分析，未来 4 年内中国的智能手机用户预计达到 10 亿。微信作为目前手机 APP 中第一大应用，凭借其完美的用户体验和产品功能已经成为很多移动端用户的必备应用。微信目前有移动互联网史上最庞大的用户数量，并且即时通讯和获取信息的方便性让人们越来越把更多的精力关注于此，这也使人们对传统媒体的关注越来越少。企业公众账号作为微信重要的创新性产品举措，为企业与其目标客户群体进行互动营销提供了非常巧妙的切入点。

（二）微博营销

据相关部门统计我国的微博用户注册数已经达到 6 亿，每日的登录数在 4 000 万左右。尤其是新浪微博。微博营销就是指利用微博平台为商家，个人等创造价值的一种营销方式，也是商家或个人通过微博平台发现并满足消费者的各类需求的商业行为方式②。

---

① 王奕懿. 浅谈新媒体的发展及其影响［J］. 时代报告月刊，2011（8）：170-170.

② 引自百度百科词条“微博营销”。

(三) 博客营销

博客营销通俗地说就是企业通过博客进行营销活动。人们可以把博客理解为个人的一个网站，我们可以在这个平台上发布文字、图片等，可以进行各种信息之间的交流，从而来吸引更多的受众群体。所以企业可以通过开通自己的博客，或者在其他做得成功的博客上发布自己的产品信息，从而达到向潜在用户传递信息的目的。

(四) 微电影营销

微电影是指在新媒体平台上播放的一种时间相对较短的影视作品。作品本身不但是一部电影，也是一部加长版的广告片，就是说把广告和电影融为了一体。在这个社会节奏飞快的时代下，人们可能很难抽出时间去看一部传统电影，这时微电影就像快餐一样可以满足受众的精神需求。

(五) 网站营销

网站营销通也可以通俗地称为网络营销，是指企业以互联网技术为基础，借助网络媒介进行的营销活动。企业可以基于自身建立的网站吸引受众群体从而达到产品推广营销的目的，也可以利用类似于淘宝、京东等电子商务平台进行营销。

❖营销视野

小米的策略

扫一扫

三、新媒体营销的内容

新媒体给营销带来深刻的变革，新媒体营销内容大致包括：网络市场调研、消费者行为分析、企业网站推广、网上信息发布、顾客服务、网上促销、建立网络品牌等。

(一) 网络市场调研

网上市场调研的优势非常明显：在时空和地域上都不受限制；调研范围广，调研时间短；调研成本低，可以花费较少的人力和物力；信息可以用多媒体形式表现出来，也可以利用搜索引擎、网站检索、发送邮件的方式，了解网络消费者的构成、偏好，甚至是网络竞争对手的竞争策略方面的信息。

(二) 消费者行为分析

新媒体营销的主体是大量的网络使用者，网络市场是一个庞大的市场，但是网络市场的消费者行为特征和行为模式与传统市场有显著的不同。因此要开展有效的网络营销活动首先要深入了解这个群体的需求特征、购买动机和购买行为的模式。互联网作为大量信息交流、沟通的平台，已经成为越来越多有着共同爱好的群体聚集和交流的地方，并且形成一些特征鲜明的网上社区论坛，了解这些网络社区的群体特征和偏好是对网上消费者行为分析的关键。

（三）企业网站推广

目前，越来越多的企业建立了企业网站，这种虚拟的网络销售平台给一些企业带来销量的增加，如果这个网站的知名度不高，纵使企业的产品再好，营销策略再合理、科学，网络的销量也不会有很大的突破。企业进行网络营销的开始阶段，主要工作就是加大网站的推广力度。一般企业的做法是通过在百度、Google 等搜索引擎上打广告，让顾客很容易检索到企业的网站信息或者在相关商业网站上添加友情链接，或是选择在一些人气较旺的网络社区论坛上发布广告，发送邮件给用户也是不错的方法。

（四）网络信息发布

新媒体背景下，通过网络销售产品，首先需要在互联网上发布产品信息。网络信息的发布不仅是树立网络品牌、推广企业网站的方法，也是实施网络营销策略、扩大销售量的手段。信息发布者可以同时向多种受众发布信息，如目标顾客、潜在顾客、公共媒体、合作伙伴等。现在很多新媒体也提供了一个多样的信息载体，表现出极佳的优越性。

（五）顾客服务

传统模式的营销在顾客服务方面通常存在滞后性，新媒体营销往往能够提供更加便利的在线服务，使消费者在购买产品前、购买过程中、售后都能享受到及时、优质的服务。顾客的服务项目从常见问题的解答到产品社区论坛的交流，对提升消费者的满意度具有重要意义。例如淘宝网、京东商城、苏宁易购等国内主流电商企业都提供全天的客服在线，解答客户的问题，确保产品交易顺利完成。

（六）网络促销

互联网的多样性为新媒体营销提供了丰富的促销手段，营销的最基本要求就是提高产品的销售数量。利用网络进行促销具有很大优越性，消费者可以直观地看到产品的介绍、说明、图片，甚至在促销过程中还可以加入视频、声音、动画等信息，进行图文并茂的介绍。消费者如果看中了某个产品也可以直接在网上下订单，进行网上购买，从而达到网络促销的目的。

（七）建立网络品牌

新媒体营销的一个重要特点是在网上建立和推广自己的品牌。以网络为基础的新经济的本质就是注意力经济，拥有注意力的企业将拥有一切，网络品牌的价值越来越体现出它的重要性。

四、企业开展新媒体营销的必要性

新媒体营销作为互联网时代人们关注的焦点，其产生的影响不容小觑。企业开展新媒体营销成为时代发展的必然，其必要性在于：

第一，营销过程不再受时间因素的影响，营销也从传统的单向传播变为双向交流，使传播存在了交互性，每一个受众都将从原来的信息接收者变为信息制造者，信息传播效率大大提高，营销内容非常广泛。

第二，让传播过程不再受空间局限，移动设备与移动网络的普及，使得信息传播的地点更加灵活，即时发布亲临的信息变为现实。

❖本章小结

近年来，我国营销学界密切关注进入 21 世纪的市场营销新发展，对新经济时代市场营销的新概念和新领域进行了探索和研究。

（1）绿色营销的兴起源于绿色需求的拉动、法律环境的约束、绿色效益的驱使、提升企业形象和拓展市场的客观需要。绿色营销的实施要依靠政府、企业与个人的协同，要依靠广泛的国际合作。

（2）整合营销是一种对各种营销工具和手段的系统化结合。它包括：通过企业与消费者的沟通满足消费者需要的价值，确定企业统一的促销策略，协调使用各种不同的传播手段，发挥不同传播工具的优势。整合营销的追求是与消费者建立起长期的、双向的、维系不散的关系。

（3）关系营销是把营销活动看成一个企业与消费者、供应商、分销商、竞争者、政府机构及其他公众发生互动作用的过程，其核心是建立和发展与这些公众的良好关系。关系营销具有双向沟通、合作、双赢、亲密、控制等特征。

（4）体验营销不仅为顾客提供满意的产品和服务，还要为他们创造有价值的体验。它通过实施“全面客户体验”，以设施环境、产品实体、服务质量和互动体验过程为构成要素，具有注重顾客的体验、考虑消费状况、随意取材等特征。

（5）新媒体营销是在新媒体发展的基础上，通过新媒体渠道开展的营销活动。企业开展新媒体营销成为时代发展的必然。

❖趣味阅读

一支 66 元！史上最贵雪糕

“钟薛高”，为什么能火出天际?

扫一扫

❖课后练习

一、单选题

1. 绿色营销是企业以满足顾客需求、（　　）利益和自然可持续的营销活动，也就是同时满足直接顾客需求、间接顾客需求和未来顾客需求的营销活动。

A. 社会　　B. 集体

C. 团体　　D. 大众

2. 整合营销传播的中心思想是，通过企业与消费者的沟通满足消费者需要的价值为取向，确定企业统一的（　　）策略，协调使用各种不同的传播手段，发挥不同传播工具的优势。

A. 销售　　B. 定价

C. 促销　　D. 开发

3. 下列属于关系营销的本质特征的是（　　）。

A. 以顾客为中心，注重满足顾客体验需求

B. 双赢

C. 消费者处于核心地位

D. 以建立资料库为基础

4. 体验营销是以创造、引导并满足消费者的体验需求为目标，以服务产品为舞台，以有形产品为主体，通过整合各种营销方式，营造顾客忠诚的一个（　　）过程。

A. 静态　　B. 统一

C. 动态　　D. 整合

二、多选题

1. 信息技术的迅速发展为关系营销的顺利进行提供了技术基础，其对关系营销的作用有（　　）。

A. 便于建立顾客忠诚

B. 网络加强了关系各方的联系

C. 以顾客为中心，注重满足顾客体验需求

D. 对企业内外部实行一体化的系统整合

E. 创造有价值的体验

2. 企业营销观念的转变经历的阶段有（　　）。

A. 生产观念　　B. 产品观念

C. 推销观念　　D. 市场观念

E. 社会市场观念

3. 绿色营销与传统营销比较，有哪些区别？（　　）

A. 产品特点　　B. 分销渠道

C. 价格特点　　D. 促销方法

E. 研究焦点

4. 新媒体营销的特点有哪些？（　　）

A. 隐蔽性　　B. 分众性

C. 个性化营销　　D. 企业营销成本得以有效降低

E. 时尚型

三、问答题

1. 适宜采用 IMC 策略的时机是什么?
2. 关系营销与传统交易营销的区别何在?
3. 如何实施体验营销?
4. 新媒体营销有哪些种类?

四、案例分析

取款机里玩游戏，体验营销原来可以这么做

2014 年 5 月中旬，北京、上海、广州、沈阳、西安、成都、武汉等主流城市的核心商务区出现了带有京东 logo 的红色 ATM 机：火辣辣的红色、不明觉厉的京东 logo，这些简单但不同寻常的元素混搭在 ATM 机上，瞬间吸引了以都市白领为核心的人群广泛关注、参与和社会化分享。人们纷纷猜测：在电商领域大手笔、具有大影响力的京东是否要将互联网在线金融这把火烧到线下，涉足线下金融? 不过，熟悉京东营销风格的消费者和营销行业人士隐约感觉到京东 ATM 的醉翁之意：联想到去年夸张搞笑的“唯快不破”双十一创意传播，到今年“正妆蝴蝶节”大喊“全城男人要小心”的轰动性广告，再到刚刚结束的五一家电大促“男人别怕”宣传，一波接一波的大创意浪潮，一起又一起脍炙人口的经典营销案例，预示着这一次京东 ATM 机，可能是京东又一次营销大手笔。

2014 年 5 月 17 日，谜底揭晓，印证了少部分人关于京东 ATM 营销创意的猜测：这是京东 618 店庆整合营销浪潮的序曲：京东 ATM 虽然不能吞吐货币，但却是一台更好玩又能获得实际利益的互动游戏机，玩家触摸屏幕将商品加入购物车，60 秒内所选商品售价凑够 618 元便可拿到最高价值 618 元的京东购物卡。

最近一段时间，京东“个性、夸张、娱乐、精准、互动”的营销创意成为行业研究的必备样本。此次 618 序曲以较小的投入，快速引发消费者的互动体验和二次分享，短短的两天时间，就吸引了上万的关注，微博话题讨论也有四百万，成为线下体验营销的又一经典之作。外行看热闹，内行看门道。

此次 ATM 活动的悬念设置十分巧妙：在普罗大众的印象里，京东互联网标签深入人心。因此 ATM 造型的游戏机一露面，立刻带来冲击，造成一种京东疑似进军线下银行业的暗示。加之活动的地点均选在城市繁华商圈的地标建筑里，熙来攘往行人如织，在从众心理的作用下，市民都愿意停下来围观这一反差场景，且越聚越多，同时引发在线分享。

网络整合营销有个 4I 原则：Interesting、Interests、Interaction、Individuality。在互联网思维下，京东此次线下活动的成功展开也得益于对 4I 原则的纯熟运用：消费者通过红色的 ATM 机去玩游戏，这是非常有趣、个性的一件事情，在游戏中与京东品牌深入互动，强化了品牌认知度和好感度。同时，更为关键的是，消费者在这种互动体验中是能够获取实实在在的利益，从而提升了参与互动的积极性。此次营销本身就强调

主体参与互动的活动，它带来的心理愉悦是人性的普遍追求；在具体的规则上，京东原创了购物体验游戏，将“618”与游戏内容及最终奖励相关联，成功突出店庆日信息；而作为通关奖励的购物卡，则让消费者获得618元的切实利益。

在整合营销蔚然成风的当下，单兵作战的意义越来越小，任何线下活动都不是一个孤立的点，而是整体营销活动中的一环。一个优秀的落地活动，可以成为品牌最好的广告，尤其在网络分享如此迅捷的今天。“京东ATM”不只是一个单独的高人气线下活动，更关注到了线上线下的整合传播：在线上，别具匠心的ATM游戏机刚一推出就引发了网民对京东金融梦的猜想，众说纷纭，议论纷纷，成功引发关注；而在线下，参与者获得了“618”游戏的新奇体验与实惠的通关奖品，也乐意将这次经历拿出来与朋友分享谈论，从而实现口碑效应，愈传愈广。最终二者叠加作用，形成话题的多级传播。

放眼当下的营销圈，财力雄厚的广告主不少，但是舍得播出预算进行线下活动，并执行得如此有力到位富有创新的，恐怕在互联网界不多见。回顾此次“京东ATM”营销，充满悬念的味道，加之爆点设计、体验优化、多级传播，为618大型整合营销活动打响了第一枪，而后的营销动作更加值得行业关注。

问题：试结合本章学习内容分析“京东ATM”活动。

❖营销技能实训

实训项目：感知新媒体营销

【实训目标】

培养学生理解并熟练运用新媒体营销方式的能力。

【实训内容与要求】

1. 把班级学生分为若干小组，每小组选择一家公司，对其新媒体运营情况进行调查，并编写调查报告。

2. 根据调查报告，每小组轮流进行PPT展示，分析所调查公司新媒体运营现状，分析其不足并提出对策。

参考文献

[1] 吴健安. 市场营销学 [M]. 北京：高等教育出版社，2016.

[2] 菲利普·科特勒，加里·阿姆斯特朗. 市场营销：原理与实践 [M]. 楼尊，译. 16 版. 北京：中国人民大学出版社，2015.

[3] 菲利普·科特勒. 凯文·莱恩·凯特. 营销管理 [M]. 徐岚，董伊人，王永贵，译. 15 版. 上海：格致出版社，2016.

[4] 陈惠雄，张荣主，吴诗启. 市场营销案例集 [M]. 北京：经济科学出版社，2014.

[5] 朱国玮. 市场营销案例集 [A]. 市场营销案例集 [C]. 长沙：湖南大学，2014.

[6] 黎开莉，徐大佑. 市场营销学 [M]. 3 版. 大连：东北财经大学出版社，2017.

[7] 王海云，柏静，吴玉红，等. 市场营销学 [M]. 2 版. 北京：经济管理出版社，2014.

[8] 夏青. 市场营销 [M]. 兰州：兰州大学出版社，2013.

[9] 姜岚，罗萌，张威. 市场营销 [M]. 西安：西安交通大学出版社，2013.

[10] 王玉波. 中小企业品牌策略研究 [M]. 武汉：湖北教育出版社，2012.

[11] 陶勇，胡保玲. 市场营销学 [M]. 大连：东北财经大学出版社，2016.

[12] 钱旭潮，王龙. 市场营销管理需求的创造与传递 [M]. 4 版. 北京：机械工业出版社，2016.

[13] 夏德森. 市场营销学 [M]. 北京：北京理工大学出版社，2016.

[14] 陈志杰. 市场营销学 [M]. 杭州：浙江工商大学出版社，2015.

[15] 郑屹立. 市场营销 [M]. 北京：北京理工大学出版社，2015.

[16] 胡文静. 现代市场营销学 [M]. 重庆：重庆大学出版社，2015.

[17] 李毅，杨宗佩. 市场营销基础理论与实训 [M]. 武汉：武汉大学出版社，2011.

[18] 李永平. 市场营销学：理论、案例与实训 [M]. 北京：中国人民大学出版社，2007.

[19] 孙全治. 市场营销案例分析 [M]. 南京：东南大学出版社，2004.

[20] 安予苏，管永建. 市场营销 [M]. 郑州：大象出版社，2008.

[21] 杨瑚，杜明奎. 现代市场营销管理——策略与应用 [M]. 兰州：兰州大学出版社，2007.

[22] 杨干忠，许永红，李永平. 市场营销：理论、案例与实训 [M]. 北京：中国

人民大学出版社，2007.

［23］冯丽云，狄凯燕，刘天成. 品牌营销［M］. 北京：经济管理出版社，2006.

［24］约瑟夫·莱波拉，等. 品牌策略新观念［M］. 周光尚，译. 北京：中华工商联合出版社，2004.

［25］蒂姆·史密斯. 工商管理经典译丛·市场营销系列：定价策略［M］. 周庭锐，张恩忠，赵智行，等，译. 北京：中国人民大学出版社，2015.

［26］万晓. 市场营销［M］. 北京：北京交通大学出版社，2007.

［27］任立. 概念传奇：从平凡到卓越的品牌策略［M］. 北京：中国水利水电出版社，2009.

［28］王新玲. 品牌经营策略［M］. 北京：经济管理出版社，2002.

［29］徐鼎亚. 市场营销学［M］. 上海：复旦大学出版社，2002.

［30］范忠. 市场营销学［M］. 兰州：西北大学出版社，2003.

［31］孟韬，毕克贵. 营销策划：方法、技巧与文案［M］. 北京：机械工业出版社，2016.

［32］杨洪涛. 市场营销：超越竞争，为顾客创造价值［M］. 北京：机械工业出版社，2016.

［33］易正伟，张洪满，张首杰. 市场营销［M］. 大连：大连理工大学出版社，2014.

［34］李文义. 市场营销策划［M］. 北京：中国财政经济出版社，2012.

［35］刘娟，冯蓉. 市场营销理论与实务［M］. 北京：北京理工大学出版社，2016.

［36］陈志杰. 市场营销［M］. 杭州：浙江工商大学出版社，2015.

［37］施政. 现代市场营销［M］. 杭州：浙江大学出版社，2014.

［38］李小红. 分销渠道设计与管理［M］. 重庆：重庆大学出版社，2015.

［39］洪明. 分销渠道中窜货行为及其治理策略研究［M］. 上海：上海财经大学出版社，2012.

［40］吴宪和. 分销渠道管理［M］. 上海：上海财经大学出版社，2011.

［41］张传忠. 分销渠道管理［M］. 广州：广东高等教育出版社，2009.

［42］居长志，郭湘如. 分销渠道设计与管理［M］. 北京：中国经济出版社，2008.